잔느 귀용의
요한계시록

JAMES, 1 JOHN & REVELATION
JEANNE GUYON

All new material in this edition
Published by SeedSowers Publishing House
P.O. Box 3317 Jacksonville, FL 32206

Jeanne Guyon

James · 1 John · Revelation

야고보서 · 요한일서 · 요한계시록 주석

보다 심오한 그리스도인의
삶에 관한 설명과 성찰

잔느 귀용의 요한계시록

순전한 나드
PURE NARD

Contents

편집자 서문 … 5

야고보서 … 13

요한일서 … 33

요한계시록 … 41

결론 … 292

※저자는 요한계시록 13장에 대해서는 언급하지 않았습니다.

편집자 서문
Editor's preface

이 책을 읽는 동안 당신은 요한계시록에 대한 일반적인 해석을 기대해서는 안 된다. 오늘날 우리 시대에 해석되는 요한계시록에 대한 이해를 발견하게 될 것이라고도 예상하지 마라. 지금부터 당신이 읽으려는 이 책은 약 삼백 년 전(1683년 9월)에 기록되었다. 지금까지 이와 같은 요한계시록의 해석서는 없었고 이후에도 없을 것이다. 그런 의미에서 이 책은 매우 특별하다.

요한계시록의 해석들에 관한 역사를 간략하게 소개하는 것이 적절할 듯하다.

1세기 후반 무렵과 2세기 초엽에, 요한계시록은 하나의 해석만 있었다. 로마 제국 대 예수 그리스도의 교회였다. 요한계시록은 사람들에게 매우 일반적으로 읽혀졌고 그 내용은 그들이 살던 시대에 삶 속에서 실제로 이루어졌다. 요한계시록의 메시지는 그들이 몸담던 당시의 현재적인 상황을 위해서 기록된 것이었고 그들도 이러한 사실을 잘 알았다.

요한계시록에 대한 흥미는 로마 제국의 몰락과 함께 서서히 시들

해졌다. 믿기 힘들겠지만, 이와 같은 쇠퇴 양상은 1790년 무렵까지 지속되었다.

개신교 종교개혁조차도 요한계시록에 대한 흥미를 크게 유발시키지는 못했다. 물론 몇몇 단락들에 대해서는 예외였다. 그러나 책 전체에 대해서나 종말론(마지막 때에 일어날 일들에 관한 연구)에 대해서도 흥미는 유발되지 않았다. 비록 루터가 황제를 '일곱 산 위에 있는 도성' 을 다스리는 괴물로 묘사했지만 말이다.

프랑스 혁명 즈음에서야 비로소 요한계시록에 대한 관심이 부활하기 시작했다. (귀용의 책은 이미 백여 년 전에 저술되었다.) 프랑스 혁명과 그 뒤를 이은 공포정치는 성직자들을 포함하여 대영제국의 일반 서민 출신의 모든 현인을 두려움에 빠뜨렸다. 영국과 웨일즈의 설교자들은 뭔가 끔찍한 일이 지금 영국에서 일어날 것이라고 생각했다. (그 일은 결코 일어나지 않았다. 그들의 추측이 잘못되었다.) 그들은 실제로 요한계시록을 1790년에서 1800년도 무렵을 지나던 영국을 위해 기록된 책이라고 이해했다. 큰 소리로 웃기 전에 내 말을 귀 기울여 듣기 바란다.

다음에 소개하는 일련의 해석들은 요한계시록을 오직(배타적으로) 1800~1840년, 그 사이를 위해 쓰인 책으로 보았다. 드디어 1840~1880년이 되었다. 1차 세계대전은 요한계시록의 전성기였다. 2차 세계대전의 경우도 마찬가지였다. 우리 중에는 영국과 미국의 설교자들이 외치던 내용을 아직도 기억하는 이들이 생존해 있다. 그들은 히틀러와 무솔리니야말로 의심할 나위 없이 요한계시록을 가장 정확하게 성취시킨 인물들이라고 단언했다.

만일 당신이 2999년도에 이 서문을 읽는다면, 이때는 전적으로 요한계시록에 대한 미래지향적인 해석을 믿을 뿐 아니라, 그것이 오직 당신의 시대를 위해 기록되었다고 확신할 가능성이 매우 높다! "오늘의 뉴스 머리기사들이 요한계시록에 들어 있다"는 주장은, 한 사람의 삶에서 오십여 년에 걸쳐 지속될 경우 다소 우스꽝스러운 말이 된다. 그러나 확실히 그런 책이 잘 팔리기는 한다.

말하고자 하는 요지는 이것이다. 오늘날 요한계시록에 관해 일반적으로 받아들이는 견해는 겨우 이백여 년의 역사를 가졌을 뿐이다. 그럼에도 불구하고 우리는 그 견해를 너무나도 잘 수용하고 마음속에 깊이 새긴다. 우리는 그것을 마치 궁극적이고도 이론의 여지가 없는 사실로 받아들인다.

오늘날 요한계시록에 대한 관점은 많은 사람들에 의해 공유되는 참된 것일 수도 있다. 그러나 여전히 그 관점은 하나의 해석에 불과하다. 결코 새 예루살렘의 토대석 위에 새겨진 영감 있는 도그마는 아니다.

진리는 다음과 같다. 요한계시록에 관한 모든 해석은 기껏해야 추측들에 불과하다. 아니, 보다 현명하게 식별해 보면 순전히 어림짐작일지도 모른다. 요한계시록이 실제로 의미하는 바가 무엇인지 명확하게 알 수 있는 사람은 아무도 없다.

잔느 귀용이 이 책을 썼을 때만 해도, 요한계시록에 접근하기 위해 필요한 명백한 기본 원칙들은 전혀 토대조차 놓여 있지 않았다. 이러한 토대가 놓이기 시작한 것은 그로부터 백여 년 이후의 일이다. 그러므로 그녀가 견지한 견해는 매우 독창적인 것이다. 귀용은 요한계시록을 신자들의 영혼에 관한 기록을 담은 문서로 보았다. 그녀에게 있어 요한계시록은 신자들의 영혼이 변화를 위해 반드시 통과해야 할 것이 무엇인지를 알려주는 책이다. 요한계시록에 등장하는 짐승들, 용들, 재앙들 자체가 진정으로 독실한 그리스도인들(귀용이 말하는 소위 '내면의 길'을 따라가는 그리스도인들)을 공격하는 세력들이다.

귀용은 이 맹공격들을 가리켜 온전한 변화의 길로 향해 가는 여정에서 영혼이 반드시 통과해야 할 경험이라고 설명한다. 영혼은 이러한 위험과 재앙을 통과하는 동안에 정화된다.

그녀의 말에 의하면, 요한계시록에 나오는 재앙들은 악한 사람들과 어둠의 세력에서 유래된 끔찍한 것일 수도 있지만, 우리에게 반드시 필요한 것들이다. 하나님은 신자들의 영혼을 다루시고 변화시키시기 위해 이런 일들을 허락하셨다.

우리도 이러한 사실들에서 결코 멀리 있지 않다. 귀용이 요한계시록의 드라마를 독자들에게 단순히 성숙으로의 긴 여행길에 오른 영혼에 대한 교훈을 전해 주는 수단으로 사용했다고 말할 수만 있다면 말이다. 당신이 이 책을 그런 방식으로 읽어 주기 바란다. 그렇게 하는 과정 속에서 당신은 교훈을 얻어 좀더 나은 방향으로 나아가게 될 것이다. 그러나 만일 당신이 이 글을 읽으면서 뭔가 새로운 종말론의 관점을 얻길 바라거나, 이미 견지한 예전의 관점을 보강할 만한 무언가를 기대한다면, 당신은 크게 실망할 것이다.

달리 설명하면, 이 책은 요한계시록에 대한 또 하나의 해석이 아니다. 우리 시대에 이해되는 용어로서의 해석이 담겨진 책이 아니라는 말이다. 오히려 그리스도인이 통과하는 영혼의 순례를 우화적으로 표현한 글이다. 요한계시록의 드라마는 이 순례의 배경이 된다. 이 책을 요한계시록에 관한 현대적인 해석의 관점으로 읽는다면, 당신은 이 책을 통해서 아무것도 얻지 못할 것이다. 이 책을 당신이 그리스도인으로 살아가는 동안 맞닥뜨리게 되는 고난과 핍박과 변형의 의미를 이해하기 위한 도움으로 받아들이길 바란다. 이 책을 읽으면서 교화를 받으라. 그렇게 하면 당신은 실망할 일이 절대로 없을 것이다.

(만일 당신이 요약 정리된 내용을 원한다면 요한계시록 17장을 보기 바란다.)

이 책을 저술할 당시 귀용은 요한계시록에 관한 글을 쓸 만한 최고의 상황에 처해 있었다. 그녀는 원래 속해 있었던 교회의 핍박을 피해 피신하던 중에 이 책을 썼다. 이때의 핍박은 특히 교회의 지도자들에 의한 것이었다. 그들은 스스로를 매우 독실한 그리스도인이라고 생각했고, 자신들이야말로 지난 세대에 최고로 거룩했던 성인들의 발자취를 올바르게 따르면서 살아간다고 자부했다.

그들이 귀용을 핍박한 이유는 자신들과는 사뭇 다른 삶을 살기 때문이었다. 반면에 잔느 귀용은 그들이 결코 진정한 의미에 있어서의 경건한 사람들이 아니라는 사실을 너무나도 잘 알았다. 오히려 그들의 삶은 경건이나 '내면의 길' 과는 거리가 멀었다. 그들 및 그들과 비슷한 부류의 사람들은 모든 시대에 존재하던 가장 거룩한 하나님의 사람들을 핍박했다. 나아가 이 용감무쌍한 여인은 그들의 참 모습이 어떠한지에 대해 말하는 것에 있어서 조금도 주저하지 않았다.

그러나 요한계시록에 대한 그녀의 접근 방법은 과연 얼마나 정확할까? 학자들이라면 이 질문에 대해 쉽게 대답할 수 있을 것이다. 그녀는 완전히 엉터리일 뿐 아니라 가끔은 극단적으로 단순하기조차 하다. 종종 그녀의 해석은 오늘날 우리가 요한계시록의 단락에 대해 인식하는 분명한 의미와도 전혀 관련이 없을 때도 있다. 어떤 경우에 그녀의 표현은 어찌나 독특한지 신선하기조차 하다.

그렇다면 그녀의 해석은 과연 옳은 걸까? 만일 우리가 그녀의 책을 올 한해 동안 요한계시록에 관해 저술되어 출판된 다른 책들과 함께 제시한다면, 다시 말해, 이 모든 책을 가져다가 학식 있는 신학자들 앞에 놓는다면, 의심할 나위 없이 그녀의 책은 마지막 순위를 차지할 것이다.

그러나 만일 이 동일한 그룹의 책들을 1세기와 2세기의 신자들의 모임에 들고 가서 보여 준다면 어떻게 될까?

우리는 충격을 받을 수도 있을 것이다. 1~2세기의 신자들은 우리에게 요한계시록에 대한 현대적인 해석들이 그리스도인의 영적 상태에 관해서는 거의 전적으로 다루지 못한다면서 절대적인 확신을 가지고 충고할 수도 있다. 우리가 충격을 받게 될 사항은 비단 이것만이 아니다. 아마도 그들은 요한계시록에 관해 오늘날 우리가 가지는 해석의 강조점은 기본적으로 거의 철저할 만큼 물질적인 것에 기반을 둔다고 말할 수도 있다.

결론적으로 이야기하겠다. 1세기와 2세기의 신자들은 러시아와 중국, 영국 등지에서 실제로 발생했던 일들에 관해서는 전혀 관심이 없었다. 어쩌면 그들은 이런 나라들의 이름조차 들어본 적이 없을 것이다. 또한 그들은 요한계시록을 아무리 찾아보아도 이런 장소들을 발견하지 못했을 것이다. 오히려 그들은 오늘날의 책들을 읽으면서 다음과 같은 무언의 주제를 포착하게 될 수도 있다. "내 책을 읽고 앞으로 다가올 재난의 시기에 당신의 목숨을 어떻게 보존할 수 있는지를 알아내시오."

사실 오늘날의 사람들은 요한계시록에 관한 가장 최근의 통찰과 아침 뉴스를 듣고 주식을 매매하고, 금을 사고, 음식을 저장하고, 북 알래스카에 오두막집을 구입한다.

상황이 이렇게 된 것을 요한계시록 탓으로 돌리지는 말자. 현대의 저자들을 비난하는 일도 없어야겠다. 이들의 관점은 단지 오늘날 그리스도인들 사이에 편만해 있는 사고의 틀, 즉 본질적으로 말해 기독교의 물질주의를 반영했을 뿐이다.

1790년대에 영국 제도의 설교자들, 교양 있고 자기중심적이며 지역적이고 보호주의적이고 물질주의적인 사회의 자손들은, 자신들의 제국이 무정부주의에 의해 위협받는다고 여겼다. 그들은 자신들의 안전한 사회가 무너졌으며, 전통적인 제도는 무시당하고, 계급제도의 기반은 약화되었다고 생각했다. 이때 그들은 요한계시록을 영국의 미래를 위한 일종의 청사진으로 여겼다. (오직 영국만을 위한 청사진이라고 말이다.) 상황이 아무리 끔찍할지라도 그들의 손에는 영국의 미래를 말해 주는 책이 있었다. 이와 동일한 정신은 오늘날의 요한계시록에 관한 책들 안에서도 찾아볼 수 있다. 해석자들은 이토록 불가사의한 책에 대한 접근 방식에 있어서, 보다 깊은 그리스도인의 삶에 관해서는 전혀 고려조차 하지 않고 다루지도 않고 상상조차 하지 않는다.

그러나 이 초창기의 그리스도인은 요한계시록을 어떻게 이해했을까? 그의 관점은 오늘날과는 전혀 상이했다. 그는 스스로를 그리스도 안에서 살아가는 사람이라고 생각했다. 그리스도를 깊이 있게 경험하면서 살아가는 사람, 영적인 영역들 가운데서 살아가는 사람으로 여긴 것이다. 다른 무엇보다도 그는 자신이 모아들인 그리스도인들을 주님을 체험적으로 사랑하며 열정을 품고 사랑하는 자들로 보았다. 그들은 영적인 영역을 통해 주님을 알았다. 단지 축적된 머리의 지식으로 주님을 알던 자들이 아니었다.

이처럼 독실한 신자들은 요한계시록을 읽어 가는 동안에 그리스도를 깊이 경험하며 살아가는 과정에서 맞닥뜨리는 맹습에 관하여 알게 되었다. 맹습은 그들이 진정으로 어떤 존재인지를 전혀 알지 못하는 세력들이 가해 오는 것이었다.

올해 출판될 요한계시록에 관한 모든 서적을 총망라해 본다면, 1세기와 2세기의 그리스도인들에게 귀용의 책이야말로 다른 모든 책을 합쳐 놓은 것보다 훨씬 더 합리적인 책이라는 점에 대해 조금도 의문의 여지가 없다. 그들에게 있어서 귀용의 책은 단연코 최고일 것이다. 그뿐 아니라 당신이 시험해 보아야 할 것이 있다. 바로 시금석 시험이다. 만일 당신이 오늘날 발간된 요한계시록에 관한 책들 중에서 단 한 권만 선택할 수 있다면, 당신은 지하 감옥에 관한 이야기를 나누기 위해 과연 어떤 책을 선택하겠는가?

그러나 우리는 다시 한 번 질문을 하지 않을 수 없다. 요한계시록에 관한 귀용의 주석은 실제로 어느 정도나 정확한 것일까? 판단은 당신에게 달려 있다.

* 제1권 *

Jeanne Guyon

- James -

야고보서

하나님과 주 예수 그리스도의 종 야고보는 흩어져 있는 열두 지파에게 문안하노라 내 형제들아
너희가 여러 가지 시험을 당하거든 온전히 기쁘게 여기라 이는 너희 믿음의 시련이 인내를 만들어 내는 줄
너희가 앎이라 인내를 온전히 이루라 이는 너희로 온전하고 구비하여 조금도 부족함이 없게 하려 함이라(약 1:1-4)

야고보서

잔느 귀용의 〈야고보서 주석〉에서 발췌한 내용들

하나님과 주 예수 그리스도의 종 야고보는 흩어져 있는 열두 지파에게 문안하노라 내 형제들아 너희가 여러 가지 시험을 당하거든 온전히 기쁘게 여기라 이는 너희 믿음의 시련이 인내를 만들어 내는 줄 너희가 앎이라 인내를 온전히 이루라 이는 너희로 온전하고 구비하여 조금도 부족함이 없게 하려 함이라(약 1:1-4)

만일 당신이 고난을 하나님의 관점—올바른 관점—으로 바라본다면, 당신은 고난당하는 것에 대해 감사한 마음을 갖게 될 것이다. 나아가 숱한 시련을 겪는다는 것 자체를 굉장한 즐거움으로 받아들이게 될 것이다. 야고보는 믿음의 시련이 인내 혹은 참을성을 만들어 낸다고 말한다. 고난은 당신의 믿음이 얼마나 진실한지를 시험한다. 믿음은 금이다. 믿음은 사랑의 불로써 정화된다. 믿음은 사랑에 의해 순결해지지만, 고난에 의해 시험당한다.

당신이 믿음의 시험을 받음으로 얻게 되는 유익은 무엇일까? 야고보는 우리에게 말해 준다. 일이 온전해지기 위해서는 시작도 온전해야 하고 전개 과정도 온전해야 하며 마무리도 온전해야 한다. 내면적으로도 온전해야 하고 외면적으로도 온전해야 한다. 이 점에 관해서는 결코 예외가 없다. 내면적인 인내는 기쁜 일과 괴로운 일을 모두 참아내면서 내면적으로 전개되는 하나님의 모든 사역을 지켜본다. 내면적인 인내야말로 그 무엇보다도 가장 힘든 일이다. 한결 같은 인내로 온갖 외부적인 역경들을 참아내는 일이 훨씬 더 수월하다. 그러나 이와 동일한 분량의 인내를 가지고 온갖 내면적인 시험을 견뎌내기란 훨씬 더 어렵다. 따라서 비록 이러한 인내가 변화를 위한 하나님의 사역으로까지 확장되지는 않을지라도, 어찌됐든 인내는 좋은 것이다. 왜냐하면 하나님으로 말미암아 우리가 겪게 되는 모든 일이 선하기 때문이다. 고통스러운 일이든지 즐거운 일이든지 상관없이 말이다.

인내가 온전한 것으로 여겨지기 위해서는 반드시 하나님의 모든 방식에 대하여 계속해서 견뎌내야 한다. 하나님의 다루심에 동의하는 사람은 몇 분 동안 혹은 그보다 오랫동안 수동적인 태도로 기도를 드린다. 그러나 그 사람이 철저히 수동적인 모습이 되기 위해서는, 저항이 조금도 남아 있지 않아야 할뿐 아니라 혐오감 또한 완전히 사라져야 한다. 왜냐하면 저항이 시작되는 순간에는 반드시 혐오감도 수반되기 때문이다. 이런 인내만이 외면적인 인내와 결합하여 일을 온전케 할 수 있다.

어떤 이들은 이런 내면적인 인내의 상태를 마치 무서운 괴물처럼 여긴다. 총명이 없는 사람들은 하나님의 방식들을 참아 내기로 선택한 자들과 맞서 싸우려 든다. 그들은 자신들이 속임당한다고 믿기 때문에 이렇게 행동한다. 그러나 하늘에 속한 일들을 견뎌내는 사람, 온전하고 한결같은 태도를 지닌 사람은, 결코 자기 기만에 빠지는 법이 없다. 오히려 자신의 변화를 스스로 감독하기 원하는 사람, 혹은 하나님께서 자신을 위해 예비해 두신 일의 일부만을 견뎌내기 원하는 사람이야말로 자기 기만에 빠지게 된다. 하나님의 일을 통제하려는 사람들, 그 일들을 만족스러운 형태로 만들어 놓으려는 사람들은 쉽게 기만당한다. 마귀와 자기(self)는 이러한 하나님의 일들을 흉내낼 수 있기 때문이다. 우리는 하나님의 일을 인내하기보다는 오히려 호기심으로 이를 추구하려 든다. 혹은 이보다 훨씬 좋지 못한 경우는, 교만과 자기 사랑에 근거하여 하나님의 일을 추구하는 모습이다.

오로지 즐거운 일들만 바랄뿐 십자가에 못 박히는 것은 원치 않는 사람들도 기만당할 위험이 있다. 그들은 기분 좋은 일만을 선호하고, 하나님의 아들의 형상을 드러내는 일들에 대해서는 거절한다. 사탄은 스스로를 광명의 천사로 변장하여 사람들 안에 자신의 형상을 새겨놓는다. 사탄은 겉보기에만 만족스럽고 훌륭한 것을 가지고 사람들을 속인다. 그러나 내면적으로 하나님의 일들을 인내하는 사람들은 결코 기만당하지 않는다. 그들은 좋고 싫음이 없이 이 모든 일을 견디기 때문이다.

일이 온전해지려면 시작도 온전해야 하며 마무리되는 순간까지도 줄곧 온전해야 한다는 점에 관해서는 이미 언급했다. 일이 출발부터 온전해지는 경우는 영혼이 하나님의 다루심에 대해 인내하는 경우다. 하나님은 모든 온전함을 창조하신 분이며 온전함의 원리다. 그것이 작용면에 있어서 온전한 이유는 다스리시는 분이 하나님이기 때문이다. 마무리가 온전한 이유는 온전하신 하나님께서 선택하신 결말이기 때문이다. 인간이 끼어들어 방해할 때에는 일이 불완전해질 수 있다. 인내심을 가진 사람은 하나님께서 자신의 삶 속에서 행하시는 일에 대해 지장을 초래할 수 있는 선택은 하지 않는다. 심지어 그것을 보려거나 느끼려거나 알려고 하지도 않는다. 그는 단지 모든 것을 하나님의 뜻에 전적으로 맡겨 드린 채 포기하고 엎드려 있을 뿐이다. 이렇게 할 때 하나님은 피조물에 대해 뜻하신 바를 무엇이든지 행하실 수 있다. 귀신은 오로지 감각들을 통해서만 틈타 들어올 수 있다. 영혼이 철저히 체념한 상태일 때, 귀신은 결코 끼어들어 방해하지 않는다. 전적으로 체념하며 살아가는 사람은 기만당할 염려가 없다. 그의 인내는 한계가 없기 때문이다.

하나님으로부터 말미암은 활동들이 자기(self) 및 자기에 수반된 모든 것의 죽음, 하나님에 대한 온전한 순복만을 겨냥할 때, 이러한 파괴적인 활동을 견디는 영혼은 결코 속임수에 빠지지 않는다. 그런 영혼은 예를 들어 은혜, 은사, 은총 등 아무것에도 얽매이지 않는다. 그는 이 모든 것들에 대해서 점진적으로 죽음에 처해진다. 그런 다음에는 계속해서 죽은 상태에 머물러 있다. 이제부터는 오직 하나님만이 이 영혼의 원리이자 온전함이다. 하나님과 하나님의 뜻에 대한 이 사람의 순복과 의존 가운데서 하나님의 활동은 온전하다. 그의 목적은 오로지 하나님과 하나님의 뜻과 하나님의 영광뿐이다. 그러므로 하나님이 일을 마치실 즈음에는 그도 온전해질 것이다.

진정한 수동성, 온전한 수동성이란 어떤 이들이 오해하듯이 아무 일도 하지 않음을 의미하는 것이 아니다. 참된 수동성은 우리를 인도

하시고 다스리시는 하나님으로 하여금 주님께서 기뻐하시는 일을 우리 안에서, 우리와 함께 행하시도록 허용해 드리는 것이다. 만일 우리가 이러한 주님의 일을 방해한다면, 이것이 어찌 수동적인 태도요, 주님의 일에 인내하는 모습이라 할 수 있겠는가? 현재 우리에게 일어나는 일을 견뎌내는 것 자체도 인내의 한 형태다.

이보다 더 온전하고 고상한 인내는, 주님으로 하여금 주님께서 원하시는 일을 주님의 방식으로 우리와 함께 행하시도록 허용해 드리는 것이며, 우리를 감동시키는 주님의 운행하심에 따라 행하는 것이다. 어떤 이들은 수동적이라는 것을 구실로 삼아서 움직이려고도 하지 않는다. 우리는 결코 이렇게 해서는 안 된다. 우리는 하나님이 하나님의 일을 행하시도록 우리 자신을 내어 드려야 한다. 우리를 통해 하나님께서 하시기 원하는 일에 저항하는 것은, 주님이 우리 안에서 행하시기 원하는 일에 저항하는 것 만큼이나 심각한 악이다. 그렇지 않겠는가?

우선적으로 하나님의 다루심이 지향하는 유일한 목적은 인간의 방식들을 무산시키시는 것에 있다. 그렇게 할 때 주님이 우리의 행위들에 대한 원리가 될 수 있으며, 야고보서의 말씀처럼 인내가 온전해진다. 인내와 수동성이 처음부터 우리에게 자연스럽게 찾아오는 것은 아니다. 우리는 무언가를 하기 원한다. "행함이 없는 믿음은 죽은 것이니라"는 말씀이 있다. 우리는 이 말씀의 의미를 오해한다. 우리는 인내하기는커녕 오히려 인내에 대해 거부하고 저항한다. 이는 강력한 자기 사랑 때문이기도 하고, 자기 자신과 자신의 행위에 대한 은밀한 자신감 때문이기도 하다.

우리는 하나님께 저항하면서 하나님의 일하심에 순복하지 않는다. 우리 스스로가 자신의 일을 이끌어가는 원동력이 된다. 물론 하나님의 은혜가 우리가 행하는 작은 선행에 힘을 더해 주시기는 한다. 그러나 우리의 일에 강력하게 끼어들어 간섭하는 것은 자기다. 은혜는 마치 학교 선생님처럼 우리의 행동 가운데로 관여해 들어오는 듯하다. 선생님은 도움을 주고 싶은 아이의 손을 잡고 어쩔 수 없이 매우 불완전한 필체를 그리게 된다. 만일 그 아이가 선생님에게 자신의 손을 지도하도록 허락했다면, 아마도 반듯하게 글씨를 썼을 것이다.

우리가 하나님의 손에 복종하지 않고, 우리의 노력으로 성공하기 위해 애쓰는 것과 동일하다. 우리는 자신이 무언가를 많이 해야만 승리한 것이라고 생각한다. 하나님은 우리의 자유를 거스르는 법이 거의 없으시다. 따라서 마치 하나님께서 우리에게 항복이라도 하신 것처럼 보인다.

우리가 자연적인 방식들에 대항하여 반드시 하나님께 순복해야 한다는 사실은 어렵지 않게 이해할 수 있다. 그렇게 할 때 우리가 행하는 일들은 온전해질 것이다. 이것이 바로 예수 그리스도의 나라다. 예수 그리스도의 나라가 아니면 우리는 결코 하나님의 뜻을 행할 수 없다. 하나님의 통치가 우리 안에 이루어져야 한다. 다시 말해 주님의 기쁘신 뜻대로 우리를 인도하시고 다스리셔야 한다. 이렇게 함으로써 하나님의 뜻이 실현되어야 한다. 그렇지 않으면 주님의 뜻은 결코 이루어질 수 없을 것이다. 오히려 이루어지는 것은 우리 자신의 뜻이다.

이제 하나님 앞에 수동적인 존재가 되기 위해 우리가 가장 먼저 취해야 할 모습은, 우리의 방식을 모두 하나님께 맡겨 드리는 것이다.

이 일이 처음에는 불완전할 수도 있다. 그러나 조금씩 내어 드리다가 마침내는 하나님께 전적인 주도권을 드려야 한다. 오랫동안 영혼이 지닌 수동성은 아주 미미한 분량에 지나지 않는다. 영혼은 종종 하나님보다 훨씬 더 많이 활동한다. 그러다가 점차 하나님과 거의 동일한 분량만큼 활동을 하고, 결국에는 우리의 인내심이 점차적으로 견고해짐에 따라 하나님으로 하여금 일하시도록 내어 드리는 반경도 갈수록 넓어진다. 마침내 하나님께서 모든 것을 떠맡으신다.

이제 하나님의 첫 번째 다루심의 목적은 오직 너무나도 강력한 우리의 자연적인 성향을 무너뜨리시는 데 있다. 이때 우리에게 가장 먼저 요구되는 인내는, 하나님으로 하여금 이 일을 행하시도록 허용하는 것이다. 예수 그리스도는 이를 가리켜 '자기를 부인하는 것' 이라고 말씀하셨고, 바울은 '영으로 인도함을 받는 것' 이라고 표현했다. 한편 다윗은 '여호와께서 하실 말씀을 듣는 것' 이라고 말했다.

수동성의 두 번째 단계는, 영혼이 인내로 말미암아 자신의 방식을 포기하고 아무런 활동도 하지 않은 채 죽음의 상태에 머물러 있는 모습이다. 영혼은 하나님의 다루심을 자원하는 마음으로 기꺼이 복종한다. 온전한 체념은 하나님으로 하여금 죽음과 포기에 처해 있는 영혼 안에서 뜻하신 바를 하시도록 허락해 드리는 것이다.

그러나 이 일이 이루어지기에 앞서, 우선 그 영혼은 이러한 죽음의 상태에 오랫동안 머물러 있다. 일단 떠맡은 다음에는 놓아 버린다. 그 사람이 자신의 복종과 체념에 대해서 뿐 아니라 예수 그리스도의 나라가 도래하는 것에 대해서도 느끼거나 맛을 보거나 식별하지 않게 될 때까지 말이다. 그는 자신이 하나님의 뜻에 굴복한다는 생각조차

하지 않은 채 필요한 모든 일을 행한다. 자기를 완전히 망각한 상태로 말이다. 하나님은 그를 세우기도 하시고 낮추기도 하시지만, 그의 인내는 언제나 변함이 없다. 그의 생명이 죽음을 통해 생명을 흡수하고 빨아들였기 때문이다. 이제부터 하나님의 다루심은 세 번째 단계로 나아가게 된다.

이 신자는 하나님께 자신을 위탁할 뿐 아니라 하나님이 자신과 함께, 자신 안에서 아무런 저항도 받지 않으시고 원하시는 모든 일을 행하시도록 내어 드린다. 이제 그는 하나님께 부여받은 생명으로 다시 생명을 얻는 중이다. 그는 전적으로 하나님의 일로 보이는 활동들, 오직 하나님께서 시작하신 일들만을 떠맡아서 행한다. 그는 줄곧 하나님의 뜻을 정확하게 실천한다. 동시에 매우 자유롭고 수월하게 행하기 때문에, 그의 활동은 온전하고 진실하다.

살아 있는 사람이 자신의 생명에 대해서는 생각조차 하지 않고, 하나님께서 자신 안에서 역사하시도록 허용해 드리는 가운데 하나님의 생명을 살아간다. 이제 그에게 있어 신적인 삶은 과거에 영위해 왔던 자신의 삶에 비해 훨씬 더 자연스럽다. 그는 수동적인 자세로 하나님으로 하여금 일하시도록 맡겨 드린다. 하나님의 일 외에는 다른 활동에 대해서는 죽음의 상태를 유지한다. 그는 하나님이 자신과 더불어 또한 자신 안에서 주님의 기쁘신 뜻을 행하시도록 허용해 드린다. 뿐만 아니라 그에게는 하나님의 생명이 넘쳐난다. 그는 하나님 안에서 행동하고 일한다. 이것는 더 이상 죽음의 상태도 아니고, 죽어 있는 사람의 모습도 아니다. 그는 충만해진 무한한 자유로 살아 있다. 그 무엇도 이 영혼을 제한하지 않는다. 그는 자신이 어떻게 하나님의 뜻을 행할 것인지에 대하여 조금도 의구심을 품지 않는다. 그럼에도 불구하고 여전히 하나님의 뜻은 언제나 실현된다. 그는 자신의 의지를 하나님께 복종시킨 이후로 언제나 끊임없이 주님의 뜻을 실천하면서 살아간다. 하나님의 뜻이야말로 그가 원하는 전부다. 그가 하는 모든 일을 하나님께서 행하신다.

바로 여기서 우리는 온전함, 즉 수동성이 온전히 실현된 모습을 본다. 예수 그리스도는 일하시되 앞으로 변화시키시고 아름답게 하시려는 몸을 통해 일하시는 것이 아니다. 주님은 현재 소유하신 몸을 통해 일하신다. 이러한 상태에서 우리는 실제적인 주님의 지체들이며 자녀들이다. 그분은 우리의 하나님이시다. 우리는 그분의 형상들이다. 우리는 최초에 하나님께서 그분의 형상으로 사람을 창조하셨던 시점에 비해 훨씬 더 많은 이점을 가지고 있다. 마침내 이 영혼으로 인해 하나님은 기쁨을 누리신다.

그러면 이 사람은 어떤 인생을 살아가는가? 비범한 삶을 살아가는 것은 아닌가? 결코 그렇지 않다. 외관상 비범해 보이는 삶이 요구되는 것은 아니다. 이 사람의 삶은 사랑과 진실, 소박함과 순진함으로 가득찬 삶, 진실하고 실제적인 삶, 더 이상 죽음에 처해질 필요가 없는 삶, 온전히 경건한 삶이다. 그러나 어떤 이들은 이렇게 말할 것이다. “그런 영혼은 더 이상 죄를 짓지 않는다.” 그에게 있어 죄를 짓는다는 것 자체가 지극히 어려운 일이다. 이러한 지점에 도달한 사람은 극소수에 불과하다. 대체로 자잘한 과실들이 부지불식간에 저질러질 따름이며, 신랑이신 주님의 마음에 상처를 입히는 일은 더 이상 없다.

이상은 최소한 내면의 삶과 관련하여 우리를 모든 일에 있어서 온전케 만들어주는 수동성의 세 단계다. 외적인 삶에 대해서 말하면, 그 삶은 내적인 삶에서 온전함을 끌어당긴다. 내면적인 인내가 온전할 때, 외적인 인내도 반드시 온전해질 것이다.

내적인 고난에는 세 가지 종류가 있다. 첫 번째는 저항하기와 탐욕으로 말미암아 초래된 고난이다. 이런 고난은 우리가 하나님께 굴복하고 주님께서 원하시는 바를 행하면 바로 중단된다. 이때 우리는 이러한 시련이 우리의 저항 때문에 야기되었음을 깨닫게 된다. 두 번째는 우리를 정결케 하는 고난이다. 이 같은 고난을 통해 하나님은 영혼이 지닌 오점을 정화하신다. 이런 고난은 하나님께서 원하시는 정화의 과정이 종결됨과 동시에 중단된다. 세 번째는 하나님으로부터 말미암은 것이다. 하나님은 우리를 하나님 아들의 형상으로 빚으시기 위해 고난을 허락하신다. 오직 자기를 부인하고 더 이상 아무런 저항도 하지 않는 자들만이 이러한 고난을 통과할 수 있다.

외적인 인내는 우리로 하여금 모든 일을 견뎌낼 수 있게 한다. 우리는 하나님이 섭리 가운데서 우리에게 허락하신 일들, 다른 이들의 실수와 비열함 때문에 일어난 일들, 우리 자신의 연약함, 어리석음, 결점, 괴로움 때문에 초래된 일을 모두 참을 수 있다. 하나님께서 보내시는 첫 번째 종류의 고난에는 가난, 배고픔, 추위, 질병, 각종 사고, 온갖 종류의 불행이 포함된다. 두 번째 종류의 고난에는 다른 사람을 통해서 찾아오는 고난으로 중상모략, 핍박, 원통한 일, 잘못된 처우, 재산과 명성의 손실 등을 들 수 있다. 마지막으로 세 번째 종류의 고난은 우리 자신의 허물과 불완전함 때문에 초래되는 것이다. 이러한 고난은 어디에서나 찾아볼 수 있으며 일반적인 인내심을 필요로

한다. 일반적인 인내심을 통해 다른 무엇보다도 영혼의 거룩함이 나타나게 될 것이다.

주님께서 "너희의 인내로 너희 영혼을 얻으리라"고 말씀하신 이유도 여기에 있다. 이 일이 과연 어떻게 가능해지는 것일까? 주님은 다음과 같이 말씀하신다. "누구든지 제 목숨을 구원하고자 하면 잃을 것이요." 영혼을 소유한다는 것은 그 사람 영혼의 주인이 됨을 의미한다. 오직 하나님 안에서만 우리는 진정으로 자신의 영혼을 소유할 수 있다. 오직 하나님 안에서만 온전한 인내로 이끌어 줄 수 있는 철저한 상실을 확인하게 된다.

이처럼 온전한 인내를 소유한 끈기 있는 영혼은 이생에서 도달할 수 있는 모든 온전함의 자리에 다다른 상태라고 할 수 있다. 그 영혼은 조금도 부족함이 없다. 만일 현재 무언가가 부족하다면, 그는 필요한 인내가 완전히 계발된 자리로까지는 아직 도달하지 못한 상태다.

> 내 형제들아 너희는 선생된 우리가 더 큰 심판을 받을 줄 알고 선생이 많이 되지 말라 우리가 다 실수가 많으니 만일 말에 실수가 없는 자라면 곧 온전한 사람이라 능히 온 몸도 굴레 씌우리라(약 3:1-2)

마음이 순전하고 순수하고 단순할 때, 우리의 말도 순전해진다. 우리의 언어가 순결해지려면, 반드시 마음부터 순결해야 한다. 마음의 순수함은 오직 안에서 밖으로 흘러나오기 때문이다. 영혼의 중심에 존재하시는 내면의 하나님께만 온통 몰두해 있는 사람, 또한 자신의 혀를 억제하는 것에 관해 생각하지 않는 사람은, 자신의 마음을 인도

하시는 하나님에 의해 자신의 혀가 계속해서 다스려짐을 깨닫는다. 내면적 고독은 사람으로 하여금 침묵을 지키도록 한다. 외면적으로 그는 꾸밈없는 쾌활함으로 충만하다.

다른 이들은 피상적이고 짐짓 꾸며낸 듯한 진지함 때문에 사람들에게 괴로움을 끼친다. 그러나 하나님의 인도하심을 받는 사람은 예절이 바를 뿐 아니라 언제나 기쁨을 전해 준다. 하나님을 노엽게 하지 않고도 그들은 사람들과의 관계에서 어떻게 해야 상대방의 기분을 상하지 않게 할 수 있는지를 안다. 이는 성숙한 그리스도인들이 누리는 은혜다. 그러나 하나님의 자녀로서 누릴 수 있는 자유 안으로 들어오지 못한 사람들은 여전히 속박되어 있다. 그들은 주변의 사람들마저도 자신들처럼 속박 가운데로 몰아넣는다. 경건을 불쾌한 것처럼 보이도록 만듦으로써 말이다.

예수 그리스도는 모든 이들에게 친절하셨다. 엄격하고 까다로운 바리새인들은 예수님을 보면서 화를 냈다. 마음속에 예수 그리스도가 살아 계신 사람들, 예수 그리스도의 다스리심을 받으면서 살아가는 사람들은 존경을 받는다. 이런 사람들은 비록 모든 이를 기쁘게 해줄 수는 없을지라도, 최소한 성가신 존재는 아니다.

그런 다음에는 하나님께서 혀를 다스리셔야 한다. 이를 위해서 주님은 먼저 우리의 마음을 통치하셔야 한다. 다윗의 말을 기억하라. 그는 결코 "내가 내 입을 반드시 지키리라"고 말하지 않았다. 오히려 "내 입에 파수꾼을 세우시고"라고 표현했다.

우리가 말들의 입에 재갈 물리는 것은 우리에게 순종하게 하려고 그 온 몸을 제어하는 것이라 또 배를 보라 그렇게 크고 광풍에 밀려가는 것들을 지극히 작은 키로써 사공의 뜻대로 운행하나니 이와 같이 혀도 작은 지체로되 큰 것을 자랑하도다 보라 얼마나 작은 불이 얼마나 많은 나무를 태우는가 혀는 곧 불이요 불의의 세계라 혀는 우리 지체 중에서 온 몸을 더럽히고 삶의 수레바퀴를 불사르나니 그 사르는 것이 지옥 불에서 나느니라 여러 종류의 짐승과 새와 벌레와 바다의 생물은 다 사람이 길들일 수 있고 길들여 왔거니와 혀는 능히 길들일 사람이 없나니 쉬지 아니하는 악이요 죽이는 독이 가득한 것이라(약 3:3-8)

혀를 길들이는 것이 그토록 중요하고 성취하기 힘든 일이라면, 또한 이 작은 괴물이 그토록 제어하기 어렵고 사나운 것이라면, 이보다 훨씬 더 강력한 어떤 힘이 반드시 혀를 통제해야 한다는 사실은 명백해졌다. 혀 때문에 문제가 되지 않도록 이보다 훨씬 더 강력한 힘이 가동되어야 하는 것이다. 배는 거친 폭풍우에 밀려간다 할지라도 여전히 통제되고 인도를 받는다. 마찬가지로 혀가 아무리 난폭할지라도 반드시 길들여져야 한다.

그러면 과연 누가 길들여야 하는가? 알다시피 최악의 들짐승을 길들인 것도 사람이 아니던가? 그렇다면 인간이 혀처럼 작은 물건을 다스리기란 식은 죽 먹기처럼 쉬운 일이 아닐까? 하지만 야고보는 이토록 작은 혀가 가장 사납고 힘센 짐승들보다 훨씬 더 제어하기 힘든 것이기 때문에 사람의 힘으로는 도저히 길들일 수 없다고 강조한다.

혀를 길들이는 일은 다른 누군가가 해야 한다. 그렇지 않으면 이

보잘것없어 보이는 혀는 계속해서 제어되지 않은 상태로 남아 있을 것이다. 혀는 반드시 길들여져야 한다. 혀가 길들여지지 않으면 모든 것을 지배할 것이고 아무도 이를 통제할 수 없게 될 것이다. 그러나 통제되지 않은 혀를 가진 자는 다른 무엇보다도 혀로 말미암아 죄를 범하게 된다.

내면의 삶이 얼마나 중요한가를 역설하는 강력한 논증이다. 나의 형제들이여, 그대들 안에는 탁월한 조종사가 존재하신다. 그분은 아무도 제어할 수 없는 당신의 혀를 다루고 이끌어 가는 법을 알고 계신다. 그 조종사로 하여금 당신의 혀를 소유하게 하라. 그분은 순식간에 당신의 혀를 무기력하게 만들고 원하는 대로 당신의 혀를 사용하실 것이다. 당신의 혀가 악의 도구가 아니라 하나님을 영화롭게 하고 찬양하는 도구가 되게 하라. 그렇다면 당신은 어떤 방법으로 당신의 혀를 주님의 손에 맡겨 드릴 것인가? 주님이 당신의 마음과 전 존재의 주인이 되시도록 하라. 당신 자신을 주님께 무조건적으로 맡겨 드리라.

하나님께서 철저히 마음의 주인이 되셨을 때, 비로소 혀는 하나님께서 말하게 하시는 바를 말하게 될 것이다.

하나님께서 우리의 마음을 통치하실 때, 마음에서는 오직 선한 것들만 나오게 된다. 그러나 사탄이 우리 마음속에 있을 때, 그는 자기가 원하는 대로 우리의 혀를 이끌어 간다. 그는 혀를 완전히 격분시킨다. 그는 가는 곳마다 지옥의 독소를 뿜어댄다. 싸움을 일으키고, 거짓말을 하고, 험담을 하고, 신성을 모독한다. 이와 같은 말을 하는 혀가 마귀의 통제를 받는다는 사실은 어렵지 않게 식별할 수 있다. 한편 혀가 오로지 하나님을 위하고 이웃의 유익을 도모하는 말을 할 때에는, 혀가 하나님의 다스리심을 받는다는 사실도 우리는 쉽게 알 수 있다. 혀는 지극히 작은 키다. 키가 어디로 가느냐를 통해, 우리는 배의 소유주가 누구인지, 예수 그리스도인지, 마귀인지를 쉽게 알 수 있다.

> 이것으로 우리가 주 아버지를 찬송하고 또 이것으로 하나님의 형상대로 지음을 받은 사람을 저주하나니 한 입에서 찬송과 저주가 나오는도다 내 형제들아 이것이 마땅하지 아니하니라 샘이 한 구멍으로 어찌 단 물과 쓴 물을 내겠느냐 내 형제들아 어찌 무화과나무가 감람 열매를, 포도나무가 무화과를 맺겠느냐 이와 같이 짠 물이 단 물을 내지 못하느니라
> (약 3:9-12)

본문의 말씀은 마음이 얼마나 중요한 것인지를 잘 보여 준다. 마음이 잘 다스려질 때, 마찬가지로 혀도 효율적으로 통제될 수 있다. 마음이 제대로 통제되지 않으면 혀도 타락하게 된다. 마음이 하나님으로 충만할 때, 수질이 좋은 물만 좋은 우물을 통해 흘러나올 수 있다. 반면에 마귀가 마음을 가득 채울 때에는, 독소가 섞이고 쓴 물만이 흘러나올 것이다. 이 같은 입이 어떻게 선한 것을 말할 수 있겠는가? 이런 일은 불가능하다. 이따금씩 죄인은 죄인이기를 중단하고 일시적으로 하나님께로 돌이킨다. 그러나 다시금 마귀에게로 돌아간다. 이러한 상태는 열정이 없거나 무신경하게 드리는 기도의 습관에서 기인한 것이다. 하나님은 이런 마음 안에는 거하시지 않는다. 이런 사람들은 단지 중언부언할 뿐 기도하지 않는다.

너희 중에 지혜와 총명이 있는 자가 누구냐 그는 선행으로 말미암아 지혜의 온유함으로 그 행함을 보일지니라 그러나 너희 마음 속에 독한 시기와 다툼이 있으면 자랑하지 말라 진리를 거슬러 거짓말하지 말라 이러한 지혜는 위로부터 내려온 것이 아니요 땅 위의 것이요 정욕의 것이요 귀신의 것이니(약 3:13-15)

온전함을 추구하는 사람은 반드시 친절해야 한다. 또한 다른 이들의 부탁을 잘 들어주고, 고분고분하고, 말다툼하기보다는 잠자코 있어야 한다. 격한 싸움이 얼마나 사람의 영을 손상시키고 영혼을 더럽히며 완고함과 자부심을 강화시키는지 정말 믿기 어려울 정도다. 비록 우리가 싸우는 상대방이 그릇된 생각을 할지라도, 언쟁을 통해서는 결코 그를 이길 수 없다. 이기기는커녕 오히려 점점 더 신랄하고 무자비해질 것이다.

반면에 말다툼을 하지 않고 친절하게 대해 준다면, 우리는 그 사람을 이길 수 있다. 소동의 기미가 보일 때 논쟁을 중단하는 편이 낫다. 우리 자신에 대해 죽는 것이 자기의 생명을 통해서 할 수 있는 다른 모든 일보다 훨씬 더 유익하다. 자기의 생명은 이러한 논쟁을 통해 자체적으로 모습을 드러낸다. 시기가 있는 곳에는 반드시 양편의 관계 속으로 비통함도 찾아오기 마련이다. 이럴 때 우리는 감정적으로 하나가 되기보다는 마음으로부터 분리된 상태가 된다. 다른 이들에게 순종하고 신앙을 제외한 모든 것에 대해서 굴복하는 모습은 반드시 필요한 덕목이다. 잃는 것이 얻는 것이다. 포기하는 사람이 가장 큰 깨달음을 얻는다. 이런 사람은 자기를 다스리는 법을 터득한 것이다.

시기와 다툼이 있는 곳에는 혼란과 모든 악한 일이 있음이라(약 3:16)

만일 우리의 감정이 유익하여 온유함으로 함께 나눌 수 있을 만한 것이 아니라면, 그러한 감정을 다른 이들에게 드러내지 말고 자신의 내면 안에 감추도록 하자. 만일 어떤 저항이 일어나면, 좀더 형편이 좋아질 때까지 기다리도록 하자. 마음의 온유함과 인내를 보여줄 때, 사람들은 우리가 말하는 진리에 관해서 논쟁을 통해 할 수 있는 것보다 훨씬 더 큰 확신을 얻게 될 것이다.

오직 위로부터 난 지혜는 첫째 성결하고 다음에 화평하고 관용하고 양순하며 긍휼과 선한 열매가 가득하고 편견과 거짓이 없나니 화평하게 하는 자들은 화평으로 심어 의의 열매를 거두느니라(약 3:17-18)

참으로 지혜로운 사람은 예수 그리스도로부터 지혜를 얻는 자들이다. 그들의 말은 평온하고 온유하며 상냥하다. 거룩한 사랑의 불이 온전한 마음에서 우러나오는 그들의 말에 어떤 생기를 더해 주며, 그들의 언어에 은총을 부어 준다. 이렇게 함으로 말하는 이가 소유한 충만함이 드러나게 된다. 이 불은 천국으로부터 말미암은 것으로 감미로움을 끼친다. 반면에 다툼의 불은 지옥으로부터 말미암은 것이고 비통함으로 가득 차 있다. 평안을 끼치는 지혜를 소유하는 사람은, 언제라도 (신앙 이외의 것은 제외하고) 모든 것에 복종할 준비를 한다. 이들은 자신보다는 남들이 더 많이 알고 더 많은 경험이 있다고 믿는다. 심지어 현재 논의되는 사안들에 관하여 완벽하게 아는 경우라 할지라도, 그는 자신의 견해를 온화한 태도로 이야기하기를 기뻐한다. 만일 그가 말한 내용이 논쟁을 불러일으킨 경우라면, 그는 침묵을 지키면서 그 일을 하나님께 맡겨 드린다. 그는 하나님께서 직접 사람들에게 진리를 깨우쳐 주시고 알려주시도록 내어 드린다.

이러한 지혜의 가르침은 말보다는 실제적인 모범을 통해 전달된다. 왜냐하면 이런 지혜는 매우 단순하기 때문이다. 단순하고 복잡하지 않은 사람은 어느 누구에 대해서도 악을 생각하지 않는다. 그는 만사를 옳게 바라본다. 행동에 대해 누군가가 이의를 제기하면 그는 하나님께서 심판자가 되시도록 한다. 무분별한 판단만큼 하나님이 싫어하시는 것도 없다. 사람이 자기 형제를 판단하는 것은 하나님의 권리를 침해하는 것이다. 대체로 그는 실수하기 마련이며 선을 가리켜 악하다고 생각한다. 어떤 사람들은 성급하게 형제들을 비난한다. 그러나 그들의 비난은 단지 의심의 산물에 불과할 뿐이다.

우리는 이처럼 악의 거대함을 지나치게 강조하지 말아야 한다. 대체로 이런 마음은 올바르지 못한 양심에서 나온 것이다. 올바르게 살지 못하는 사람들은 모든 사람이 자신과 같을 것이라고 생각한다. 이는 교정이 필요한 영혼들에게 하나님의 조언을 주는 것이 결코 아니다. 오히려 이는 지극히 단순하고 명명백백한 행위에 대해 악한 의심을 품고 판단하는 모습을 가리킨다. 마지막으로, 야고보는 형제들이나 하나님과 더불어 화평하기를 좋아하는 자들이 화평의 씨앗을 뿌려서 정의의 열매를 거둔다고 말한다.

Jeanne Guyon's 1 JOHN

* 제2권 *

Jeanne Guyon

- 1 John -

요한일서

태초부터 있는 생명의 말씀에 관하여는 우리가 들은 바요 눈으로 본 바요
자세히 보고 우리의 손으로 만진 바라
이 생명이 나타내신바 된지라 이 영원한 생명을 우리가 보았고 증언하여 너희에게 전하노니
이는 아버지와 함께 계시다가 우리에게 나타내신 바 된 이시니라(요일 1:1-2)

요한일서

잔느 귀용의 〈요한일서 주석〉에서 발췌한 내용들

태초부터 있는 생명의 말씀에 관하여는 우리가 들은 바요 눈으로 본 바요 자세히 보고 우리의 손으로 만진 바라 이 생명이 나타내신바 된지라 이 영원한 생명을 우리가 보았고 증언하여 너희에게 전하노니 이는 아버지와 함께 계시다가 우리에게 나타내신 바 된 이시니라(요일 1:1-2)

요한이 사용하는 표현법은 언제나 단수형이다. 그래서 요한의 문체는 쉽게 식별할 수 있다. 마치 매우 강하고 원기 왕성한 독수리와도 닮았다. 독수리는 마치 하나님의 품속으로 돌진해 들어가듯이 하늘로 날아오른다. 요한은 이 땅에 있는 것들에 관해서는 이야기할 줄 모르는 사람인 것 같다. 그는 피조물인 인간의 필요에 맞는 신적인 언어를 만들어 내려는 목적으로 결코 피조물들에게 시선을 돌리지는 않는다. 오히려 그는 줄곧 끊임없이 아름다우신 하나님의 아들을 바라본다. 그는 그분 안에서 모든 것을 발견해 낸다.

그가 우레와 같은 목소리를 만들어 내는 곳은 자신의 내면이다. 그는 결코 하나님의 보좌 언저리를 벗어나지 않는다. 천둥 소리가 그러하듯이 그는 주변을 에워싼 구름 속에 여전히 머물러 있음에도 불구하고 목소리만은 우렁차다. 이러한 특권은 오직 요한만을 위해 예비된 것이다. 그가 우레의 아들로 불리게 된 것도 이 때문이다. 겉으로 보기에 그는 아무에게도 말하지 않을 뿐 아니라 아무도 모르는 듯하다. 실제로 그는 자신의 이름뿐 아니라 다른 사람의 이름을 어떻게 발음하는지도 모른다. 그러나 그는 그 누구보다도 먼저 하나님의 품속으로 뛰어 들어간다. 그러므로 그가 여기에서 말하는 것은 오직 생명의 말씀뿐이다.

요한복음에서 그는 태초에 말씀이 있었다고 전한다. 계속해서 그는 다음과 같이 언급한다. 우리는 이 생명의 말씀을 선포한다. 이 말씀은 태초부터 존재했다. 이 말씀은 인간이 되시어 우리 가운데에 거하셨다. 이에 대해 요한은 다음과 같이 말한다. "태초부터 있는 생명의 말씀에 관하여는 우리가 들은 바요 눈으로 본 바요 자세히 보고 우리의 손으로 만진 바라." 이 말씀이 인간들에게 나타나셨다. 인간들 중에서도 특히 제자들, 제자들 중에도 특히 요한에게 나타나셨다. 요한은 최후의 만찬 자리에서 주님의 품에 안긴 채로 주님의 신적 생명을 주입받았던 제자였다. 주님이 십자가상에서 마리아를 향해 "여자여 보소서 아들입니다. 더 이상 그는 요한이 아닙니다. 왜냐하면 내가 그 안에 살아 있기 때문입니다"라고 말씀하신 것도 이 때문이다.

오, 사랑하는 나의 사도여! 당신이 오로지 생명을 말하고 생명의 말씀을 말할 수 있는 이유가 여기에 있습니다. 하나님의 생명이 진실로 당신 안에 있다면, 어찌 당신이 다른 무언가를 말할 수 있겠습니까? 당신이 선포하는 이 영원한 생명은 바로 예수 그리스도입니다. 이 생명은 영원 전부터 하나님 아버지 안에 계셨으며, 하나님께서 인간이 되셨을 때 비로소 가시적으로 나타나셨습니다. 예수 그리스도의 말씀을 선포하는 것은 곧 그리스도를 선포하는 것입니다. 따라서 하나님의 말씀을 받는 사람은 곧 예수 그리스도를 영접하는 것입니다.

> 우리가 보고 들은 바를 너희에게도 전함은 너희로 우리와 사귐이 있게 하려 함이니 우리의 사귐은 아버지와 그의 아들 예수 그리스도와 더불어 누림이라(요일 1:3)

우리는 본문에서 사귐 혹은 영적 친교와 우연히 만나게 된다. 영적 친교의 의미에 관해 간략히 설명하겠다. 육적인 사람들은 성찬을 하는 동안 우리 주님을 영적으로 영접하고 싶다는 갈망이 내포된 행위와 시간만을 바라본다. 그들은 성찬을 통해 다음과 같이 되풀이한다. "나의 하나님, 당신을 소유하기 원합니다." 물론 이렇게 하는 것도 좋기는 하다. 그러나 이는 영적 친교와는 거리가 멀다. 대체적으로 단어를 반복하는 습관만 익히게 될 뿐이다.

다른 이들은 이들에 비해 훨씬 더 깊은 깨달음과 단순함이 있다. 이들은 단어에 역점을 두지는 않지만, 예수 그리스도를 받아들이려는 참되고 성실한 갈망을 품는다. 그렇다고 해서 이것이 내가 말하려는 영적 친교는 아니다. 이들의 갈망은 여전히 충족되지 못한 상태이기 때문이다.

영적 친교는 우리 주 예수 그리스도와의 합일이다. 영적 친교를 통해 우리는 주님과 더불어 강력하고도 친밀한 방식으로 하나가 된다. 영적 친교를 통해 우리는 주님의 영과 생명을 받아들인다. 이러한 사귐은 우리를 거룩한 삼위일체와 연합시켜 주며 경이로운 교제를 주고받을 수 있는 자리로 인도한다. 성령님과의 사귐을 통해 우리는 그분과 동일한 영이 된다. 이제 우리는 성도들과 함께 동일한 영적 친교에 참여하게 되며, 우리 모두가 하나님 안에서 한 영이 된다. 내가 감히 단언할 수 있는 사실이 있다. 예수 그리스도가 우리에게 몸과 피를 주신 목적은 오직 우리로 하여금 성령님과 친교를 나누도록 하기 위함이셨다.

> 우리가 이것을 씀은 우리의 기쁨이 충만하게 하려 함이라 우리가 그에게서 듣고 너희에게 전하는 소식은 이것이니 곧 하나님은 빛이시라 그에게는 어둠이 조금도 없으시다는 것이니라(요일 1:4-5)

그의 기쁨은 차고 넘친다. 그는 하늘과 땅에서 거룩하신 삼위일체와 모든 성도와 더불어 이러한 사귐 가운데로 들어올 수 있는 은혜를 받았다. 이 기쁨은 우연히 주어지는 것이 아니라, 오직 하나님 안에서만 받을 수 있다. 이 기쁨은 결단코 줄어드는 법이 없다. 예수 그리스도께서도 사도들에게 약속하지 않으셨는가? 주님은 아무도 그들의 기쁨을 빼앗지 못할 것이라고 말씀하셨다. 요한이 이 장엄한 내용을 쓰는 목적을 그리스도인의 기쁨이 차고 넘치도록 하기 위함이라고 말한 까닭도 여기에 있다. 그는 자신이 줄곧 들어왔던 소식을 전하노라고 덧붙인다.

그는 하나님은 빛이시고 하나님 안에는 어둠이 조금도 없다고 말한다. 이는 예수 그리스도의 영과 더불어 사귐을 갖는 복을 누리는 영혼이 받게 되는 유익이다. 그 영혼은 사람들을 위해 시작된 영원의 날 안에 뿌리를 내렸다. 그가 있는 곳은 오류나 무지의 어둠을 전혀 찾아볼 수 없는 확실한 진리의 자리다. 바로 이곳에서 하나님은 너무나도 경이로운 주님의 비밀들을 가르쳐 주신다. 하나님 안에 존재하는 하나님의 방식이 지닌 빛 혹은 영혼의 빛 이외에도, 결코 변하지 않는 또 하나의 빛이 있다. 그 빛은 견고하며 영구적이다. 그 빛은 죄로 인한 어둠을 제거한다.

> 만일 우리가 하나님과 사귐이 있다 하고 어둠에 행하면 거짓말을 하고 진리를 행하지 아니함이거니와 그가 빛 가운데 계신 것 같이 우리도 빛 가운데 행하면 우리가 서로 사귐이 있고 그 아들 예수의 피가 우리를 모든 죄에서 깨끗하게 하실 것이요(요일 1:6-7)

진리 안에서 하나님과 더불어 사귄다고 말하면서 여전히 오류와 죄악의 어둠 가운데서 살아가는 사람에게는 진리가 없다. 도대체 어떻게 우리가 진리의 빛으로 가득 찬 성령을 소유한 자로서 죄와 거짓말을 일삼으며 살아갈 수 있겠는가? 이런 일은 불가능하다. 그러나 만일 우리가 빛 가운데 행한다면, 다시 말해 우리의 삶이 올곧고 순전하다면, 우리가 의로운 길을 따라가고 내적으로 예수 그리스도와 연합되어 있다면, 우리는 빛 안에 거하는 것이다. 이때 비로소 우리는 하나님과 더불어 교제하고 영적 친교를 나누게 된다. 이 일이 이루어지면, 우리가 그동안 고의로 저질렀던 온갖 죄악은 예수 그리스도의 보혈로 정결하고 깨끗하게 씻긴다. 심지어 탐욕스럽고 혐오스러운 본성마저도 예수 그리스도의 보혈의 능력으로 완전히 정결케 된다.

> 만일 우리가 죄가 없다고 말하면 스스로 속이고 또 진리가 우리 속에 있지 아니할 것이요(요일 1:8)

자신은 결코 죄를 짓지 않는다고 말하는 사람은 그야말로 거짓말쟁이다. 우리 자신 안에 있을 때 우리는 죄에 불과하다. 우리의 힘으로 할 수 있는 일은 오로지 죄밖에 없다. 진리의 빛이 영혼 속에 베풀어 주는 경험적인 지식으로 말미암아, 그는 스스로 매우 비참하고 부패한 존재임을 절감하지 않을 수 없다. 비록 그 영혼은 줄곧 진리 안에서 살아왔기 때문에 스스로 죄가 없다고 말할지라도, 그는 자신이 죄인임을 잘 안다.

진실로 예수 그리스도께서는 보혈로 죄악을 제거해 주신다. 심지어 죄를 범한 기억마저도 없애 주신다. 그렇다고 해서 그 사람이 스스로 죄가 없다고 믿고 있는 것을 뜻하지는 않는다. 우리는 우리 자신이 죄인임을 안다. 그럼에도 불구하고 우리의 모든 죄악은 예수 그리스도의 보혈의 공로로 깨끗해졌다. 더 이상 죄악이 있던 자리를 찾아볼 수도 없다.

그러나 이런 상태에 도달하기 이전에, 우선 우리는 자신의 죄와는 전혀 무관한 체험을 해야 한다. 또한 오직 하나님께만 이끌리기 위해 얼마나 오랫동안 진흙탕 속에서 하나님의 떠받쳐 주심을 받아야 하는가! 이 수준에 도달한 영혼은 순결하다. 그러나 이때의 순결함은 그 사람 자신의 것이 아니다. 그는 어린양의 보혈로 씻겼으며, 자신이 죄인임을 끊임없이 인식하고 인정하며 살아간다.

* 제3권 *

Jeanne Guyon

- Revelation -

요한계시록

또 충성된 증인으로 죽은 자들 가운데에서 먼저 나시고 땅의 임금들의 머리가 되신 예수 그리스도로 말미암아
은혜와 평강이 너희에게 있기를 원하노라 우리를 사랑하사 그의 피로 우리 죄에서 우리를 해방하시고 그의 아버지
하나님을 위하여 우리를 나라와 제사장으로 삼으신 그에게 영광과 능력이 세세토록 있기를 원하노라 아멘(계 1:5-6)

요한계시록
1장

또 충성된 증인으로 죽은 자들 가운데에서 먼저 나시고 땅의 임금들의 머리가 되신 예수 그리스도로 말미암아 은혜와 평강이 너희에게 있기를 원하노라 우리를 사랑하사 그의 피로 우리 죄에서 우리를 해방하시고 그의 아버지 하나님을 위하여 우리를 나라와 제사장으로 삼으신 그에게 영광과 능력이 세세토록 있기를 원하노라 아멘(계 1:5-6)

모든 것이 예수 그리스도를 통해 우리에게 주어졌다. 사실 무엇이든 우리에게 주실 수 있는 분은 오직 주님밖에 없다.

〔주님, 주님은 신실한 증인이십니다. 주님은 주님의 피로 주님의 증언을 보증하셨습니다. 그렇다면 주님의 증언은 무엇입니까? 주님은 하나님과 인간 사이에 화해의 증거를 세워 주셨고, 인간의 본성과 더불어 연합을 맺으셨습니다. 이러한 증거 앞에서 우리는 인류를 향한 주님의 사랑을 확신할 수 있습니다. 주님은 그러한 사랑을 확증하

는 표시로서 십자가 위에서 주님 자신을 내어 주셨습니다. 주님은 우리와 맺으신 약속을 깨어지지 않는 신실함으로 지켜 주셨습니다. 우리는 요한 앞에 계시고 우리 앞에도 계신 주님의 모습을 봅니다. 오, 우리는 주님이 충성된 증인이심을 조금도 의심하지 않고 선포합니다.]

예수 그리스도는 죽음에서 부활하신 최초의 사람이셨다. 주님은 무덤에서 솟구쳐 오르는 영원한 생명을 찾아내셨다. 그 무덤은 결코 상실되지 않을 생명의 요람이 되었다. 이처럼 독특한 출생, 죽음에서 솟아나는 생명 안에서, 주님은 주님을 따를 정도로 복 받은 사람들에게 생명을 전해 주신다. 주님 안에 생명이 있다. 주님은 이 생명을 다른 이들과 더불어 주고받으심으로써 그들을 죽음에서 끌어내신다.

주님을 바라보라. 그분은 왕 중의 왕이시다. 주님을 통해, 주님 안에서, 그들과 우리 모두는 다스리는 자들이다. 모든 통치는 오직 주님께만 속해 있다.

모든 인간은 주님의 능력을 인정하고 그 능력에 복종해야 한다. 자신의 삶을 주님의 다스리심에 내어 맡겨야 한다.

[오, 예수님, 주님은 측량할 수 없는 사랑으로 우리를 사랑하셨습니다. 우리를 죽음에서 일으켜 세우시기 위해 주님의 목숨 자체를 죽음에 내어놓으셨습니다. 이로써 주님은 우리를 두 번째 죽음에서 구원해 주셨습니다. 여기서 언급된 죽은 자들은 죄로 인해 완전히 타락한 상태였습니다. 그러나 주님은 보혈로써 그들을 깨끗케 해주셨습니다. 주님의 보혈은 모든 사람을 위해 예비 된 풍성하고도 부족함이 없는 샘물입니다.]

볼지어다 그가 구름을 타고 오시리라 각 사람의 눈이 그를 보겠고 그를 찌른 자들도 볼 것이요 땅에 있는 모든 족속이 그로 말미암아 애곡하리니 그러하리라 아멘(계 1:7)

성경은 "볼지어다"라고 표현한다. 이는 매우 적절한 표현이다. 왜냐하면 주님이 당신에게 임하는 것은 현재적인 사건이기 때문이다. 오, 주님은 오셔서 당신의 마음 문을 두드리신다. 당신은 주님을 영접해 들이고 싶지 않은가? 그렇다. 주님께서 오신다. 바로 당신에게 말이다! 그러나 이 기쁘고 행복한 날은 우리가 생각하는 것보다 훨씬 더 가까이 다가온다. 우리 영혼의 신랑이 오실 것이다. 무엇이 이보다 더 확실할 수 있을까!

〔오, 하나님! 과연 어떻게 오시렵니까? 구름을 타고 오시렵니까? 성스러운 믿음의 암흑 가운데서 오시렵니까? 모든 눈(깨닫는 모든 마음)이 주님을 볼 것입니다. 그런 마음을 가진 자들은 캄캄한 구름 속에 계신 주님을 볼 수 있습니다. 주님은 어두운 구름으로 주님의 모습을 숨기십니다.〕

구속받은 모든 자들이 '내적인 존재'로 변화될 순간이 도래할 것이다. 그들은 이 믿음의 싸움을 기꺼이 받아들일 것이다. 그들은 주님을 믿고, 영과 진리로 주님을 경배할 것이다. 그렇다. 심지어 주님을 찌른 사람들, 최악의 죄를 범한 사람들, 이방인들, 유대인들조차도 그렇게 할 것이다. 그때에는 모든 눈이 주님을 볼 것이다. 모든 이들이 주님을 믿을 것이고, 모든 이들이 주님을 예배할 것이며, 모든 이들이 주님께 복종할 것이다. 그리고 이 세상의 모든 족속이 기쁨의 함성을 외칠 것이다. 모든 사람이 주님을 경배하고 기뻐하며 경이롭게 여길 것이다. 그날에 모든 이들이 주님 안에서 즐거워할 것이다.

〔그러나 오, 하나님! 그러한 순간이 오기 전에 얼마나 많은 십자가와 박해와 변화를 통과해야 할까요?

주 예수님이시여, 오직 주님만이 아십니다.〕

> 나는 알파와 오메가라 이제도 있고 전에도 있었고 장차 올 자요 전능한 자라(계 1:8)

하나님의 말씀은 시작이요 끝이다. 주님은 만물의 시작이다. 모든 것이 주님에 의해 지음 받았기 때문이다. 그러나 주님은 그밖에도 다른 무엇이 되기를 원하신다. 주님은 우리 안에 계시면서 우리가 하는 모든 일의 시작이 되기를 원하신다. 주님은 우리 안에 계시고 모든 일의 시작이 되신다. 언젠가는 모든 사람이 이 단순한 사실을 알게 될 것이다. 또한 자신의 삶을 주님께서 움직이시고, 인도해 주시며, 생명을 주시고, 생명이 되어 주시도록 맡겨 드릴 것이다. 주님은 사람들에게 오직 주님께만 있는 고유한 생명을 주시기 위해서 오신다. 주님은 그들의 마음이 내면을 향하도록 인도하기 위해 오신다. 주님은 우리 행동의 출발점이 되시고, 마침이 되신다. 우리가 모든 일을 주님에 의해 행할 때, 우리는 만사를 주님을 위해 행하는 것이 된다.

이것이야말로 지금 예수 그리스도께서 온전히 바라시는 것이다. 주님은 주님이 지으신 모든 피조물의 시작과 끝이 되시기를 갈망하신다. 주님은 당신의 시작과 끝이 되시기를 원하신다. 온갖 종류의 시작은 하나님의 말씀에 속해 있다. 마찬가지로 만물의 끝마침도 하나님의 말씀에 속해 있다. 성부 하나님께서는 모든 능력을 예수 그리스도께 주셨고, 만물을 그분의 손에 맡기셨다. 모든 것이 주 예수님에 의해 창조되었다. 주님이 없이 된 것은 아무것도 없다.

이는 내면의 삶에 대해서도 그대로 적용된다. 우리는 예수 그리스도에 의해 시작한다. 아울러 경이롭기 그지없게도 우리는 주님에 의해 끝마친다. 신자가 주님과 함께 하나님 안에 숨겨진바 된 이후에, 주님은 그 신자 안에서 태어나신다. 그런 다음 주님은 그가 하나님의 품에 깊이 침잠할 때까지 계속해서 그 사람 안에 살면서 활동하신다. 현재도 계시고 영원히 계시며 우리와 당신에게 매우 특별한 방법으로 들어오시는 주님은 바로 이런 분이다.

> **나 요한은 너희 형제요 예수의 환난과 나라와 참음에 동참하는 자라 하나님의 말씀과 예수를 증언하였음으로 말미암아 밧모라 하는 섬에 있었더니**(계 1:9)

요한은 사도들 중에서도 내면적으로 가장 깊이가 있던 사람이었다. 그는 내적으로 우리들 각자에게 주어진 것이 무엇인지를 잘 알았던 것 같다. 요한은 예수 그리스도의 고난과 괴로움에 참여하였다. 변함없이 충성스런 태도로 갈보리 언덕까지 주님을 따라갔던 유일한 사람이 바로 요한이다. 그는 주님과 함께 인내했고 핍박을 견디었다. 또한 연약한 신자들(우리 모두)을 온유하고 사랑스럽고 비범한 태도로 품어 주었다. 이 위대한 사도는 죽을 때까지 계속해서 사랑으로 충만했다. 그가 보았던 주님의 마음속에서 타오르던 불과 불꽃은 과연 어떤 것이었을까? 또한 그런 후에 그의 마음속에서 타오르기 시작한 불같은 사랑은 과연 어떤 것이었을까?

그럼에도 불구하고 요한은 박해를 통과했다. 우리도 이와 동일한 이유로 박해당하는 것에 대해 결코 놀라서는 안 된다. 오히려 우리는 박해받는 것을 기뻐해야 한다.

> 촛대 사이에 인자 같은 이가 발에 끌리는 옷을 입고 가슴에 금띠를 띠고
> (계 1:13)

예수님께서 입고 계신 긴 겉옷은 그분의 순결함과 순수함을 의미한다. 금띠는 주님의 사랑이다.

> 그의 머리와 털의 희기가 흰 양털 같고 눈 같으며 그의 눈은 불꽃 같고
> (계 1:14)

본문에서 주님의 머리는 그분의 상반신을 상징한다. 주님의 머리가 흰빛이라는 것은 주님이 지극히 온전하시고 흠이 없으신 분임을 말해 준다. 주님의 머리털도 마치 양털처럼 희었다. 이는 두 가지 사실을 보여 준다.

하나는 주님의 생각이 지니시는 순수성과 단순성이요, 다른 하나는 주님이 아주 옛날부터 존재하고 계신 분이라는 것이다. 비록 인간

의 몸을 입으시고 시간 속으로 들어오시기는 하셨지만 주님은 하나님만큼이나 영원하신 분이다. 주님의 눈은 마치 불꽃과도 같다. 당신도 알다시피 하나님의 말씀은 성부 하나님의 지식을 부여해 주신다. 이를 통해 우리가 깨닫게 되는 사실이 있다. 주님이 우리와 함께하시는 이유는, 우리를 깨우치기 위해서 뿐 아니라, 그분의 사랑으로 우리에게 생기를 부여하기 위함이기도 하다.

> 그의 발은 풀무불에 단련한 빛난 주석 같고 그의 음성은 많은 물 소리와 같으며(계 1:15)

주님의 발은 그분의 인간성을 상징한다. 신성의 용광로 속에 디디고 서 계신 주님의 두 발은 불이다. 바로 여기에 이 세상을 살아가는 주님의 백성들을 향한 거룩한 사랑이 있다. "그의 음성은 많은 물 소리와 같다." 우리 안에서 들려오는 주님의 음성은 하나님의 말씀이다. 또한 주님의 음성은 가장 강력하고 가장 심오한 은혜다.

모든 은혜가 우리에게 임하여 마치 물처럼 우리를 촉촉하게 한다. 우리는 은혜 안에 깊이 잠긴 채로 열매를 맺는다. 강력한 물과도 같은 음성으로 우리 안에 열매가 맺히게 된다.

> 내가 볼 때에 그의 발 앞에 엎드러져 죽은 자 같이 되매 그가 오른손을 내게 얹고 이르시되 두려워하지 말라 나는 처음이요 마지막이니(계 1:17)

이제 주님은 주님의 진정한 모습 그대로를 가지고 한 인간 앞에 나타나신다!

〔오, 주님! 주님이 나타나시면 진실로 인간은 죽은 것처럼 엎드러질 수밖에 없습니다.〕

나와 당신이 가진 모든 것들, 즉 아담으로부터 물려받은 것은 더 이상 아무런 힘도 없다. 이 '아담'은 반드시 죽어야 한다. 그래야만 새 아담이신 주님께서 주님의 일을 행하실 수 있기 때문이다. 그러나 결코 두려워하지 마라. 주님은 쓰러진 신자에게 주님의 오른손을 얹어 주시고 지탱해 주신다. 그가 당장이라도 죽을 것처럼 보이는 순간에, 상실과 죽음의 한복판에서, 그는 보다 위대한 구원, 보다 강력한 생명, 보다 확실한 도움을 발견한다. "두려워하지 말라." 당신의 주님께서 바로 당신에게 들려주시는 말씀이다. "나는 처음이요 마지막"이기 때문이다.

주님이 당신에게 하시는 말씀을 들어 보라. "실제로 네가 나의 길 안으로 들어오면 너는 가장 먼저 나를 발견하게 된단다. … 나는 너와 함께 내 일을 끝마치기 위한 마지막이다. 이는 마치 내가 너를 만났던 처음과도 같다. 너는 한동안 시야에서 나를 놓쳤다. 나는 다시금 여기에 있다. 첫 번째 만남과 두 번째 만남은 유사하지만 여전히 상이하다. 네가 나를 만나는 두 번째 체험은 첫 번째에 비해 훨씬 더 놀랍고 훨씬 더 낫다."

곧 살아 있는 자라 내가 전에 죽었었노라 볼지어다 이제 세세토록 살아 있어 사망과 음부의 열쇠를 가졌노니(계 1:18)

〔오, 하나님의 말씀이시여, 당신 안에 생명이 있고, 만물이 당신으로 말미암아 살아갑니다. 바로 당신이 우리의 생명이십니다. 당신은 인간들에게 생명을 주시기 위해 오셨습니다. 당신은 조금도 망설이지 않고 기꺼이 죽음의 고난을 당하셨습니다. 당신은 본성적으로 불멸의 존재이십니다. 그럼에도 불구하고 당신은 죽음을 멸절시키기 위해 언젠가는 죽어야 할 몸의 형상을 자원하여 입으셨습니다. 아, 이를 통해 우리는 당신의 무한한 사랑과 자비를 봅니다. 당신은 당신 자신을 죽음에 내어 주셨습니다.

오, 본질적인 생명이시여, 당신의 사랑으로 당신은 죽음에 복종하는 법을 찾아내셨고, 이로써 결국 죽을 수밖에 없는 인간들을 자유롭게 해주셨습니다. 당신은 몸소 죽으심으로 죽음을 멸하셨습니다. 마치 잠시 동안 당신은 죽음이 당신을 집어삼키도록 허락하신 것만 같았습니다. 그러나 마침내 당신은 죽음을 정복하셨습니다. 이제 당신의 죽음을 통해 죽음에서 생명이 잉태되었습니다. 죽음이 죽은 것입니다! 지금 당신의 구세주는 손에 죽음과 지옥의 열쇠를 쥐고 계십니다.

오, 사랑이시여! 당신이 닫으시면 어느 누가 열 수 있겠습니까? 당신이 여시면 어느 누가 닫을 수 있겠습니까? 주님이 원하시는 대로 열고 닫으십시오. 그러나 주님을 신뢰하는 신자는 다음과 같은 특별한 유익을 얻습니다. 주님이 지옥의 문을 열지 않으시는 한 아무도 지옥에 들어갈 수 없습니다. 주님은 믿는 마음으로 주님의 품안에 찾아오는 사람을 위해서는 결코 지옥의 문을 열지 않으실 것입니다.〕

그러므로 네가 본 것과 지금 있는 일과 장차 될 일을 기록하라(계 1:19)

요한은 그동안 목격한 것과 앞으로 보게 될 것을 모두 기록하라는 명령을 받았다. 우리는 요한계시록을 복음서들의 수준으로 자리매김해 놓을 수 있다. 이는 우리가 요한계시록 안에서 예수 그리스도를 발견하기 때문이다. 우리는 주님이 부활 승천하셔서 보좌에 앉아 계신 모습 그대로를 보게 된다.

신실한 성도들은 온전히 연합된 교회다. 그들은 마치 불과 같고 순결한 금 촛대와도 같다. 다시 말해 그들은 사랑으로 하나 되고 주님처럼 불타오른다. 그들은 주님과 동일한 빛으로 깨달음을 얻은 자들이다.

요한계시록
2장

에베소 교회의 사자에게 편지하라 오른손에 있는 일곱 별을 붙잡고 일곱 금 촛대 사이를 거니시는 이가 이르시되 내가 네 행위와 수고와 네 인내를 알고 또 악한 자들을 용납하지 아니한 것과 자칭 사도라 하되 아닌 자들을 시험하여 그의 거짓된 것을 네가 드러낸 것과 또 네가 참고 내 이름을 위하여 견디고 게으르지 아니한 것을 아노라 그러나 너를 책망할 것이 있나니 너의 처음 사랑을 버렸느니라(계 2:1-4)

요한계시록 중에 이 말씀 전체가 하나님의 신실하심을 강조한다. 마찬가지로 주님도 주님을 따르는 사람들에게 신실함을 요구하신다. 하나님의 순결하심과 피조물의 불순함을 바라보라. 꿰뚫는 듯한 주님의 빛은 심지어 천사들 안에 있는 결점까지도 찾아내신다. 당신이 하나님을 섬기도록 주님의 부르심을 받은 자라면 부디 다음 사항에 주목하기 바란다.

하나님은 양 무리를 향한 당신의 사랑의 분량을 측정하시기 위해 당신이 가진 덕목들을 정확하게 설명해 보라고 요구하시는 법이 결코 없으시다. 주님이 영혼에게 기대하시는 바는 얼마나 신실하게 주님을 사랑하는가이다. 주님은 영혼에게 신실함을 바라신다. 주님은 영혼이 주님의 거룩한 빛은 심지어 태양에서조차 어둠과 불순함을 찾아내신다는 사실을 알기 원하신다.

어느 교회가 에베소 교회만큼 덕스러울 수 있겠는가. 그러나 주님은 한 가지 사실에 대해 이 교회를 꾸짖고 계신다. 처음 사랑을 잃어버렸다는 것이다. 내가 볼 때에 그리스도인들 중에서 주님의 이러한 책망을 피해갈 수 있는 사람은 단 한 명도 없을 것이다. 주님을 향해 품었던 최초의 열정을 계속해서 유지해 온 사람들은 어디에 있는가? 아아, 그들은 과연 어디에 있단 말인가? 이들을 찾아보기가 왜 이리도 힘든 것인가! 우리는 고작 처음에만 열렬함과 사랑을 보여 주었을 뿐이다. 시간이 조금만 지나면 우리는 인생의 어려운 문제에 대하여 소심한 태도로 반응한다.

사랑하는 자여, 사랑과 열정의 모범으로 결코 초심자들의 열의와 갈망을 본받는 일은 없도록 하라. 그들의 열의와 갈망은 종종 매우 불완전하다.

당신의 사랑은 확고한 신실함에 기반을 두어야 한다. 언제나 지칠 줄 모르게 하나님의 뜻을 행하고 헌신된 자리를 떠나지 말아야 한다. 아무리 숱한 곤경과 위험, 두려움과 박해를 만날지라도 말이다.

귀 있는 자는 성령이 교회들에게 하시는 말씀을 들을지어다 이기는 그에게는 내가 하나님의 낙원에 있는 생명나무의 열매를 주어 먹게 하리라(계 2:7)

본문에서 하나님은 이기는 자, 정복자의 모습으로 나타나신다.

〔주님의 도우심이 없이는 아무도 승리할 수 없습니다. 오, 예수님! 주님은 혁혁하게 사탄과 육체를 무찌르시고 이기신 어린양이십니다. 주님 안에 머물러 있지 않고 주님을 통하지 않고는 결코 아무도 승리할 수 없습니다. 그러나 주님 안에 있는 자는 반드시 승리합니다. 그들은 자기의 죽음을 통해 승리합니다. 이런 사람은 생명나무의 열매를 받게 될 것입니다. 그렇다면 이 생명의 열매는 무엇입니까? 오, 예수님! 주님이 바로 생명의 열매이십니다! 주님은 주님을 생명으로 받아들이는 신자를 먹여 주십니다. 신자가 주님 안에서 자기를 잃어버릴 때, 주님이 그를 소생시켜 주시고, 그의 생명과 음식이 되어 주십니다.〕

> 서머나 교회의 사자에게 편지하라 처음이며 마지막이요 죽었다가 살아나신 이가 이르시되 내가 네 환난과 궁핍을 알거니와 실상은 네가 부요한 자니라 자칭 유대인이라 하는 자들의 비방도 알거니와 실상은 유대인이 아니요 사탄의 회당이라 너는 장차 받을 고난을 두려워하지 말라 볼지어다 마귀가 장차 너희 가운데에서 몇 사람을 옥에 던져 시험을 받게 하리니 너희가 십 일 동안 환난을 받으리라 네가 죽도록 충성하라 그리하면 내가 생명의 관을 네게 주리라(계 2:8-10)

예수님은 처음이요 마지막이시다. 주님은 하나님 아버지의 품안에 계시는 분이지만, 그럼에도 불구하고 인간 중에서도 가장 작은 자가 되셨다. 주님은 죽으셨지만 지금은 살아 계신다. 그러므로 주님의 죽음에 참여하는 자들은 반드시 주님의 생명에도 참여하게 될 것이다. 오, 죽음 가운데서 고통받는 이들은 생각해 보라! 당신을 위해 (그리고 당신처럼) 죽으신 주님이 당신을 위해 살아 계신다. 주님의 생명이 당신 안에 있다. 그 나무에서 먹으라. 당신 안에 있는 그 생명에 참여하라. 그리하면 당신은 주님으로 말미암아 살게 될 것이다. 그리고 주님이 사시는 것처럼 당신도 생명을 얻을 것이다.

가난과 고통 속에서 그리스도를 따르는 사람에게 있어 무엇이 이보다 더 큰 위로가 될 수 있겠는가?

"내가 네 환난을 안다." 당신의 주님이 하시는 말씀이다. "내가 그것을 안다." 이보다 더 깊은 위로를 어디에서 찾을 수 있겠는가?

내가 네 궁핍을 안다. 그러나 실제로 너는 부요한 자다.

과연 이 말씀은 무엇을 뜻하는가? 이는 최악의 가난 속에서 최상의 부요가 발견될 수 있음을 의미한다. 모든 소유물을 빼앗긴 사람은 더 이상 그것들을 바라지 않는다. 그는 자신이 처해 있는 불행 속에서도 지극한 만족을 누린다. 그에게는 의지할 만한 버팀목이 하나도 남아 있지 않다. 그리스도를 따르는 이 사람은 신뢰를 둘 만한 근거가 없으면 없을수록 더욱더 굳건히 하나님을 신뢰한다. 그러므로 그는 보물을 가진 자요, 어마어마한 부요를 소유한 자다. 부요한 사람은 무언가를 더 가지기를 갈망할 수 있다. 그는 자신의 소유에 만족하지 못한다. 그러나 가난한 그리스도인은 이미 언급한 바와 같이, 완벽한 만족을 경험한다. 그에게는 아무것에 대해서도 욕구가 남아 있지 않다. 욕구가 없기 때문에 그는 온전히 부요한 자다.

이러한 평안과 만족을 누리며 살아가는 사람들은 잘 알려져 있지 않다. 하나님은 그들을 주님의 안식처에 숨겨 두신다. 주님은 그들을 다른 이들이 볼 수 없도록, 심지어는 그들 자신조차도 볼 수 없도록 숨겨 놓으신다. 그들이 지닌 거룩함은 오로지 영원 안에서만 알려질 것이다. 그들은 이 세상을 살아가는 동안 사람들의 비방과 판단거리가 된다. 과연 그들을 박해하는 사람들은 누구일까?

"자칭 유대인이라 하는 자들의 비방도 알거니와 실상은 유대인이 아니요." 도대체 이 말씀이 의미하는 바는 무엇인가?

자칭 경건하다고 일컬어지는 자들을 보면, 그들의 경건은 외면적인 형식들로만 이루어져 있다. 그들은 겸손하고 영적인 사람들에 대하여 거세게 반발한다.

버림받은 사람들, 내면 깊은 곳에 존재하는 영의 성소에서 살아가는 사람들, 참된 아브라함의 자손들, 진정한 믿음의 자녀들은, 자신들이 겪어야 할 고난을 결코 두려워하지 않는다. 이러한 상태는 오히려 당신에게 유익이 된다.

심지어 성도들조차도 당신을 핍박할 것이다. 그들은 온갖 중상모략의 말을 굳게 믿으며 아무것도 두려워하지 않을 것이다. 어둠은 자신의 왕국이 그리스도를 따르는 자들에 의해 점점 더 파괴되어 간다는 사실을 잘 안다. 그리스도를 따르는 사람들은 하나님의 통치가 자신의 삶에서 뿐 아니라 다른 이들의 삶 속에서도 이루어지기를 꾀하기 때문이다. 어둠의 왕국은 다음과 같은 이상한 핍박들을 부추긴다.

하나님께서 가장 사랑하시는 사람들이 감옥에 갇힐 것이고, 재판관들은 분별력을 잃을 것이다. 가장 순진한 사람들이 죄인처럼 보일 것이며, 교회를 위해 가장 헌신적인 사람들은 마치 교회의 원수들인 것처럼 보일 것이다. 그러나 두려워하지 마라. 이는 단지 시련에 불과하다.

"너희가 십 일 동안 환난을 받으리라."

십 일은 어느 정도로 긴 시간일까? 이는 당신의 주님이 핍박이 지속되도록 정하신 기간을 말한다. 그러므로 필요하다면 죽도록 충성하라. 하나님을 위해서라면 죽음까지도 불사할 정도의 신실함을 보여라. 또한 죽을 때에도 결코 믿음을 잃거나 확신을 저버리지 마라. 당신은 죽음으로 인해 영생의 면류관을 얻게 될 것이다.

귀 있는 자는 성령이 교회들에게 하시는 말씀을 들을지어다 이기는 자는 둘째 사망의 해를 받지 아니하리라(계 2:11)

우리는 두 종류의 죽음을 만나게 된다. 첫째는 내적이고 영적인 죽음이다. 둘째는 자연적인 죽음이다. 오직 첫째 사망에 의해서만 우리는 이김을 얻는다. 이 죽음으로 말미암아 예수 그리스도는 우리 안에서 정복자가 되신다. 첫째 사망에서 이기는 자가 되는 행운을 얻은 사람은 결코 둘째 사망의 해를 받지 않을 것이다. 다시 말해, 둘째 사망은 그에게 있어 일종의 즐겁고 상쾌한 일이 될 것이다. 성경은 그들이 죽지 않는다고 말하는 것이 아니다. 다만 그들은 둘째 사망의 해를 받지 않을 것이다. 이 죽음은 단순히 죽음에서 생명으로 옮겨가기 위한 관문에 불과하다.

버가모 교회의 사자에게 편지하라 좌우에 날선 검을 가지신 이가 이르시되 네가 어디에 사는지를 내가 아노니 거기는 사탄의 권좌가 있는 데라 네가 내 이름을 굳게 잡아서 내 충성된 증인 안디바가 너희 가운데 곧 사탄이 사는 곳에서 죽임을 당할 때에도 나를 믿는 믿음을 저버리지 아니하였도다 그러나 네게 두어 가지 책망할 것이 있나니 거기 네게 발람의 교훈을 지키는 자들이 있도다 발람이 발락을 가르쳐 이스라엘 자손 앞에 걸림돌을 놓아 우상의 제물을 먹게 하였고 또 행음하게 하였느니라 이와 같이 네게도 니골라 당의 교훈을 지키는 자들이 있도다(계 2:12-15)

주님께서 편지를 받을 사람들의 상태에 맞게 적절한 호칭을 사용하고 있다는 점을 눈여겨보기 바란다. 고통이나 죽음 가운데 있는 사람들에게 주님은 주님이 죽으셨다가 살아나셨다는 사실을 말씀하신다. 그 이유는 무엇일까? 주님은 그들이 혹독한 죽음을 통과한 이후에 보다 높은 차원의 삶을 소망하는 자들이 되기를 바라시기 때문이다.

이제 버가모 교회의 신자들, 즉 이단사설을 받아들이고 이를 묵인하였으며 그로 인해 시달려온 사람들을 향하여, 주님은 오직 주님의 칼에 관해서만 말씀하신다. 칼, 곧 하나님의 말씀은 이단사설을 소멸시킨다.

"나는 네 믿음이 훌륭하다는 것을 안다. 너처럼 믿음을 가진 자들이 죽임을 당하는 동안에 너는 두려워하면서도 끝까지 네 믿음을 지켜왔다. 그러나 그것만으로 나를 기쁘게 할 수 있는 것은 아니다. 너는 사탄이 교회의 사역에 참여하도록 묵인하였다. 너는 나의 화를 돋우는 혼합물을 방치해 두었다."

〔오, 하나님! 당신은 지극히 온유하신 분이십니다. 말씀하십시오!

당신은 말씀이십니다.〕

> 그러므로 회개하라 그리하지 아니하면 내가 네게 속히 가서 내 입의 검으로 그들과 싸우리라 귀 있는 자는 성령이 교회들에게 하시는 말씀을 들을지어다 이기는 그에게는 내가 감추었던 만나를 주고 또 흰 돌을 줄 터인데 그 돌 위에 새 이름을 기록한 것이 있나니 받는 자 밖에는 그 이름을 알 사람이 없느니라(계 2:16-17)

〔오, 주님! 주님은 이기는 자들에게 감추었던 만나를 주십니다. 감추었던 만나가 주님 자신이 아니라면 또 무엇이겠습니까? 그것은 친밀하고 은밀하며 내면적이고 알려지지 않은 주님 자신의 소유입니다. 이 만나는 거룩한 믿음의 어둠 속에 감추어져 있습니다. 오, 말씀이시여! 주님의 말씀은 너무나 신비스럽고 실제적입니다.

주님은 이기는 자들에게 주님의 흰 돌도 주십니다. 이것은 그야말로 거룩한 고요를 의미합니다. 신자는 절묘하기 그지없는 은혜 안에 뿌리를 내립니다.

이 사람에게는 새로운 이름도 주어집니다. 그 이름은 흰 돌 위에 새겨져 있습니다. 흰 돌은 침묵과 은백색의 순결을 뜻합니다. 그 이름은 하나님 안에서 누리는 새 생명을 말합니다. 또한 그 이름이 새겨지는 곳도 바로 하나님 안에서 입니다. 아브라함도 이 이름을 받았습니다. 그는 신자들과 신실한 영혼들의 아버지입니다. 이 이름은 사라와 이스라엘에게도 주어졌습니다. 신약성경에서는 베드로와 바울도 이 이름을 받았습니다. 이 이름을 주실 수 있는 분은 오직 하나님밖에 없습니다. 오직 하나님만이 사람을 이 상태로 이끌어 가실 수 있기 때문입니다. 오, 이 얼마나 놀랍고 경이로운 상태입니까! 그 누가 이런 사실을 깨달을 수 있겠습니까? 오직 그 일을 몸소 경험한 자 외에 누가 이를 알 수 있겠습니까.〕

> **두아디라 교회의 사자에게 편지하라 그 눈이 불꽃 같고 그 발이 빛난 주석과 같은 하나님의 아들이 이르시되 내가 네 사업과 사랑과 믿음과 섬김과 인내를 아노니 네 나중 행위가 처음 것보다 많도다**(계 2:18-19)

〔나의 하나님, 말씀에 묘사된 주님의 모습은 얼마나 아름다우신지요! 주님의 눈에서 나오는 불꽃은 인간들을 향한 주님의 비길 데 없으신 사랑을 보여 줍니다(주님의 두 눈은 하나님 아버지에 대해 주님이 갖고 계신 온갖 지식을 상징합니다). 빛난 주석과도 같은 발은 주님의 인성을 의미합니다. 주님의 인성은 신성과 연합하여 이처럼 놀라운 불꽃들을 만들어 내셨습니다. 이 불꽃들은 세상의 수많은 사람들을 타오르게 만들 수 있을 것입니다. 그러나 자신을 기꺼이 불꽃으로 충만케 할 이들, 불꽃 가운데서 타오를 이들은 과연 어디에 있습니까? 아아, 우리 모두는 마치 이처럼 타오르는 화산 근처에 있는 얼음과도 같습니다.〕

한 개인이 가지는 특성과 예수님이 그 사람과 함께 계실 때에 가지고 계신 특성들은 매우 놀랄 만큼 유사하다. 이것은 한 교회에 대해서도 마찬가지다. 본문에는 사랑으로 불타오르는 위대한 일단의 신자들이 등장한다. 주님은 교회 앞에 주님의 사랑을 놓아두신다. 그들로 하여금 이처럼 유례를 찾아볼 수 없는 사랑을 실천하도록 격려하기 위해서라기보다는, 그들에게 다음과 같은 사실을 깨우쳐 주시기 위해서다.

만일 그들이 이 정도의 사랑을 가진다면, 그들을 향한 구세주의 사랑은 이보다 훨씬 더 강렬할 것이다. 그러면 주님이 이 사람들을 칭찬하신 이유는 무엇일까? 바로 그들이 행한 일들 때문이다. 그렇다면 사랑이 행위라는 말인가? 그들은 완전한 사랑과 생명력 있는 믿음을 가지고 살았다. 주님은 먼저 그들의 믿음을 칭찬하셨다. 믿음이야말로 온갖 은혜를 측정하는 기준이자, 모든 내적 성장과 외적 성장을 측량할 수 있는 참된 척도이기 때문이다.

(예수 그리스도께서도 말씀하신다. 너희 믿음대로 될지어다.)

그런 다음에 주님은 그들의 사랑에 대해 칭찬하신다. 믿음과 사랑은 나란히 함께 간다. 믿음이 충분치 못한 곳에는 사랑도 충분치 못하다. 넉넉한 사랑이 있는 곳에는 넉넉한 믿음도 있다. 우리는 사랑을 얄팍한 열심과 열정으로 측정해서는 안 된다. 사랑은 반드시 믿음으로만 측량해야 한다.

혹자는 이렇게 물을지도 모른다. "그럼 우리가 이 믿음을 어떻게 알 수 있습니까?"

일반적으로 말하면, 믿음은 내면적인 것이나 외면적인 것으로부터 지속적이고 일관된 태도로 거리를 둔다. 아무리 귀찮고 짜증나는 상황 속에서도 당신은 결코 요동하지 않는다. 당신은 표현하지도 않을 뿐더러 억누르지도 않는다. 아니, 절대로 그렇게 하지 않는다. 오히려 당신은 자연스러운 상태로 있을 뿐이다. 이 믿음은 명백히 손해를 본 상황에서도 여전히 신실하고 확신에 찬 모습으로 살아간다. 최악의 재난을 당한 순간에도 그의 행동에는 변함이 없다. 이런 모습을 통해 우리는 믿음의 권능과 사랑의 진실을 식별할 수 있다!

이제 우리는 교회가 불의와 악을 겪으면서 인내한 것으로 칭찬받는 모습을 본다. 당신도 알다시피 믿음과 사랑에서 인내가 태동한다. 그러나 무엇보다도 이 신자들의 모임은 끝까지 태만해지지 않았다는 이유로 칭찬을 받는다. 이 교회의 나중 행위들이 처음 것보다 많아졌다. 이들의 경계 태세는 처음 시작할 때보다 마지막으로 갈수록 훨씬 더 강화되었다. 오, 우리는 과연 어디에서 이 같은 신자들의 무리를 발견할 수 있겠는가? 이런 자들을 찾아보기가 어찌 이리도 힘들단 말인가!

> 그러나 네게 책망할 일이 있노라 자칭 선지자라 하는 여자 이세벨을 네가 용납함이니 그가 내 종들을 가르쳐 꾀어 행음하게 하고 우상의 제물을 먹게 하는도다 또 내가 그에게 회개할 기회를 주었으되 자기의 음행을 회개하고자 하지 아니하는도다(계 2:20-21)

〔오, 순결한 사랑이시며 거룩하고 엄격하신 분이시여! 모든 것을 다 아시는 당신 앞에는 아무것도 숨길 수가 없습니다. 당신께서 한때 그토록 격찬하셨던 목회자를 향해 과연 어떠한 책망의 말씀을 해주실 수 있습니까? 오, 하나님! 당신의 순결함에 견줄 때 다른 모든 순결함은 불순할 뿐입니다.〕

오, 예수 그리스도의 양 무리를 맡는 사역자들이여! 당신들이 감당해야 할 책임은 얼마나 막중한가! 또한 당신들이 설명해야 할 의무는 얼마나 혹독한가! 단순히 당신이 거룩해지는 것만으로는 충분치 않다. 당신은 다른 사람들도 거룩해질 수 있도록 마음을 써야 한다. 하나님은 비단 당신의 마음이 온갖 종류의 죄악으로부터 깨끗해지는 것에 만족하시지 않는다. 만일 당신이 주님의 몸 된 교회와 주님의 양무리 안에 있는 죄악들을 제거하지 않고 그대로 방치하면 말이다.

성경이 사용하는 표현법은 매우 감탄스럽다. 하나님의 영광에 대항하는 모든 것이 간음이요 간통이다. 이는 마땅히 하나님께 돌려 드려야 할 영광을 도둑질하여 다른 이들에게 주는 것이다. 마음의 간통과 생각의 간음은 몸으로 하는 행위보다 훨씬 더 위험하다. 그리고 훨씬 더 악하다. 말씀에서 당신은 사람이 마땅히 속해 있어야 할 하나님으로부터 마음과 생각이 멀어져 있을 때 어떤 결과가 초래되는지를 볼 수 있다.

여기서 타락한 이세벨은 누구인가? 이 사악한 이세벨은 하나님께 견고히 붙어 있어야 할 생각을 하나님으로부터 멀어지게 하는 부패한 본성을 상징한다. 이세벨은 생각을 하나님에게서 빼앗아 방종한 욕구를 탐닉하도록 한다. 하나님은 인간을 구원하길 원하신다. 이러한 갈망 속에서 하나님은 제멋대로인 사람들을 때로는 질병으로 붙들어 두기도 하신다. (하나님은 이런 방법을 종종 사용하신다.)

당신의 주님은 다음과 같이 선포하신다. "나 여호와는 심장을 살피며 폐부를 시험하고."

〔오, 주님! 심판은 주님께 속해 있습니다.〕

우리는 스스로에 대해 어쩌면 이렇게도 무지하단 말인가! 우리는 우리의 진실한 마음을 은폐시킨다. 우리는 가장 그럴 듯한 구실을 둘러대면서 자신의 진정한 모습과 실제적인 의도를 감춘다. 우리는 스스로를 위해 행동하고, 자기를 사랑하며, 우리 자신과 다른 이들을 설득한다. 지금 우리는 실제로 하나님 한 분만을 위해 행동한다고 자부하면서 말이다.

그러나 하나님은 모든 사람을 '각각 그의 행위와 그의 행실대로 보응' 하실 것이다. 중요한 것은 얼마나 많은 분량의 행위를 했느냐에 있지 않다. 과연 그 행위가 그 사람 내면 깊은 곳에 있는 은혜와 선함과 그리스도로 말미암은 것인지의 여부가 중요하다. 본문에 언급된 이 신자들의 모임이 저울에 달렸을 때 받아들이지 못하는 이유도 여기에 있다.

얼마나 더 많은 사람이 이런 식의 놀라움을 겪게 될 것인가!

자신이 위대한 행실을 수없이 많이 했노라고 믿는 사람들 중에도 제외될 자들이 있을 것이다. 한편 어떤 이들은 겉으로는 아무런 쓸모도 없어 보이지만 결국에는 굉장한 선행을 쌓아온 사람으로 판명될 것이다. 문제는 외적인 행위들이 아니다. 결코 그렇지 않다. 은혜의 분량이 얼마나 많은지, 얼마나 그리스도로 말미암아 행했는지가 중요하다. 마음이 중요하다. 모든 행위는 마음에서 비롯되기 때문이다.

〔오, 하나님! 정의로 다스리시는 주님은 참으로 의로우신 분입니다.〕

이기는 자와 끝까지 내 일을 지키는 그에게 만국을 다스리는 권세를 주리니 그가 철장을 가지고 그들을 다스려 질그릇 깨뜨리는 것과 같이 하리라 나도 내 아버지께 받은 것이 그러하니라 내가 또 그에게 새벽 별을 주리라(계 2:26-28)

하나님은 내적인 죽음(철저한 자아의 죽음을 통과한 사람)을 통해 이기는 자가 된 사람들이 놀라운 유익을 누릴 수 있도록 예비하셨다. 예수님은 본문에 나타난 신자들의 무리 사이에서 홀로 다스리신다. 이 영혼들은 어찌나 신실한지 승리의 영광을 온전히 하나님께만 돌려 드린다. 그들은 결코 스스로를 위해서는 영광을 취하려 하지 않는다. 사실상 이들의 태도가 옳다. 왜냐하면 우리 안에서 승리하신 분은 오직 주님이시기 때문이다. 승리는 이미 존재한다. 그들은 단지 승리를 방해하지 않았을 뿐이다. 이처럼 승리를 가로막지 않은 자들은—이미 모든 것을 놓아 버려 죽음에 처해지도록 허용했으므로—모두가(그러나 이런 사람들은 찾아보기 힘들 정도로 극소수에 불과하다) '만국을 다스릴' 것이다.

그들은 다음과 같은 몇 가지 방법으로 이러한 권세를 소유하게 될 것이다.

첫째, 그들은 수많은 영혼, 심지어는 그들의 민족까지도 다스릴 수 있는 권세를 소유할 것이다. 둘째, 그들은 스스로를 다스리는 권세를 받을 것이다. 셋째, 그들이 죽은 후에 하나님은 그들을 통해 주님의 몸 된 교회를 치리하실 것이다. 하나님은 그들을 마치 목회자들처럼 사용하신다. 하나님은 끝까지 주님의 뜻을 고수해온 사람들을 원하신다. 그런 다음에 "그들은 철장을 가지고 다스리게 될 것이다." 왜일까? 그들이 가진 권세가 너무나도 강력해서 그 무엇도 그들에게 도저히 맞서지 못하기 때문이다. 그러나 그들의 권세는 결코 잔혹한 것이 아니다. 이 신자들, 곧 자기를 사랑하는 것에 죽은 자들은 거룩한 권세를 소유한다. 그들은 모든 일, 심지어 가장 내밀한 일들마저도 자신들이 원하는 대로 처리한다. 시간이 지남에 따라 그들은 거룩한 권세가 자신들에게 주어졌음을 드러낸다.

이제 주님은 또 다른 무언가를 더해 주신다. "내가 또 그에게 새벽별을 주리라." 이 새벽별은 여명이 밝아오기 직전에 나타난다. '새벽별' 을 받은 신자는 하나님이 주신 권리와 유익을 누린다. 하나님은 예수 그리스도의 진리의 영 안에서 행하시고 가르치신다. 당신의 주님은 순례자들이 내면의 길로 행하는 새 날의 도래를 알려주시는 새벽별이시다.

요한계시록
3장

사데 교회의 사자에게 편지하라 하나님의 일곱 영과 일곱 별을 가지신 이가 이르시되 내가 네 행위를 아노니 네가 살았다 하는 이름은 가졌으나 죽은 자로다 너는 일깨어 그 남은 바 죽게 된 것을 굳건하게 하라 내 하나님 앞에 네 행위의 온전한 것을 찾지 못하였노니(계 3:1-2)

오늘날 겉으로는 살아 있는 것 같으나 실상은 죽어 있는 교회들과 사역자들이 얼마나 많은가! 그렇다면 왜 그들은 죽어 있는 걸까? 그들에게는 힘과 생명이 없기 때문이다. 그들이 죽어 있는 이유는 행하는 모든 일이 내면의 성령님과 순전한 사랑에 의해 활력을 얻지 못하기 때문이다. 그들은 온갖 행위를 통해 오직 허무한 명성만을 추구하려고 한다.

"하나님의 일곱 영과 일곱 별을 가지신 이." 하나님의 일곱 영은 가장 은밀하게 숨겨져 있는 것까지도 찾아내시는 하나님의 빛이다. 당신의 주님은 당신이 겉으로는 살아 있는 것 같아도 실제로는 죽어 있다고 알려주신다. 설사 모든 이들이 당신을 살아 있다고 여길지라도, 결코 주님만은 속일 수가 없다. 이러한 죽음에서 벗어나기 위해서 '깨어 있으라!' 이러한 죽음의 상태에 빠져 있는 신자의 모임들이 얼마나 많은가! 이 같은 신자들의 모임에서는 이리가 양을 잡아먹는다. 아, 결국 미지근한 행동들을 행한 것으로 드러날 사람들이 얼마나 많겠는가! 그뿐만이 아니다. 심지어 어떤 이들은 양 무리의 목자로서 양들의 버터를 먹고 양들의 젖을 마시며 양의 털로 옷을 해 입기조차 한다. 그러면서도 양들을 지키거나 보호해 주거나 도와 주지는 않는다. 따라서 이들이 이처럼 죽어 있는 상태인 것도 전혀 놀랄 일이 아니다.

> 그러나 사데에 그 옷을 더럽히지 아니한 자 몇 명이 네게 있어 흰 옷을 입고 나와 함께 다니리니 그들은 합당한 자인 연고라 이기는 자는 이와 같이 흰 옷을 입을 것이요 내가 그 이름을 생명책에서 결코 지우지 아니하고 그 이름을 내 아버지 앞과 그의 천사들 앞에서 시인하리라(계 3:4-5)

나라와 도시가 아무리 타락했을지라도 그곳에도 반드시 거룩한 사람들은 있기 마련이다. 으레 가장 심각하게 부패한 지역에서 위대한 성인들이 배출되곤 한다. 이기는 자는 죽은 자다. 죽은 자는 처음의 은혜를 회복한 자, 순전함을 회복한 자다. 하나님의 구속의 은혜로 말미암아 인간은 원래의 상태로 회복되었다. 더욱이 구속받기 이전에는 누리지 못했던 유익까지도 함께 주어졌다. 그렇지 않았다면 구속은 결코 동일한 창조가 되지 못했을 것이며, 마침내 풍성한 것이 될 수도 없었을 것이다. 우리는 구속의 모든 유익을 충만하게 누리지 못한다.

이는 우리가 예수 그리스도로 하여금 구속의 은혜와 주님의 공로로 인한 결과를 우리에게 펼쳐주시도록 허용해 드리지 않았기 때문이다. 그러나 주님 안에서, 또한 주님에 의하여 이기는 자는 이러한 은혜에 온전히 동참한다. 요한계시록에서 이런 사람들을 가리켜 흰 옷 입은 자들이라고 표현하는 이유도 여기에 있다. 그들은 구속을 통해 정결한 옷을 입는다. 주님은 그들의 이름을 결코 생명책에서 지워 버리지 않을 것이다. 예수 그리스도는 하나님 아버지 앞에서 그들을 시인하실 뿐 아니라, 그들을 주님의 소유로 인정하실 것이다. 그들은 양자로서, 또한 예수 그리스도와 더불어 하나님의 공동 상속자로서 받아들여질 것이다.

귀 있는 자는 성령이 교회들에게 하시는 말씀을 들을지어다(계 3:6)

〔오, 하나님! 모든 세대마다 최고로 위대한 진리는 오류요 신성모독으로 간주되었습니다. 주님의 가장 심오한 길을 외치는 사람들은 증오의 대상이 되었고 사람들로부터 저항의 표적이 되었습니다. 범죄, 어리석음, 도덕적 타락 등은 칭찬을 받으며, 그것들을 말하고 행하는 자들은 정직한 자들로 존경을 받습니다. 그러나 주님, 주님의 종들은 부끄러운 존재들로 여겨집니다. 나의 하나님, 마치 주님은 눈이 멀어 지금 무슨 일이 벌어지는지조차 모르고 계신 것만 같습니다. 주님, 주님은 그들을 보고 계시며 이 원수들을 지키고 계십니다. 이는 주님의 종들의 인내를 시험하심으로 그들을 단련시키기 위함입니다. 주님은 주님의 진노의 날을 위해 이 방해꾼들을 남겨 두십니다.〕

빌라델비아 교회의 사자에게 편지하라 거룩하고 진실하사 다윗의 열쇠를 가지신 이 곧 열면 닫을 사람이 없고 닫으면 열 사람이 없는 그가 이르시되 볼지어다 내가 네 앞에 열린 문을 두었으되 능히 닫을 사람이 없으리라 내가 네 행위를 아노니 네가 작은 능력을 가지고서도 내 말을 지키며 내 이름을 배반하지 아니하였도다 보라 사탄의 회당 곧 자칭 유대인이라 하나 그렇지 아니하고 거짓말 하는 자들 중에서 몇을 네게 주어 그들로 와서 네 발 앞에 절하게 하고 내가 너를 사랑하는 줄을 알게 하리라 (계 3:7-9)

이 말씀에 언급된 신자들의 모임은 주님의 책망을 전혀 듣지 않는 유일한 경우다. 그들에게는 단지 작은 능력만 있다. 하나님이 그들을 능력으로 강건하게 해주신 것도 여기에 있다. 그들은 자신들 안에는 능력이 없으므로 하나님을 능력으로 삼고 살아간다.

예수님은 그들에게 어떤 특성이 있다고 생각하시는가? 그들은 '거룩하고' '진실하며' 철저히 자신을 비워 낸 사람들이다. 그들의 거룩함은 전적으로 하나님 안에 있다. 예수님은 그들을 위해 거룩하시다. 그들이 '진실한' 자들로 일컬어지는 것은 지금까지 진리에 뿌리를 두고 살아왔기 때문이다. 비록 그들이 다른 사람들처럼 많은 존경을 받지는 못했을지라도, 예수님이 그들에게 붙여주신 거룩하고 진실하다는 표현 속에는 온갖 은혜가 포함되어 있다. 주님은 그들에게 아무런 책망의 말씀도 하지 않으신다. 그 이유는 매우 간단하다. 그들은 연약함 가운데서 하나님의 능력을 발견한 자들이기 때문이다. 그들에게는 이기심이 전혀 없다. 오로지 하나님의 관심사가 그들의 관심사일 뿐이다. 그들의 유일한 바람은 하나님의 나라와 영혼들의 확장에 관한 것뿐이다.

"그들로 와서 네 발 앞에 절하게 하고." 다른 이들은 복 받은 이 신자들에게 옴으로써 받게 될 것이 무엇인지를 체험을 통해 깨달을 것이다. 그들은 "내가 너를 사랑하는 줄"을 알게 될 것이다.

거룩하고 진실하신 하나님이 그분의 종에게 말씀하신다. "나는 다윗의 열쇠를 가지고 있다." 주님께서 "열면 닫을 사람이 없고 닫으면 열 사람이 없다." 여기서 주님은 무엇을 여는 것에 관해 말씀하고 계시는가? 이는 하나님 아버지의 품을 여는 것이다. 만일 주님께서 하나님 아버지의 품을 열지 않으시면 아무도 그 안에 들어갈 수 없다. 하나님 아버지의 품을 여실 수 있는 분은 오직 주님 밖에 없다. 그러나 일단 열리면 이 세상에 있는 그 무엇도 이를 닫을 수 없다. 주님은 그 문을 여시고 주님의 종들로 하여금 그 안에 들어가서 숨어 있게 하신다. 그들은 하나님의 품 안에 머물면서 거듭거듭 이기는 자들로 변화될 것이다.

> 네가 나의 인내의 말씀을 지켰은즉 내가 또한 너를 지켜 시험의 때를 면하게 하리니 이는 장차 온 세상에 임하여 땅에 거하는 자들을 시험할 때라(계 3:10)

주님의 인내의 말씀을 지킨다는 것은, 내적으로든 외적으로든 당면한 모든 상황에 대해 하나님의 뜻으로 여기면서 견뎌내는 것을 의미한다. 우리가 이런 식으로 인내하며 살았을지라도, 하나님의 인내의 말씀을 지킬 수 있는 또 다른 방법은 여전히 남아 있다. 잠잠히 거하며 침묵하는 것이다.

영혼이 하나님의 말씀을 들은 후에, 또한 주님이 그 영혼에 복을 주신 후에, 오랫동안 잠잠히 거하는 것이다. 이제 그 신자는 하나님의 인내의 말씀을 지킨다. 마치 하나님이 그 사람을 오랫동안 기다리셨던 것처럼, 그 신자도 주님을 오랫동안 기다린다. 인내 가운데 견디면서 하나님의 말씀을 지키고 주님의 모든 뜻을 준행한다. 이런 방식을 통해서라면 영혼이 얼마나 잘 지켜질 수 있겠는가! 거의 모든 이가 유혹에 넘어갈 때에도 그 영혼은 유혹으로부터 보호를 받는다.

유혹에는 두 종류가 있다. 쾌락에 대한 유혹과 비탄에 대한 유혹이다. 수세기에 걸쳐 인간들은 너무나도 심각하게 타락했다. 심지어 사람들은 성도들을 타락시키기 위해서 온갖 수단과 방법을 가리지 않는다. 사람들은 심지어 순교자들에 대해서도 쾌락을 사용해서 유혹해 왔다. 어떤 이들은 고난은 능히 이겨내면서도 쾌락에 대해서는 이내 굴복하고 만다.

하나님은 고난과 쾌락 모두를 사용하신다. 이렇게 함으로써 주님은 주님께 속한 자들을 시험하시고 정화시키고, 그들이 모든 유혹을 경멸하도록 허락하신다. 우리보다 먼저 살다간 거룩한 신자들의 삶은 이 두 가지 유혹과 관련하여 수많은 실례를 보여 준다. 오늘날 우리는 하나님의 종들이 사람들에게 멸시와 고통과 핍박받는 모습을 본다. 마치 그들은 세상의 똥처럼 취급당하는 듯하다. 아아, 유혹에도 불구하고 신실함을 지키는 사람들을 찾아보기가 왜 이리도 힘든 것일까? 모든 이들이 사람들을 기쁘게 하고 명성을 얻기 원한다. 모든 이들이 야망으로 가득 차 있다. 하나님을 기쁘시게 하거나 주님께 칭찬받기 위해 노심초사하는 사람은 거의 찾아볼 수 없다. 그들은 오직 사람을 즐겁게 하고 사람으로부터 존경받기를 원한다. 그들은 세상이 높이 평가하는 덕목을 가치 있게 여기지만, 예수 그리스도의 덕에 대해서는 관심이 없다. 그러나 진실한 하나님의 종들은 모욕을 당해도 불평하지 않고, 수모를 겪어도 스스로를 정당화하지 않는다. 성경은 하나님께서 이런 자들을 특별히 유혹의 날에 보호해 주신다고 말씀하신다.

> 내가 속히 오리니 네가 가진 것을 굳게 잡아 아무도 네 면류관을 빼앗지 못하게 하라 이기는 자는 내 하나님 성전에 기둥이 되게 하리니 그가 결코 다시 나가지 아니하리라 내가 하나님의 이름과 하나님의 성 곧 하늘에서 내 하나님께로부터 내려오는 새 예루살렘의 이름과 나의 새 이름을 그이 위에 기록하리라(계 3:11-12)

이 얼마나 놀라운 신비인가! 예수 그리스도께서 이 교회에 곧 오시겠다고 확언하신다. 오늘날 주님은 주님과 친교를 나누는 사람들을 주님께로 불러내신다. 주님은 그들을 세상에서 끄집어내신다. 세상은 그들이 있을 만한 곳이 못되기 때문이다.

"네가 가진 것을 굳게 잡아." 우리는 이 구절을 두 가지 방식으로 이해할 수 있다. 첫째, 우리는 하나님의 자비하심으로 말미암아 누리게 된 상태에서 우리의 잘못 때문에 떨어져나가는 일이 없어야 한다. 우리는 끝까지 인내해야 한다. 둘째, 우리는 자신의 존재가 아무것도 아님을(사실 그의 모든 소유물이 아무것도 아니다) 인정해야 한다. 또한 신자는 계속해서 이런 자세를 잃지 말아야 한다. 우리는 이러한 상태를 늘 유지해야 한다. 그렇지 않으면 면류관을 다른 이들에게 빼앗기고 말 것이다. 모든 면류관 중에서도 가장 큰 면류관은 자신이 아무것도 아님을 깨닫고 계속해서 그러한 깨달음 안에 머물러 있는 자를 위한 것이다.

'이기는 자' 는 교회의 '기둥' 이 되는 특권을 누릴 것이다. 그는 견고하여 흔들리지 않는 기둥이 될 것이다. 이기는 자는 비록 잘 알려진 사람들은 아닐지라도, 교회는 이들에 의해 유지된다. 견고한 기둥은 비록 눈에 띄지 않는 곳에 숨어 있을지라도 건물의 흔들림을 막아주는 역할을 한다. 나의 하나님은 바로 이런 방식을 통해 주님의 교회를 유지하신다.

하나님은 이러한 신자를 주님 안에 있는 침묵 속에 머물러 있게 하시며, 그를 그리스도 안에 확고히 세워서 결코 떠나지 않도록 하신다. 이런 상태에 있는 영혼은 얼마나 행복하겠는가! 그에게는 하나님을 잃어버리는 일은 결코 없을 것이다. 하나님의 이름이 그의 안에, 그의 심장에 새겨질 것이다. 아가서에서 주님이 신부에게 하신 말씀처럼 말이다. "너는 나를 도장 같이 마음에 품고 도장 같이 팔에 두라." 그 사람 안에 새겨진 이 이름은 안팎으로의 온전한 성화를 상징한다. 아울러 예수 그리스도께서는 그 사람 위에 "하나님의 성의 이름"도 기록해 주셨다.

주님은 이 일을 두 가지 방식으로 행하신다. 첫째, 주님은 그를 거룩한 신자들의 수에 들게 하시고 그에게 온갖 거룩한 특성을 부여해 주신다. 하늘에 있는 거룩한 도성의 이름 자체를 그에게 주신다. 둘째, 주님은 그 사람 안에 교회의 순수성에 관련된 모든 성격과 특성을 넣어 주신다. 당신은 이 신자의 내면 생활이 주님의 몸 된 교회에 대한 축소 모형이라고 말할 수 있을 것이다. 그것도 어찌나 순결하고 온전케 된 교회인지 이런 사람들의 모임은 예수 그리스도의 형상을 내적으로, 외적으로 유감없이 드러낼 것이다. 이기는 자들에게 있어서 온갖 형태의 외부적인 예배는 결코 어렵지 않다. 이런 사람들은 인생을 마치고 죽게 되었을 때도 주님의 몸 된 교회 안에서 계속해서 빛이 될 것이다. 온 열방이 그들의 향기를 맡고 찾아와서 그들의 주님을 만나게 될 것이다. 뿐만 아니라 주님은 "하늘에서 내려오는 새 예루살렘의 이름"을 그 사람 위에 기록하겠다고 말씀하신다.

여기서 말하는 새 예루살렘이란 무엇인가? 이것은 분명 주님의 몸 된 교회를 가리킨다. 교회는 이미 형성되었고, 성령님이 오셔서 교회를 충만케 해주셨다. 여기서 우리는 교회에 임하신 성령이 온 성도에게 부어질 것이고 그들과 더불어 교통하실 것이라는 말씀을 듣는다. 이때의 성령은 일반적인 교회의 성령으로서, 하나님의 운행하심과 관계된 성령을 가리킨다. 이 성령이 교회의 온 성도들 위에 속히 부어질 것이다. 성경은 "너희가 모두 주님의 가르침을 받을 것이다"라고 기록한다. 과연 그들은 어떻게 가르침을 받을 것인가? 그들은 주님께 귀 기울이고 들을 것이며, 주님의 음성에 관심을 쏟을 것이다. 마귀가 기도하지 못하게 하고 하나님께 애정과 관심을 집중하지 못하도록 전심전력으로 방해하는 이유도 여기에 있다.

하나님으로 말미암은 성령님이 모든 피조물 위에 부어지실 것이고, 요엘의 예언 메시지가 온전히 성취될 것이다. 물론 이 말씀은 성령님이 사도들과 신실한 신자들의 모임을 통해 온 교회에 임함으로 이미 이루어졌다. 그러나 온전히 성취된 것은 아니었다. 성령님이 비록 남종과 여종들에게 임하긴 했지만 아직 모든 육체 위에 부어진 것은 아니기 때문이다. 언젠가 이 예언이 온전하게 성취될 날이 반드시 올 것이다.

다른 곳에서 예수 그리스도는 이기는 자들에게 새 이름을 주시겠다고 말씀하신다. 그러나 본문에서 주님은 "나의 새 이름"을 주신다고 말씀하신다. '새 이름'과 '나의 새 이름'에는 엄청난 차이가 있다. 새 이름은 신자가 자신이 아무것도 아님을 깨달을 때 이전의 정체성을 잃어버리고 하나님 안에 거하게 되는 순간에 즉각적으로 주어진다. 그러나 예수 그리스도께서 나의 새 이름을 주신다고 할 때, 이는 주님이 그 사람에게 주님의 이름을 주신다는 것을 의미한다. 주님은 이 사람을 수많은 영혼을 구원하기 위해서 사용하실 것이다. 아울러 주님은 그 사람을 주님과 함께 십자가에 못 박히게 하심으로써 주님의 고난에 동참케 하실 것이다.

귀 있는 자는 성령이 교회들에게 하시는 말씀을 들을지어다(계 3:13)

심오한 지혜가 있어야만 이 말씀을 깨달을 수 있다. 만일 이 말씀이 단순히 자연적인 의미만을 함축했다면, 아마도 이렇게 자주 반복되지는 않았을 것이다. "귀 있는 자는 그분이 하시는 말씀을 들을지어다." 이 말씀에는 신비스런 의미가 내포되어 있다. 그 의미는 매우 예리하고 심오해서 이토록 자주 되풀이된다는 것도 결코 놀랄 일이 아니다. 오, 말씀의 심오함이여! 누가 그 말씀을 이해할 수 있을 것인가!

> 라오디게아 교회의 사자에게 편지하라 아멘이시요 충성되고 참된 증인이시요 하나님의 창조의 근본이신 이가 이르시되 내가 네 행위를 아노니 네가 차지도 아니하고 뜨겁지도 아니하도다 네가 차든지 뜨겁든지 하기를 원하노라 네가 이같이 미지근하여 뜨겁지도 아니하고 차지도 아니하니 내 입에서 너를 토하여 버리리라(계 3:14-16)

아무리 제멋대로인 신자들의 모임이라 할지라도, 여전히 그들도 주님의 몸을 구성하는 지체다. 예수 그리스도는 여기서 스스로에 관해 매우 놀라운 표현들을 사용하신다. 주님은 주님 자신이 아멘이고 참된 존재라고 말씀하신다. '아무것도 나와는 견줄 수가 없다. 나는 본질이다. 다른 모든 것은 내 안에, 또한 나로 말미암아 존재한다. 나는 스스로 존재한다. 모든 것이 나에게 속해 있다.' 여기서 왜 주님은 스스로를 가리켜 아멘이라고 하시는 것일까? 예수 그리스도께서 '나는 스스로 존재하는 자' 라고 말씀하실 때에는, 아무것도 이 말씀에 덧붙일 수가 없다. 이 말씀이야말로 주님을 가장 확실하게 표현한다.

주님은 거듭해서 주님이 충성되고 진실한 증인이라고 말씀하신다. 주님은 이 말씀을 올바르게 행한 사람에게도 들려주시고 그릇되게 행한 사람에게도 들려주신다. 왜냐하면 주님은 의에 대한 충성된 증인이기 때문이다. 주님은 악에 대한 증인이기도 하다. 주님은 악을 들추어내시고 이를 기록하신다. 주님은 매우 정확한 분이다. 그러므로 우리가 살아 계신 하나님의 손에서 빠지는 것이 매우 끔찍한 일인 것도 이 때문이다. 이런 일을 당하지 않기 위하여 우리는 삶 전부를 주님의 손에 올려놓아야 한다. 오직 주님의 말씀대로만 행하고 성령을 따라 살아가야 한다. 그런 다음에야 비로소 우리는 모든 일을 확신 가운데서 행하게 될 것이며, 주님은 우리의 모든 행위에 대해 충성되고 참된 증인이 되어 주실 것이다. 주님은 무엇이든 주님이 몸소 행하신 일들에 대해서는 결코 거절하지 않으신다!

모든 피조물이 하나님의 말씀에 의해 창조되었으며 모든 생명체가 주님으로부터 말미암았다는 성경 구절이 있다. 이 말씀은 모든 행위가 하나님으로부터 말미암았고 모든 생명이 주님으로부터 솟아났다는 문자적인 의미를 내포한다. 그러나 이러한 문자적인 의미 이외에도, 모든 행위가 주님으로부터 말미암고 주님의 것으로 여겨지기 위해서는 반드시 다음과 같은 원리를 포함해야 한다. 즉, 예수 그리스도께서 이 모든 일의 동인이 되셔야 한다. 또한 그 일들은 성령님의 다스림을 통해, 성령님 안에서 행해져야 한다. 주님이 그 일들을 움직여 나가시는 힘이 되셔야 하는 것이다.

예수님이 요한을 통해 이 신자들의 모임을 책망하신 내용은 정말 무시무시하다. 확실히 미지근한 그리스도인들 만큼 참되신 성령 하나님, 내면의 성령님을 받아들이기를 반대하는 사람들도 없을 것이다. 그 이유는 다음과 같다. 그들은 하나님과 관련된 온갖 행위를 너무나도 부주의하게 이행한다. 따라서 그들에게는 아주 미미한 온기조차도 마치 활활 타는 불처럼 보인다. 그들은 자신들이 악을 행했다는 사실조차 깨닫지 못한다. 그들의 자기 사랑은 얼마나 강력한지, 자신들이 옳게 행했다고 굳게 믿으며 조금도 의심하지 않는다.

그들은 사람들로부터 그런 미지근한 상태에서 빠져나오라는 말을 들을 때마다 화를 낸다. 오히려 그들은 이런 말을 하는 사람들이야말로 눈이 먼 자들이라고 생각한다. 실제로 눈이 먼 사람은 그들 자신인데도 말이다. 단지 그들은 자신들의 눈먼 상태를 받아들이거나 인정하고 싶지 않을 뿐이다.

이러한 악에는 치유책이 없다! 뿐만 아니라 이는 자기 만족과 자기 사랑으로 계속해서 조장되고 강화된다. 그들은 죄인보다 오히려 자신들을 더 낫게 여긴다. 그들은 죄인을 경멸하고 조롱한다. 그들은 시대를 초월하여 가장 위대한 성인들보다도 오히려 자신들을 더 훌륭한 자들로 여길 뿐 아니라, 자신들의 견해가 훨씬 더 탁월하다고 생각한다. 그들은 변화시키는 성령 하나님의 능력에 대해서는 오히려 최악의 죄인들보다도 훨씬 더 강력하게 거부한다. 이런 사람들에 관해 예수 그리스도께서 "네가 차든지 하기를 원하노라"고 말씀하신 이유도 여기에 있다. 만일 그가 찬 상태였다면 쉽게 회심할 수 있었을 것이다. 그랬더라면 그는 자신의 냉랭한 상태를 깨달아 알고, 자신에게 주어지는 충고를 겸손한 자세로 받아들였을 것이다.

차갑지 않을 바에야 차라리 뜨겁기라도 하면 얼마나 좋겠는가.

그러나 그는 이 같이 미지근하고 뜨겁지도 아니하고 차지도 아니하므로 주님의 입에서 토하여 버림을 당할 것이다.

오, 세상에! 이보다 더 무서운 말이 또 어디 있을까! 일단 토함을 당한 후에는 더 이상 희망이 없다. 왜냐하면 단순히 내다버린 것은 다시 주워올 수가 있지만, 토한 것을 다시 모아들이는 법은 결코 없기 때문이다. 본문의 내용이 이처럼 미지근한 상태에 있는 사람들에게 얼마나 끔찍한 말씀으로 들려올 것인가. 단순히 일상적으로 행하는 의만으로는 위험하다. 참 이상한 일이 있다. 미지근한 사람들일수록 자신이 열정으로 가득 차 있다고 믿는다. 반면에 뜨거운 사람들은 경우에 따라서는 스스로를 미지근한 사람이라고 여긴다.

> 네가 말하기를 나는 부자라 부요하여 부족한 것이 없다 하나 네 곤고한 것과 가련한 것과 가난한 것과 눈 먼 것과 벌거벗은 것을 알지 못하는도다(계 3:17)

미지근한 사람들과 관련하여 최고로 이상한 점이 무엇인지 아는가? 바로 그들은 자신들이 어느 누구보다도 풍성한 은혜를 누렸으며 영적 보화들로 충만해 있다고 믿는다는 사실이다. 마치 그들은 아무도 필요 없는 것처럼 보인다. 또한 모든 이들이 그들을 필요로 하는 것처럼 보이기도 한다. 그들은 언제나 모든 사람에게 자신들이 들려주는 충고와 견해를 받아들이도록 강요한다. 그들은 마치 자신들이 모든 이에게 조언해줄 수 있는 위치에 있기라도 한 것처럼 믿는다. 그러면서 아무에게도 조언을 받으려 하지 않는다.

반면에 소아시아에 있던 또 다른 신자들의 모임은 비록 가난한 모습이 역력했지만 실제로는 엄청난 부요를 누렸다. 그러나 본문에 나타난 이 신자들의 모임은 하나님과 주님의 은혜 안에서 매우 '가난'한 상태임에도 불구하고 스스로를 부요한 자들로 여긴다. 그들은 자기를 사랑하는 매우 가련한 상태에 놓여 있다. 그들은 진정한 기쁨을 누릴 수 없다. 가장 본질적인 것이 결여되었기 때문에 사실상 그들은 모든 것이 결여된 것이다. 본질적인 것이란 온전한 사랑, 하나님께 대한 위탁, 각자의 삶을 온전히 포기하는 모습, 하나님의 뜻에 대한 복종, 이타적인 마음 등을 말한다. 그들은 '비참한' 자들이다. 비록 겉보기에는 기뻐하는 것 같으나, 내면적으로 그들을 이끌어가는 것은 영광받고 싶어 하는 마음일 뿐이다. 아무것도 아닌 존재임에도 불구하고 그들은 사람들에게 중요한 사람으로 여겨지고 싶은 갈망에 사로잡혀 있다.

그들 중 한 사람을 경멸 혹은 최소한의 고통에 접촉시켜 보라. 분명 그는 그야말로 철저히 당황스러움에 휩싸이고 말 것이다. 그들은 '가난하고 벌거벗은' 상태다. 그들은 몸에 아무것도 걸치지 않았다. 예수 그리스도로 옷 입거나 성령님에 의해 활기를 띠지도 않았다. 그렇기 때문에 실제로 그들은 가난하고 헐벗은 것이다. 뿐만 아니라 그들은 눈이 멀어 보지 못하면서도 자신들은 모든 면에서 괜찮다고 믿는다.

> 내가 너를 권하노니 내게서 불로 연단한 금을 사서 부요하게 하고 흰 옷을 사서 입어 벌거벗은 수치를 보이지 않게 하고 안약을 사서 눈에 발라 보게 하라(계 3:18)

〔오, 사랑이신 하나님! 오직 당신만이 온전한 사랑, 곧 '불로 연단한 금'을 주실 수 있는 분입니다. 우리 영혼에 순결한 덕목을 나누어 주실 수 있는 유일한 분은 당신뿐입니다. 오직 당신만이 우리를 매우

순결한 금인 믿음의 영으로 옷 입혀 주실 수 있습니다. 오직 당신만이 우리 안에서 이러한 일들을 불로도 꺼뜨릴 수 없는 사랑으로 온전하게 행하실 수 있습니다. 이제 우리는 당신께로 가서 '이 금을 사야' 합니다. 이것을 우리에게 주시는 대가로 당신이 원하시는 것은 무엇입니까? 주님은 말씀하십니다. "나에게로 와서 돈 없이 값없이 이것을 사라." 주님은 우리에게 아무런 대가도 요구하지 않으십니다. 주님은 우리가 가진 것이 아무것도 없음을 너무도 잘 아십니다. 단지 주님은 우리의 헌신을 원하십니다. 주님은 우리가 스스럼없이 주님께 복종하기만을 원하십니다. 주님은 우리에게 흰 옷도 주십니다. 이는 순결과 진리의 겉옷으로 주님의 종들에게 입혀 주시는 옷입니다. 이 순결한 옷이 벌거벗은 인간 본성을 가려 주어야 합니다. 이러한 일이 불가능하다고 생각하지 마십시오. 구속의 은총은 반드시 창조의 은총을 능가해야 합니다. 또한 회복된 순전함은 최초의 순전함보다도 훨씬 더 풍성해야 합니다. 나아가 예수 그리스도께서는 우리를 주님께로 초청하십니다. 주님이 말씀하시는 포도주와 젖은 사랑과 순전함을 뜻합니다. 사랑에 관한 한, 주님은 성령님을 통해 우리에게 사랑을 나누어주십니다. 이는 아담은 결코 누릴 수 없었던 특권입니다.

아울러 주님은 우리 눈에 안약을 발라주시겠다고 말씀하십니다. 눈에 안약을 바르면 우리는 훨씬 더 선명하게 볼 수 있습니다. 안약은 바로 믿음의 영입니다. 믿음의 영은 합리주의와 자기 사랑에 갇혀 눈먼 상태인 우리를 해방시켜 줍니다. 이제 우리는 우리 자신이 가난하다는 사실을 깨달아야 합니다. 우리는 가난하면서도 스스로 부요한 자라고 여겼습니다. 우리는 벌거벗고 있으면서도 마치 최고로 옷을

잘 입은 것처럼 생각했습니다.]

> 무릇 내가 사랑하는 자를 책망하여 징계하노니 그러므로 네가 열심을 내라 회개하라(계 3:19)

하나님께서 우리를 사랑하시는 것을 가장 잘 입증할 수 있는 방법은, 우리의 결점에 대해 경고하시는 모습을 통해서다. 하나님은 사랑하지 않는 사람들에 대해서는 징벌하기를 주님의 진노의 날까지 미루시고 보류하신다. 그러나 주님은 사랑하시는 자들에 대해서는 아주 작은 결점까지도 바로잡아 주신다. '내면적인' 신자는 마음속에 끊임없이 책망하시는 감독이 있다. 마치 하나님은 이 영혼을 꾸짖으시고 수정해 주시는 것 같아 보인다. 그러나 이것이야말로 가장 위대한 하나님의 사랑의 표현이다.

> 볼지어다 내가 문 밖에 서서 두드리노니 누구든지 내 음성을 듣고 문을 열면 내가 그에게로 들어가 그와 더불어 먹고 그는 나와 더불어 먹으리라(계 3:20)

예수 그리스도는 언제나 우리의 마음 문 앞에 서 계신다. 주님은 우리가 문을 열고 주님을 맞아주기만을 기다리신다. 오, 그리스도인들이여, 당신이 어떤 사람인지 잘 모르겠으나, 왜 당신의 구세주에게 마음의 문을 열어 드리지 않는가? 당신은 자신의 마음을 온전히 하나님께 열어 드리지 못할 만큼 뻔뻔하고 은혜를 모르는 사람은 아닌가?

주님은 당신을 받아들이기 위해 십자가에서 이미 주님의 마음을 활짝 열어 주신 분인데도 말이다. 주님이 당신의 마음 문 앞에 서서 두드리고 계신다. 내면에 계신 하나님께 관심을 기울이기만 하면, 우리의 마음 문을 두드리시는 주님의 음성을 듣지 못할 사람은 아무도 없을 것이다. 그러나 만일 당신이 그 소리를 듣지 못한다면, 이것은 당신이 관심을 기울이지 않았기 때문이다. 당신의 영혼을 잠잠케 하는 법에 익숙해져라. 그러면 당신은 당신의 마음 문을 두드리시는 주님의 음성을 반드시 듣게 될 것이다. 문을 열고 당신 자신을 주님께 솔직하게 내어 드리면, 그 즉시 주님은 당신 안으로 들어오실 것이다. 그러나 우리가 귀 기울여 듣지 않는다면 어떻게 그분의 음성을 들을 수 있겠는가?

〔오, 사랑이신 하나님! 주님은 주님의 음성을 들을 귀가 없는 사람의 마음을 향해 말씀하십니다. 그 사람은 피조물의 목소리, 자신에 관한 목소리에만 관심을 쏟고 있습니다. 그는 주님의 음성에는 관심이 없습니다. 주님의 음성을 분별할 줄도 모릅니다. 만일 그가 자신의 목소리에 대해 조금이라도 반대하고 주님의 음성에 더욱더 귀를 기울인다면, 그는 틀림없이 주님의 음성을 듣게 될 것입니다. 그가 주님의 음성을 듣자마자 곧 주님은 그 사람 안으로 들어가실 것입니다. 그렇게 되면 그는 형언하기 어려운 방식으로 주님의 임재를 느낄 것입니다. 그는 이처럼 독특한 은총을 기대조차 하지 않았습니다. 그렇기에 그는 주님의 임재를 느끼면서 놀라움을 금치 못할 것입니다.〕

그러나 예수 그리스도께서는 단지 이 정도의 수준에 머물지 않는다. 주님은 당신을 잔치 자리에 들어올 수 있게 해주신다. 주님의 음성에 귀 기울이는 당신과 함께 주님은 잔치를 하시고 사랑을 주신다. 예수 그리스도가 당신의 음식이다. 주님은 주님 자신을 당신에게 주신다. 당신의 주님은 모든 양식 중에서 가장 달콤한 것을 당신이 맛볼 수 있게 해주실 것이다. 그것은 바로 당신 안에 계신 예수 그리스도 자신이다!

오, 그리스도인들이여! 당신들이 세상에 태어난 목적은 이처럼 위대한 부요를 누리기 위함이다. 당신은 원하기만 하면 이런 부요를 누릴 수 있다. 당신이 그것을 빼앗길 이유가 정녕 무엇이겠는가? 우리가 오해하는 것이 있다. 우리는 아주 극소수의 사람들만이 이런 은혜를 누릴 수 있다고 생각한다. 우리가 이런 은혜를 받는다는 것은 거의 불가능하다고 생각한다. 그러나 이보다 더 쉽게 얻을 수 있는 것은 아무것도 없다는 사실이 영원한 진리로 입증되었다. 줄곧 문 앞에 서서 끊임없이 노크하는 사람에게 문을 열어 주는 것만큼 쉬운 일이 또 어디 있겠는가? 언제나 말씀하시는 분의 음성을 듣고 순종하는 것보다 더 쉬운 일이 또 무엇이겠는가? 이것 보다 더 쉬운 일은 없다.

그러나 주님은 우리가 문을 열어 주기만을 원하신다. 주님은 우리에게 주님의 음성을 들으라고 말씀하신다. 주님은 우리 안에 들어오시고 언제나 우리와 함께하길 원하신다. 주님은 우리에게 잔치에 참여하라는 주님의 초청을 수락해 달라고 요청하신다. 주님은 우리에게 '주님과 더불어 먹자' 고 요청하신다. 다시 말해 주님은 우리가 그분의 즐거움에 참여하기를 원하시는 것이다. 당신이 해야 할 일은 오직 손을 내미는 것이다. 아, 오늘날 얼마나 많은 사람들의 눈이 멀어 있는가! 당신은 그들의 눈먼 것에 관여하지 말아야 한다.

이기는 그에게는 내가 내 보좌에 함께 앉게 하여 주기를 내가 이기고 아버지 보좌에 함께 앉은 것과 같이 하리라 귀 있는 자는 성령이 교회들에게 하시는 말씀을 들을지어다(계 3:21-22)

예수 그리스도의 보좌란 다름 아닌 하나님 아버지의 품안이다. 주님께는 영원한 보좌가 주어졌다. 주님의 죽으심으로 말미암아, 지옥과 자기에 대한 승리로 말미암아, 주님의 인성은 주님의 신성에 의해 영광을 받았다. 보좌는 주님의 것이다. 예수 그리스도를 통해 '이기는 자'는 하나님 안에서 주님과 함께 받아들여지고 주님과 함께 이 보좌에 앉게 될 것이다. 귀 있는 자에게 이런 말씀을 들려 주어라. 그로 하여금 하나님께서 사랑하시는 피조물을 위해 베푸시는 인자와 자비를 깨달을 수 있게 하라.

요한계시록
4장

이 일 후에 내가 보니 하늘에 열린 문이 있는데 내가 들은 바 처음에 내게 말하던 나팔 소리 같은 그 음성이 이르되 이리로 올라오라 이 후에 마땅히 일어날 일들을 내가 네게 보이리라 하시더라(계 4:1)

〔예수 그리스도께서는 마음 문을 연 사람을 위해 하늘의 문을 열어 주십니다. 미래의 어느 시점이 되면 사람의 마음이 주님과 주님의 음성에 대해 활짝 열리는 순간이 도래할 것입니다.

오, 하나님! 오늘날 주님의 방식이 악평을 받고 멸시를 당하는 만큼, 미래의 세대에는 사람들이 주님의 방식을 존경하고 따라갈 것입니다.〕*

내가 곧 성령에 감동되었더니 보라 하늘에 보좌를 베풀었고 그 보좌 위에 앉으신 이가 있는데 앉으신 이의 모양이 벽옥과 홍보석 같고 또 무지개가 있어 보좌에 둘렸는데 그 모양이 녹보석 같더라(계 4:2-3)

이 말씀은 하나님의 보좌와 그분의 위엄의 찬란함을 보여 준다. 예수 그리스도께서는 요한에게 이 장면을 보여 주심으로써 주께서 선택하신 자들을 위해 예비하신 영광에 관한 언질을 주신다. 아울러 이 장면을 통해 주님은 두려워할 만한 하나님의 위대하심에 대해 요한에게 인식시켜 주신다. 하나님이 이 보좌에 앉아 계신다. 주님의 안식은 결코 중단된 적이 없다. 주님의 보좌는 어마어마하다. 주님의 보좌를 채우실 수 있는 분은 오직 주님 외에는 없다.

'벽옥과 홍보석 같은' 색깔은 주님의 영광이 지니는 고요함, 불변성, 확고함, 지속성 등을 말한다. 둥근 모양의 녹보석 빛깔은 평화와 화해를 상징하는 것으로 본문에서는 무지개로 기록되었다. 무지개의 색은 녹보석 빛깔이다. 화해는 오직 우리 구주 예수 그리스도 안에만 있음을 보여 준다. 나아가 구원받고 이 화해의 특권을 누릴 수 있는 유일한 길은 오직 구세주 안에 소망을 두는 것뿐임을 말해 준다. 이 무지개가 하나님을 둘러싸고 있다. 이는 예수 그리스도의 인성이 주님 안에 내재되어 있는 신성을 에워싼다는 것을 의미한다.

> 또 보좌에 둘려 이십사 보좌들이 있고 그 보좌들 위에 이십사 장로들이 흰 옷을 입고 머리에 금관을 쓰고 앉았더라 보좌로부터 번개와 음성과 우렛소리가 나고 보좌 앞에 켠 등불 일곱이 있으니 이는 하나님의 일곱 영이라(계 4:4-5)

본문에 언급된 이십사 장로는 거룩한 족장들이자 선지자들이다. 이들은 가장 신실한 자들이며, 동시에 하나님께 가장 크게 사랑받는 자들이다. 이를테면 그들은 따라오는 성도들의 토대가 되어 준 사람들이다. 하나님이 요한에게 이십사 장로를 보여 주신 것에는 이유가 있다. 하나님은 하나님의 잔치 자리에 들어오도록 허락된 사람들에게 예비 된 영광이 무엇인지를 요한에게 보여 주기 원하셨다.

인자께서는 이 아름다운 보좌들 위에 주님 안에서 이기고 주님에 의해서 이기는 자들을 앉게 해주실 것이다!

이 보좌들은 주님을 따르기 위해 모든 것을 버린 자들을 위해 예비되어 있다. "…나를 따르는 너희도 열두 보좌에 앉아…."

한편 장로들은 흰 옷을 입었다. 그들은 예수 그리스도의 은혜로 말미암아 순전함을 회복한 자들이다. 주님의 죽으심 이후에 그들에게는 충만한 순전함이 부어졌다. 그들은 머리에 온전한 사랑의 면류관을 쓰고 있다.

〔오, 하나님! 사람이 무엇이기에 이토록 수많은 은총과 영광으로 존귀하게 해주십니까?〕

그러나 오, 제정신을 잃은 어리석인 인간들이여! 쾌락이라고 불릴 가치조차 없는 일순간의 쾌락을 위해 거룩하고 영원한 즐거움을 놓치다니. 오, 야망에 찬 인간들이여! 하늘에서 왕이 되기보다는 오히려 이 세상에서 왕이 되기를 원하는구나! 보좌에 앉아 있는 이 사람들은 자신을 온전히 비운 자들이다. 자기를 온전히 비우신 주님의 보좌 주변을 둘러싸는 이유도 여기에 있다. 주님은 자신을 비우시고 종과 노예의 형체를 취하셨다. 자신을 비우면 비울수록 그만큼 영광의 분량도 비례적으로 증가한다.

예수 그리스도께서 다윗의 보좌와 하나님의 보좌에서 가지고 계신 통치권은 영원무궁할 것이다. 다윗이 누렸던 높은 수준의 영광을 이해하려면 그가 처했던 깊은 굴욕의 수준을 이해해야 한다. 이는 다윗의 자손에 대해서도 마찬가지다. 이 성도들의 굴욕에 동참할 수 있을 정도의 행운을 누리는 사람들은, 언젠가는 반드시 그들의 영광에도 참여하게 될 것이다.

지나간 시대의 거룩한 사람들은 앞으로 예수 그리스도의 보혈이 뿌려지기를 혹은 뿌려졌기를 고대하면서 성화되었다. 우리는 예수 그리스도의 보혈이 뿌려진 것을 회고함으로써 성화된다. (악함이 최고조에 달한) 이 시대에, 하나님은 거룩한 사람들을 여전히 존재하도록 하실 것이다. 왜냐하면 하나님은 모든 시대마다 거룩한 사람들을 산출해 내시는 것을 기뻐하시는 분이기 때문이다. 이런 성도들이 없다면 아마 이 세상은 멸망할지도 모른다. 하나님께서 불경건한 자들에 대해 참으시는 이유도 경건한 사람들 때문이다.

"하나님의 일곱 영"은 빛과 불꽃으로 가득 차 있다. 하나님의 일곱 영은 마치 언제나 켜 있는 등잔과도 같아서 지극히 위대하신 하나님을 영화롭게 한다.

"보좌로부터 번개와 음성과 우렛소리가 나고."

이 말씀은 하나님의 주권과 위대하심을 보여 준다. 언젠가 모세도 하나님의 위엄을 목격한 후에 다음과 같이 외쳤다. "주님은 경이롭고 두렵고 자비로운 분입니다." 그 외에도 모세는 자신이 본 것을 설명하기 위해 수많은 감탄사를 사용했지만, 그 모든 표현은 그의 의도를 충분히 설명하기에는 부족할 뿐이다. 요한의 경우도 마찬가지였다. 아무리 많은 감탄사로도 그가 본 것을 모두 표현할 수는 없었다. 하나님의 위엄을 목격한 경우는 늘 이러하다.

> 보좌 앞에 수정과 같은 유리 바다가 있고 보좌 가운데와 보좌 주위에 네 생물이 있는데 앞뒤에 눈들이 가득하더라 그 첫째 생물은 사자 같고 그 둘째 생물은 송아지 같고 그 셋째 생물은 얼굴이 사람 같고 그 넷째 생물은 날아가는 독수리 같은데(계 4:6-7)

'눈들로 가득한 네 생물'은 예수 그리스도의 지식으로 충만해 있다. 예수 그리스도께서도 네 생물과 더불어 말씀하시고 행하셨다. 네 생물은 우리에게 모든 것을 알려 준다. 사자는 주님의 몸 된 교회를 지켜낸 성도들의 상태와도 같다. 소도 주님의 교회를 방어한다. 이때는 성도들이 포효하던 시기였다. 사람은 그리스도의 형상을 본받는 성도들과도 같다. 네 번째 생물은 독수리다. 독수리는 다른 사람들의 머리 위를 날아다닌다. 독수리는 내적인 성령님, 예수 그리스도의 영을 나누어 받은 사람들을 상징한다.

우리는 만사를 내면적으로 이해하게 될 것이다. 그렇다고 해서 순교자들이 내면적인 영혼이 아니었다고 말하는 것은 결코 아니다. 그러나 네 생물은 각각 매우 탁월한 자신만의 독특한 특성을 가지고 있다. 그들은 '눈으로 가득 차' 있다. 왜냐하면 그들은 빛과 지식으로 충만해져 있기 때문이다.

그럼에도 불구하고 네 생물 중에서도 독수리는 나머지 것들의 위를 날아다닌다.

독수리를 요한을 상징한다. 이는 그가 다른 사람들보다 훨씬 높은 곳을 날아다녔기 때문이다.

우리가 요한복음을 읽는 동안 알 수 있듯이, 요한은 우리를 예수 그리스도로부터 곧장 하나님의 품속으로 데리고 들어간다. 그는 예수 그리스도의 인성을 통해 주님의 신성이 지닌 이점들을 발견해 낸다. 요한은 예수 그리스도 안에 있는 가장 심오한 것을 파고들어 가서 살펴본다. 분명 오늘날 존재하는 것보다 훨씬 더 순수한 빛들이 주님의 몸 된 교회를 위해 발견되는 때가 도래할 것이다. 이러한 사역 속에서는 세상적인 것을 조금도 찾아볼 수 없을 것이다. 모든 것이 영적이고 거룩해질 것이다. 사람들은 마치 태양 근처에서 살아가는 것처럼 보일 것이다. 마치 독수리가 그러하듯 말이다. 이런 일은 그들에게 주어질 순결한 빛으로 말미암아 가능할 것이다.

네 생물은 우리에게 무언가를 말해 준다. 그들은 신자들이 보좌에 도달하기까지 반드시 통과해야 할 서로 다른 단계를 계시해 준다. 첫 번째 생물은 불과 힘과 용기로 가득 차 있으며 사자 형상을 한다. 두 번째 생물은 동물 혹은 짐승의 특성이 많다. (다윗도 자신의 심경을 다음과 같이 표현한 적이 있다. '나는 당신 앞에서 짐승입니다.') 인간은 이런 짐승 같은 상태를 벗어날 때 비로소 온전해진다. 용기나 어리석음에 관한 한 아무것도 남지 않는다. 이생의 고난과 십자가를 통과하는 동안에 거룩한 인성의 생명이 나타난다. 그러나 궁극적으로 그 신자는 독수리처럼 된다. 그는 이전에 땅에 연결되어 있던 것과 마찬가지로 이제는 땅과 분리되어 있다. 신자는 이 마지막 상태에서 이전의 세 단계와는 완전히 동떨어져 있다.

네 생물은 각각 여섯 날개를 가졌고 그 안과 주위에는 눈들이 가득하더라 그들이 밤낮 쉬지 않고 이르기를 거룩하다 거룩하다 거룩하다 주 하나님 곧 전능하신 이여 전에도 계셨고 이제도 계시고 장차 오실 이시라 하고(계 4:8)

네 생물은 여섯 날개로 움직인다. 그들이 안팎으로 가지는 눈들은 외적이고 내적인 깨달음을 상징한다. 그들에게 있어서 모든 것이 빛이다. 그들은 모든 것을 찾아내고 꿰뚫는다. 그들은 "밤낮 쉬지 않고" 언제나 동일한 노래를 부른다. 낮에는 기쁨의 노래를 부르고 밤에는 고통을 노래한다. 그들은 내면의 빛 가운데서, 또한 어두운 상황에서 노래한다. "그들이 밤낮 쉬지 않고 이르기를 거룩하다 거룩하다 거룩하다." 하나님은 낮이나 밤이나 언제나 거룩하신 분이기 때문이다! 그들은 거룩이란 전적으로 하나님 안에 있음을 잘 이해하고 있다. 그들은 보좌 가까이에 있으면서 하나님께 영광을 돌린다. 거룩하신 하나님은 영광을 받으시기에 합당하신 분이다.

"오직 주님만이 거룩하신 분입니다. 우리는 이 땅에서 당신 외에 거룩한 것이 없음을 압니다."

그러나 왜 당신들은 그렇게 큰 소리로 외치는가?

"우리가 지니는 빛 때문입니다. 오직 하나님만이 홀로 거룩한 분입니다. 우리는 모든 이들이 이런 식으로 주님을 알기 원합니다." 네 생물은 쉬지 않고 큰 소리로 외친다. 주님은 '전능하시다.' 주님은 단지 거룩하실 뿐만 아니라 우리를 거룩하게 만들어 주실 수 있는 분이다. '주님은 전에도 계셨고 이제도 계시고 장차 오실 분이다.' 주님

외에는 진정으로 실제적이고 영원하신 분은 없다.

〔오, 하나님, 주님은 무한하신 분이므로, 우리도 무한한 영광을 주님께 돌릴 수만 있다면 얼마나 좋을까요? 그러나 지금은 이 일이 불가능하오니, 주님이 떠받치고 계시며 주님을 바라보는 네 생물로 하여금 가능한 한 모든 영광을 주님께 돌리게 하십시오. 또한 우리도 그들과 합류할 수 있게 해주십시오!〕

> 그 생물들이 보좌에 앉으사 세세토록 살아 계시는 이에게 영광과 존귀와 감사를 돌릴 때에 이십사 장로들이 보좌에 앉으신 이 앞에 엎드려 세세토록 살아 계시는 이에게 경배하고 자기의 관을 보좌 앞에 드리며 이르되 우리 주 하나님이여 영광과 존귀와 권능을 받으시는 것이 합당하오니 주께서 만물을 지으신지라 만물이 주의 뜻대로 있었고 또 지으심을 받았나이다 하더라(계 4:9-11)

모든 성도가 주님께 영광과 감사를 올려 드려야 한다. 그들이 누리는 모든 거룩함과 영광은 하나님으로부터 온 것이다. 주님은 그들을 정결케 해주시는 분이다. 주님은 주님 자신을 그들을 위해 주셨다. 주님은 주님의 보혈로 그들을 거룩하게 해주셨다. 그들은 주님에게 받은 이 과분한 은혜를 미처 다 깨달을 수조차 없다.

본문에서 우리는 이십사 장로가(가장 겸손하고 하나님께 가장 가까이에 있는 자들) 주님 앞에 꿇어 엎드려 경배하는 모습을 본다. 바닥에 엎드려 있는 그들의 모습을 통해 우리는 그들이 얼마나 자신을 철저히 비웠으며, 아울러 주님을 자신의 전부가 되도록 내어 드렸는가를 알 수 있다. 그들은 이 영원한 지식을 세세무궁토록 돌려 드릴 듯하다. 하나님께서 받으시기에 합당하신 영광을 돌려 드리기 위해서는 자신을 그만큼 철저히 비우는 길 외에는 다른 방법이 없다. 그들이 지금 천국에서 행하는 일은 사실상 이전에 세상에 살 때부터 줄곧 해오던 것이었다. '그들은 자신들의 면류관을 보좌 앞에 드린다.' 이런 행위를 통해 그들은 주님이 자신들의 왕이심을 입증한다. 그들은 주님이 그들을 통치하고 내면을 다스리도록 허용해 드린다. 더 이상 스스로를 통치하고 인도해 가기를 중단한다. 그들은 한때 자신들에게 있던 모든 권리를 주님께 온전히 내어 맡겼다. 그들은 주님이 그들 안에서 온전히 다스리고 계신다는 것을 보여 준다. 주님이 그들의 왕이 되신 이래로 줄곧 그들은 주님의 왕국에서 살아왔다. 그들은 자신을 온전히 비움으로, 또한 주님께 항복함으로, 주님을 영화롭게 한다.

이제 그들은 하나님을 향해 큰 소리로 외친다. "우리 주 하나님이여 영광과 존귀와 권능을 받으시는 것이 합당하오니."

오직 주님만이 가장 큰 영광을 받으시기에 합당한 분이다. 주님은 주님 안에서도 무한한 영광을 받고 계시며, 주님의 피조물 안에서도 그렇게 영광을 받으셔야 한다. "왜냐하면 주님이 만물을 창조하셨기 때문이다." 모든 일이 주님의 거룩한 뜻 안에서 이루어진다. 영혼이 자신의 의지를 모두 비웠을 때, 이제부터 그 영혼은 새로운 상태 가운데로, 새로운 창조 가운데로 들어가기 시작한다.

주

*주님, 우리는 지금도 여전히 기다립니다.

요한계시록
5장

내가 보매 보좌에 앉으신 이의 오른손에 두루마리가 있으니 안팎으로 썼고 일곱 인으로 봉하였더라(계 5:1)

본문에는 작은 책이 소개된다. 과연 이 책의 내용은 무엇일까? 이 책은 하나님이면서 동시에 사람이신 예수 그리스도만을 보여 준다. 하나님에 관한 진리가 책의 안팎에 기록되어 있다. 주님은 이 진리를 세상에 가져오셨다. 주님이 아니고는 이 진리를 알 수 있는 길은 없다. 책의 안쪽에서, 말씀이신 주님은 하나님의 진리이시다. 책의 바깥쪽에서, 주님은 모든 사람이 읽어야 하는 진리이시다. 모든 이들이 진리이신 주님의 형상을 본받아야 하기 때문이다. 진리는 언제나 하나님 안에 감추어져 있다.

이 책은 '하나님의 오른손에' 들려 있다. 오른손에 있음을 통해 알 수 있듯이, 하나님의 말씀은 하나님의 온 권능을 의미한다. '하늘과 땅의 모든 권세가 주님께 주어졌다.' 하늘에서는 권세가 주님께 주어짐으로써 하나님의 모든 진리를 표현할 수 있게 되었다. 땅에서는 권세가 주님께 주어짐으로 이 진리의 아주 일부만을 사람들에게 보여줄 수 있게 되었다. 이와 관련하여 요한은 다음과 같이 말한다. "우리가 그를 보니 은혜와 진리가 충만하더라."

이 책은 '일곱 인으로 봉해져' 있다. 진리가 우리 안에 충만한 상태로 주어지기 위해서는, 성령님 안에서 일곱 단계의 심오한 과정을 반드시 통과해야 한다.

> 또 보매 힘있는 천사가 큰 음성으로 외치기를 누가 그 두루마리를 펴며 그 인을 떼기에 합당하냐 하나 하늘 위에나 땅 위에나 땅 아래에 능히 그 두루마리를 펴거나 보거나 할 자가 없더라(계 5:2-3)

하늘에서는 천사나 가장 위대한 성인들일지라도 이 책을 펼칠 수 있는 이가 아무도 없음이 밝혀졌다. 이 책을 펼친다는 것은 실제로 주님의 품을 열어 보는 것을 말한다.

〔오, 하나님! 하늘과 땅과 땅 아래에서 이 일을 행하기에 합당한 자가 과연 누구이겠습니까? 누가 과연 예수 그리스도와 주님의 진리를 찾아낼 수 있겠습니까? 그 진리를 자세히 살펴보고 그 숨겨진 의미를 우리에게 계시해 주실 분이 주님 외에 또 누구이겠습니까?〕

> 그 두루마리를 펴거나 보거나 하기에 합당한 자가 보이지 아니하기로 내가 크게 울었더니 장로 중의 한 사람이 내게 말하되 울지 말라 유대 지파의 사자 다윗의 뿌리가 이겼으니 그 두루마리와 그 일곱 인을 떼시리라

하더라(계 5:4-5)

요한은 울기 시작한다. 왜일까? 요한으로 하여금 울지 않을 수 없게 만든 요인이 앞으로는 그에게 엄청난 기쁨을 가져다줄 것이다. 모든 권세가 하나님 안에 있음을 아는 것이야말로 사랑하는 마음이 누리게 될 기쁨이기 때문이다. 신비가 밝혀지자, 요한은 기쁨으로 충만해진다. (장로 중의 한 사람이 그를 위로하며 울지 말라고 말한다. 강력한 유다 지파의 사자, 영원하신 다윗의 뿌리가 승리하셨기 때문에 이 책을 펼칠 수 있게 되었다.) 그 책이 사람들을 위해 펼쳐졌다. 주님은 거짓을 이기고 승리하심으로 이 진리를 사람들에게 보여 줄 수 있게 되었다. 사람들이 그리스도의 가장 심오한 진리들이 파괴되었다고 생각했을 때, 사슬이 끊어지고 지옥의 문이 열리며 유다의 사자가 모습을 드러낼 것이다. 그렇다면 누구에게 나타날 것인가? 주님의 백성들에게 나타날 것이다. 주님은 그 어느 때보다도 찬란한 빛을 발하면서 주님을 따르는 자들을 기쁨으로 가득 채워 주실 것이다.

내가 또 보니 보좌와 네 생물과 장로들 사이에 한 어린 양이 서 있는데 일찍이 죽임을 당한 것 같더라 그에게 일곱 뿔과 일곱 눈이 있으니 이 눈들은 온 땅에 보내심을 받은 하나님의 일곱 영이더라(계 5:6)

보좌 중앙에서, 하나님의 품속에서, 우리는 어린양을 보게 된다. 세상 죄를 위해 죽임을 당하신 어린양이다. 이 어린양이 죽임을 당함으로 그 보혈로 사람들의 옷을 깨끗이 씻어 주셨다. 어린양의 털로 사람들을 덮어 주셨고, 주님의 생명과 영으로 사람들을 양육시켜 주셨다. 어린양이 네 생물과 장로들 사이에 서 계신다. 주님은 모든 성도의 행복이시기 때문이다. 주님은 모든 성도들 한가운데에 서 계신다.

일곱 눈은 온 땅에 보내심을 받은 하나님 영의 빛이다. 일곱 뿔은 하나님이 사람들에게 나누어주신 주님의 풍성한 은혜를 말한다.

> 그 어린 양이 나아와서 보좌에 앉으신 이의 오른손에서 두루마리를 취하시니라 그 두루마리를 취하시매 네 생물과 이십사 장로들이 그 어린 양 앞에 엎드려 각각 거문고와 향이 가득한 금 대접을 가졌으니 이 향은 성도의 기도들이라(계 5:7-8)

어린양은 '보좌에 앉으신 하나님의 오른손으로부터 두루마리'를 받는다. 주님은 하나님으로부터 모든 것을 받으셨다. 이제 주님은 하나님 아버지로부터 받은 것을 사람들에게 나누어주신다.

경외감과 감사를 표현하기 위해 장로들과 네 생물은 어린양 앞에 꿇어 엎드린다. 이제 막 주님께서 이 세상에 진리를 보여 주시려 하기 때문이다. 주님은 속박되고 포로로 잡혀 있던 진리를 취하고 계신다.

거문고는 이 거룩한 이들의 조화와 찬양을 의미한다. 또한 이들이 하나님의 뜻과 하나로 연합되어 있음을 뜻한다.

"금 대접을 가졌으니 이 향은 성도의 기도들이라."

여기서 당신은 모든 성도의 중보기도를 보게 된다. 성도들이 드린 기도가 금 대접에 담겨 있다. 이는 그들의 기도가 가장 순결한 향기로 드려짐을 말해 준다. 마치 향기가 피어오르듯, 진실한 기도는 깨어진 영혼으로부터 우러나온다.

그들이 새 노래를 불러 이르되 두루마리를 가지시고 그 인봉을 떼기에 합당하시도다 일찍이 죽임을 당하사 각 족속과 방언과 백성과 나라 가운데에서 사람들을 피로 사서 하나님께 드리시고(계 5:9)

사람들은 자신들이 목격한 모든 것들에 온통 마음을 빼앗긴 나머지 '새 노래'를 부르지 않을 수가 없다. 이들이 부르는 너무나도 아름다운 노래는 오직 하나님과 그 노래를 부르는 당사자만이 알 수 있다.

이 노래는 구원과 기쁨, 행복과 만족에 관한 것이다. 이 노래는 온통 하나님에 관한 내용뿐이다. 피조물에 대한 온갖 관심은 철저히 사라졌기 때문이다. 이 노래를 도저히 말로 설명할 길이 없다. 그들은 주님이 진리의 책을 펼치시고 그 인봉을 떼시고 그들과 온 인류를 주님의 보혈로 구속해 주셨기에 즐거워한다. 주님이 보혈로 그들을 구속해 주셨으므로 그들은 온전히 하나님께만 속한 자들이 될 수 있다.

그들로 우리 하나님 앞에서 나라와 제사장들을 삼으셨으니 그들이 땅에서 왕 노릇 하리로다 하더라(계 5:10)

자기 사랑에 대해 죽은 신자들은 왕이 된다. 그들은 자기 자신뿐 아니라 다른 이들을 다스리게 된다. 그들은 제사장이 되어 하나님께 찬양의 제사를 끊임없이 올려 드린다. 그들은 하늘에서만 다스리는 것이 아니라 이 땅에서도 다스린다. 오, 야심찬 통치자들과 앞으로 통치자가 될 사람들이 이처럼 고상한 통치를 소유할 수만 있다면 얼마나 좋겠는가!

> 내가 또 보고 들으매 보좌와 생물들과 장로들을 둘러 선 많은 천사의 음성이 있으니 그 수가 만만이요 천천이라 큰 음성으로 이르되 죽임을 당하신 어린 양은 능력과 부와 지혜와 힘과 존귀와 영광과 찬송을 받으시기에 합당하도다 하더라(계 5:11-12)

천사들이 보좌와 네 생물과 장로들 주위를 둘러싸고 있다.

〔오, 하나님! 주님은 단지 사랑하기만을 원하신 것이 아닙니다. 주님은 사랑받기 원하셨습니다. 창조의 목적도 여기에 있습니다! 단순히 주님은 피조물들로 하여금 주님을 관상하고 사랑하는 것에 그치지 않으십니다. 주님은 그들 안에서 주님 자신을 관상하실 뿐 아니라, 주님의 말씀을 그들 속에 넣어 주십니다. 사람들은 이 일이 절대로 불가능하다고 하지만 주님의 말씀으로 우리가 창조되었습니다.〕

지금 천사들은 모두가 들을 수 있을 정도로 '큰 소리를 내어' 말한다. 그들은 사랑으로 죽임을 당하신 흠 없으신 어린양이 주권적인 '능력' 을 받으시기에 합당하신 분임을 온 세상에 알리기 원한다. 이는 단지 주님이 (불멸의 출생에 의해) 하나님이시기 때문만이 아니라, 죽음을 통해 이기는 자가 되셨기 때문이기도 하다. 천사들은 주님이 '부' 를 받으시기에 합당한 분이라고 외친다. 여기서 말하는 부란 과연 무엇인가? 예수 그리스도 안에는 모든 영광스런 신성이 존재한다. 또한 영광스런 신성은 보이지 않는 방식으로 인간성과 연결되어 있다. 주님은 모든 '힘을 받으시고' '존귀를 받으시기에' 합당하신 분이다. 한마디로 주님은 스스로 모든 것을 받으시기에 합당하신 분이다.

> 내가 또 들으니 하늘 위에와 땅 위에와 땅 아래와 바다 위에와 또 그 가운데 모든 피조물이 이르되 보좌에 앉으신 이와 어린 양에게 찬송과 존귀와 영광과 권능을 세세토록 돌릴지어다 하니 네 생물이 이르되 아멘 하고 장로들은 엎드려 경배하더라(계 5:13-14)

본문은 언젠가 일제히 하나님께서 받으시기에 합당한 영광을 돌려드릴 모든 피조물의 조화와 화합을 보여 준다.

요한계시록
6장

내가 보매 어린 양이 일곱 인 중의 하나를 떼시는데 그 때에 내가 들으니 네 생물 중의 하나가 우렛소리 같이 말하되 오라 하기로 이에 내가 보니 흰 말이 있는데 그 탄 자가 활을 가졌고 면류관을 받고 나아가서 이기고 또 이기려고 하더라(계 6:1-2)

어린양이 책을 봉해 두었던 일곱 인 중 하나를 떼기 시작하신다. 네 생물 중 하나가 요한에게 와서 보라고 간청한다. 우리도 마찬가지다. 우리도 주님의 놀라운 진리를 발견하기 전에 먼저 예수 그리스도께로 가야 한다. (혹시 당신은 정반대의 일을 하지는 않는가? 합리적 이성에 의해 진리를 추구하지는 않는가?) 우리가 진리를 찾아낼 수 있는 유일한 방법은 예수 그리스도를 발견하는 길 외에는 없다.

주님 안에서 진리를 추구하라. 그리고 그 일을 위해 당신 자신을 주님께 드려라. 예수님이 처음 이 세상에 오시기 전에도 지혜와 진리를 발견하려고 애쓰던 철학자들이 있었다. 사람들은 그들을 가리켜 지혜자라 불렀다.

그러나 예수 그리스도께서 성육신하시기 전까지 그들은 결코 지혜를 발견할 수 없었고 진리도 찾아낼 수 없었다. 주님은 선천적으로 지혜이시다. 주님께서 사람이 되셨을 때 사람들에게 진리를 계시해 주셨다. 따라서 우리는 예수 그리스도께로 가야만 비로소 지혜를 가질 수 있다. 예수 그리스도가 아닌 다른 곳에서 진리를 찾는다면 오류와 거짓만을 얻게 될 것이다. 네 생물은 우리에게 예수 그리스도께로 와서 주님 안에서 진리를 찾으라고 초청한다.

어린양이 일곱 인 중 하나를 떼신다. '흰 말' 이 나타났고, '말에 탄 사람은 활을 들고 있다.' 이는 예수 그리스도의 인도를 받는 영혼의 첫 번째 상태이며, 동시에 주님의 몸 된 교회가 처한 첫 번째 시대이기도 하다. 이는 전쟁과 승리의 단계다. 싸우면 싸울수록 우리는 더 많이 정복한다. 승리자에게는 면류관이 씌워지고, 우리는 지속적으로 승리에서 승리로 나아간다.

첫 번째 단계에서, 싸움을 할 때마다 우리에게는 보상과 면류관이 주어진다. 이제는 다음의 사실에 주목하라. 첫 번째 생물은 사자다. 첫 번째 말은 승리를 거둔 전사다.

첫 번째 단계는 전쟁이라기보다는 오히려 승리다. 영혼은 만사가 수월하다고 느낀다. 원수들은 그가 가까이 가기만 해도 쓰러진다. 그에게는 멀리 떨어진 곳에서도 싸울 수 있도록 활이 주어진다. 그는 손쉽게 겨냥하고 자신은 조금도 다치지 않고 오직 원수에게만 상처를 입힌다. 시작 단계는 감미로움으로 가득 차 있는 시기다. 교전 중인 원수들은 멀찌감치 떨어져 있을 뿐 아니라, 하나님이 그들의 공격을 막아 주신다.

> 둘째 인을 떼실 때에 내가 들으니 둘째 생물이 말하되 오라 하니 이에 다른 붉은 말이 나오더라 그 탄 자가 허락을 받아 땅에서 화평을 제하여 버리며 서로 죽이게 하고 또 큰 칼을 받았더라(계 6:3-4)

두 번째 단계부터 상황은 사뭇 달라진다. 말은 첫 번째 말과는 달리 흰색이 아니다. 두 번째 말은 붉은 색이다. 첫 번째 전쟁에서는 허물들이 모두 씻긴 것처럼 보였다. 그러나 이번 단계에서 영혼은 다시 어두워지기 시작한다.

"…그 탄 자가 허락을 받아 땅에서 화평을 제하여 버리며…" 여기에서 영혼은 첫 번째 시련을 맞이한다. 그는 심한 고난을 당하게 되며, 한때 경이로운 하나님의 임재를 맛보게 해주었던 감미로운 평안마저 지금은 상실한 상태다. 영혼은 승리를 거두거나 싸울 수 있을 것 같아 보이지도 않는다. 오직 상처받은 느낌만 감지될 뿐이다.

그에게도 한 자루의 칼이 주어진다. 그는 그 칼을 사용하고 싶어 한다. 그러나 그가 칼로 할 수 있는 일은 오직 자기 방어 밖에 없다. 그는 단지 자신이 받는 상처만 느낄 뿐이다. 공격을 하지만 다시금 역습을 받는다. 그가 원수에게 입힌 상처보다 오히려 원수에게 당한 부상으로 인한 아픔이 훨씬 더 깊다. 내면적으로 외면적으로 평안을 상실했다. 왜 하나님은 땅에서 '화평을 제하여 버리기'를 원하시는 걸까? 주님은 그 영혼이 본질적으로 가졌던 평안을 잃어버리기 원하신다. 그렇게 함으로써 주님은 그가 자기를 포기하기 바라신다. 기억하

라. 두 번째 생물은 송아지 혹은 소다. 싸움은 점점 맹렬해진다.

> 셋째 인을 떼실 때에 내가 들으니 셋째 생물이 말하되 오라 하기로 내가 보니 검은 말이 나오는데 그 탄 자가 손에 저울을 가졌더라 내가 네 생물 사이로부터 나는 듯한 음성을 들으니 이르되 한 데나리온에 밀 한 되요 한 데나리온에 보리 석 되로다 또 감람유와 포도주는 해치지 말라 하더라(계 6:5-6)

신자의 상태는 점점 더 끔찍스러워진다. 여기서 주목해야 할 사실이 있다. 현재 영혼은 어두운 것이 아니라 검다. 아가서는 다음과 같이 노래한다. "내가 비록 검으나 아름다우니." 싸움은 중단되었다. 신자는 더 이상 싸우지 않을 뿐더러, 원수의 공격도 받지 않는다. 그는 손에 저울을 가졌다. 그의 무게가 측정되는 순간이다. 모든 것이 원래의 가치를 잃어버렸다. 한때 그가 자랑스럽게 여기던 것들이 이제는 혐오스러워졌다. 그러나 그가 알지 못한 사실이 있다. 저울이 한쪽으로 기울어질수록 자연히 다른 한쪽은 올라가기 마련이다. 따라서 그의 일부를 매우 낮은 곳으로 끌어내리는 하중이 오히려 그의 영혼을 하나님께로 들어올려 준다.

그 영혼은 하나님을 잃고 기근의 상태에 처해 있다. 이 하나님의 자녀에게는 주님을 갈망하는 마음조차 없다. 하나님과의 관계는 더할 나위 없이 멀어져 있는 것만 같다. 깊은 공허감이 감돈다. 그는 위로를 거의 받지 못한다. 큰 값을 치러야만 겨우 위로를 받을 수 있을 정도다. 그러나 '감람유와 포도주를 해쳐서는' 안 된다. 그 영혼은 여전히 지탱을 받는다. 은밀한 기름 부으심과 강력한 포도주를 통해 힘을 얻는다. 비록 그 신자는 자신이 이처럼 내적으로 지탱 받음을 전혀 눈치 채지 못할지라도 말이다.

> 넷째 인을 떼실 때에 내가 넷째 생물의 음성을 들으니 말하되 오라 하기로 내가 보매 청황색 말이 나오는데 그 탄 자의 이름은 사망이니 음부가 그 뒤를 따르더라 그들이 땅 사분의 일의 권세를 얻어 검과 흉년과 사망과 땅의 짐승들로써 죽이더라(계 6:7-8)

넷째 생물인 독수리는 큰 소리로 죽음을 불러온다. 내 생각으로는, 여기서 태양 가까이에 사는 새와 이 새가 죽음을 불러낸다는 사실 사이에 현격한 대조가 있는 듯하다. 이 새는 어느 누구보다도 진리를 잘 발견한다. 어떻게 이런 일이 일어날 수 있는가? 오직 죽음에 의해서만 진리와 생명을 받게 되기 때문이다.

죽음은 '청황색 말'을 탔다. 청황색 말은 깜짝 놀랄 만한 공포를 상징한다. 또한 '음부가 그 뒤를 따라왔다.' 현재의 상태에서 영혼은 확실히 죽음을 향해 지옥으로 돌진해 갈 것이다. 그러나 이 죽음은 오직 '땅의 사분의 일'만을 공격할 수 있는 '권세'를 가진다. 땅의 사분의 일이란 가장 중요하고 결정적인 부분, 즉 감각들을 의미한다.

멸망시킬 목적으로 죽음이 만들어낸 발명품은 무엇인가? 그것은 모두 네 가지다. 첫 번째는 칼이다. 칼은 따끔따끔한 통증과 최고로 예민한 고통을 야기한다. 두 번째는 기근이다. 기근의 고통은 칼로 인한 것보다는 덜하지만 훨씬 더 깊고 잔인하다. 세 번째는 '땅의 짐승들' 이 출현하여 이 곤고한 영혼을 게걸스럽게 집어삼켜 버린다. 네 번째는 이 모든 악행이 한 데 연합하여 영혼을 죽음으로 몰아간다. 영혼이 처해 있는 이러한 상태들은 결코 가상이 아니다. 매우 실제적인 상황이다.

> 다섯째 인을 떼실 때에 내가 보니 하나님의 말씀과 그들이 가진 증거로 말미암아 죽임을 당한 영혼들이 제단 아래에 있어(계 6:9)

이 얼마나 멋진 말씀인가! 얼마나 굉장한 표현인가! 영혼이 지속적으로 철저하고 온전한 희생을 통해 죽었을 때, '하나님의 말씀으로 말미암아 죽임을 당한 영혼들' 은 제단 아래에서 모습을 드러낸다! 이는 육신의 순교를 한 순교자들에게만 해당되는 것은 아니다. 오히려 내면의 삶 때문에 고난당하는 순교자들이 더 많이 해당된다. 순교자들은 때로는 육체적인 죽임을 당한다. 다른 이들은 글이나 중상모략, 핍박 등에 의해 '죽음에' 처해진다. 결국 우리가 마음으로 감지하고 선포하는 내적인 증거, 내적인 성령님이야말로 모든 핍박을 초래한 첫 번째 원인이시다.

> 큰 소리로 불러 이르되 거룩하고 참되신 대주재여 땅에 거하는 자들을 심판하여 우리 피를 갚아 주지 아니하시기를 어느 때까지 하시려 하나이까 하니(계 6:10)

당신은 본문에서 핍박이 언제까지 지속될 것이라는 점, 가장 오랫동안 계속될 것이라는 점이 보편적으로 알려져 있지 않은 채로 은폐되어 있음에 주목했는가? 주님은 이 같이 보이지 않고 알려지지 않은 핍박의 시기를, 주님의 종들을 철저하게 비워 내시는 도구로 사용하신다. 심지어 한동안은 하나님이 마치 억압자 편에 서 계신 듯한 느낌마저 들기도 한다. 그러나 언젠가 이 영혼들이 온갖 속박에서 자유케 되어 복수를 요청할 날이 반드시 도래할 것이다. 성령님이 지금 이들을 위해 그 일을 행하고 계신다.

> 각각 그들에게 흰 두루마기를 주시며 이르시되 아직 잠시 동안 쉬되 그들의 동무 종들과 형제들도 자기처럼 죽임을 당하여 그 수가 차기까지 하라 하시더라(계 6:11)

하나님의 종들이 이상에 언급된 상태를 모두 통과한 후에, 그들에게는 새 생명, 다시 말해 순결한 '흰 두루마기'가 주어진다. 그들은 온갖 악으로부터 구원받은 자들이다. 그러나 아직 원수를 갚은 상태는 아니다. 지금 그들에게는 안식의 시간이 주어졌다.

> 내가 보니 여섯째 인을 떼실 때에 큰 지진이 나며 해가 검은 털로 짠 상복 같이 검어지고 달은 온통 피 같이 되며 하늘의 별들이 무화과나무가 대풍에 흔들려 설익은 열매가 떨어지는 것 같이 땅에 떨어지며(계 6:12-13)

본문은 여러 가지 일이 동시에 벌어지는 모습을 보여 준다.

첫째, 마지막 때에 일어날 일들의 일부에 관한 내용이 묘사되어 있다. 둘째, 성도들을 핍박한 자들에 대한 하나님의 보복이 드러나 있다. 셋째, 성도들이 통과하는 몇몇 특정한 상태들에 관하여 서술되어 있다.

확실히 하나님은 주님의 종들을 핍박하는 자들을 이상한 공포 속에 빠뜨리실 것이다. 그들은 자신들이 저지른 악행을 목격할 것이다. 그들은 자신들이 행한 범죄의 진상을 보게 될 것이다. 그들의 총명을 의미하는 '해'는 검게 변할 것이다. '달'은 그들의 기억을 뜻한다. 그들의 머릿속에 아벨의 피가 떠오를 것이다. 이 세상이 처음 창조되었을 때부터 아벨은 발가벗겨지고 순수한 사랑을 하는 내면적인 영혼들의 표상이었다. 아벨은 단지 순전한 제사를 드렸을 뿐이다. 오늘날에도 동일한 일들이 벌어진다. 아벨의 피는 끊임없이 소리 높여 외친다.

"하늘의 별들이 땅에 떨어지며." 이 말씀은 빛의 사람이 타락하고 실패하는 것을 의미한다.

본문에서 하나님은 자비와 정의를 행하시면서 극도의 가혹함으로 영혼들을 다루고 계신다. 본문의 의미와 관련하여 의로운 '해'가 자취를 감추고 검어진다. 또한 '달'은 피가 된다. 그들은 온통 죽음의 생각으로 가득 차 있다. 일반적으로 이 신자들에게까지 확장되었던 은총은 마치 땅바닥에 추락해 버린 듯하다.

> 하늘은 두루마리가 말리는 것 같이 떠나가고 각 산과 섬이 제 자리에서 옮겨지매 땅의 임금들과 왕족들과 장군들과 부자들과 강한 자들과 모든 종과 자유인이 굴과 산들의 바위틈에 숨어 산들과 바위에게 말하되 우리 위에 떨어져 보좌에 앉으신 이의 얼굴에서와 그 어린 양의 진노에서 우

리를 가리라 그들의 진노의 큰 날이 이르렀으니 누가 능히 서리요 하더라(계 6:14-17)

성도들을 핍박했던 사람들에게는 '하늘이 두루마리가 말리듯이 떠나갈 것이다.' 이는 위로부터의 온갖 도움과 이 땅에서의 모든 희망이 그들에게서 제거된다는 의미다. 마치 하나님은 더 이상 자비를 베풀지 않을 것만 같다. 그들은 피해 달아날 곳을 찾다가 마침내 산들을 향해 자신들을 좀 숨겨 달라고 요청한다. 그러나 이미 때는 늦었다. 그들은 비탄과 낯선 혼란을 통과하는 중이다.

본문의 단락을 신자의 관점에서 바라보도록 하자. 이제는 하나님의 자비가 그에게서 멀리 떠난 것처럼 느껴진다. 여기서도 하늘은 마치 두루마리가 말리듯 떠나간다. 그들에게는 더 이상 하늘에 들어갈 수 있는 길이 없다. 그러나 하늘이 열릴 때, 그들은 한때 그토록 힘들어 보였던 것에 비해 훨씬 더 수월한 상황에 처해 있음을 알게 될 것이다. 그때가 도래하기 전까지 그들은 줄곧 철저한 고독의 상태에 머물러 있어야 할지도 모른다.

그들은 도망갈 만한 '어떤 산'을 찾아낼 수 있을 것이라고 생각한다(다시 말해 그들은 '산'처럼 강하고 영적인 사람들을 통해 위안을 받으려고 한다. 이런 사람들은 은혜를 잘 베풀어 주기로 명성이 자자한 이들이다. 혹은 그들은 견고함을 지닌 '바위'와도 같은 사람들을 통해 위로를 받으려 할 수도 있다). 이는 하나님 안에서 강건한 영혼들이 처하게 되는 상태다. 겟세마네 동산에서 예수님도 이러한 상태에 처하셨다. 그곳에서 주님은 인류의 죄악을 견디어 내셨다. 이 끔찍한 죄의 무게로 주님의 땀방울은 마치 피같이 되어 땅에 떨어졌다. 이때의 진노는 주님이 죽으시는 순간까지도 계속 이어졌다.

오, 이 같은 상황에서 과연 누가 살아남을 수 있겠는가? 하나님이 그 영혼에게 초인적인 능력을 덧입혀 주셔야만 한다. 그 영혼은 예수 그리스도께서 통과하신 내면의 상태를 견뎌야 한다. 그러나 이러한 상황을 지나는 동안에 그는 반드시 예수 그리스도를 소유해야만 한다.

요한계시록
7장

이 일 후에 내가 네 천사가 땅 네 모퉁이에 선 것을 보니 땅의 사방의 바람을 붙잡아 바람으로 하여금 땅에나 바다에나 각종 나무에 불지 못하게 하더라 또 보매 다른 천사가 살아 계신 하나님의 인을 가지고 해 돋는 데로부터 올라와서 땅과 바다를 해롭게 할 권세를 받은 네 천사를 향하여 큰 소리로 외쳐 이르되 우리가 우리 하나님의 종들의 이마에 인치기까지 땅이나 바다나 나무들을 해하지 말라 하더라(계 7:1-3)

하나님은 주님의 종들을 핍박하는 자들을 벌하실 때(혹은 주님께 온전히 헌신된 사람들에게 주님의 생명을 불어넣기 원하실 때), 온갖 감미로움과 위안이 되는 요인들을 모두 중단시키신다. 내면의 것이든 외면의 것이든 상관없이 말이다. 기분을 상쾌하게 해주는 모든 것이 제거된다. 하나님이 핍박자들 위에 진노를 쏟아 부으시기 전에—또한 성도들은 그 징벌을 당하지 않도록 해주시기 위해—, 주님은 마귀가 신자들에 대해 아무런 권세도 취하지 못하도록 금하신다. 이렇게 함으로 주님은 그들을 인쳐 주신다. 하나님은 이 영혼들을 주님의 보호 아래에 두신다. 마귀로 말미암아 초래된 온갖 재앙과 죄악은 더 이상 그들에게 가까이 다가오지 못한다. 하나님이 이 땅에 전면적으로 징벌을 보내시는 순간에도, 그들은 결코 해를 당하지 않을 것이다. 그들은 마지막 심판의 순간에도 상함을 입지 않을 것이다.

> 내가 인침을 받은 자의 수를 들으니 이스라엘 자손의 각 지파 중에서 인침을 받은 자들이 십사만 사천이니(계 7:4)

인침(모든 내면적인 영혼들을 위한 흔적)은 하나님의 영의 특징들을 보여 주는 표지다. 마지막 때가 가까워질수록, 이 성도들의 수가 얼마나 증가되는지, 또한 그들이 어떤 방식으로 온 땅에서 출현하게 되는지를 지켜보라.

〔오, 우리의 주님이시여! 오직 영원 속에서만 우리는 당신의 인치심을 받은 내면적인 영혼들의 수를 알게 될 것입니다. 그들은 진정한 이스라엘 자손들로 철저히 타락한 애굽의 물결 앞에서도 결코 압도당하지 않을 자들입니다.〕

> 이 일 후에 내가 보니 각 나라와 족속과 백성과 방언에서 아무도 능히 셀 수 없는 큰 무리가 나와 흰 옷을 입고 손에 종려 가지를 들고 보좌 앞과 어린 양 앞에 서서 큰 소리로 외쳐 이르되 구원하심이 보좌에 앉으신 우리 하나님과 어린 양에게 있도다 하니(계 7:9-10)

독특한 내면적 삶의 특성을 보여 주는 표지를 지닌 성도들 이외에도 무수히 많은 성도가 있다.

〔오, 하나님! 주님은 모든 지역, 온 땅과 열방에 자비를 베풀어 주시는 분입니다. 오직 영원 속에서만 우리는 주님의 자비가 얼마나 위대하시고 광범하신지를 깨달을 수 있습니다.〕

이 성도들은 모두 서 있다. 이는 그들이 지닌 견고함과 확신을 보여주는 모습이다. 그들은 흰 옷을 입었다. 그들은 순전한 겉옷을 입고 새로워진 자들이다. 이제까지 떼어진 인봉들은 가시화되어 나타난 진리를 말한다. 그동안 그토록 철저히 인봉되고 숨겨져 있던 이 진리는 과연 무엇인가? 이 진리란 우리 전 존재의 온전한 구원이 오직 하나님께만 속해 있다는 것이다. 오직 주님만이 각각의 영혼 안에 온전한 구원을 이루기 위한 작업을 하셔야만 한다. 우리 안에는 이처럼 큰 축복을 받을 만한 자격이 조금도 없다. 이는 오직 주님만이 하시는 일이다. 하늘에 있는 성도들은 결코 자신들 안에서 구원을 발견할 수 없을 것이다. 또한 그들이 자신의 구원을 확실히 하기 위해 할 수 있는 일도 없을 것이다. 오로지 그들은 구원이 하나님께 속해 있다는 노래만 지속적으로 부를 것이다. 이것이 바로 우리의 기쁨이다.

모든 천사가 보좌와 장로들과 네 생물의 주위에 서 있다가 보좌 앞에 엎드려 얼굴을 대고 하나님께 경배하여 이르되 아멘 찬송과 영광과 지혜와 감사와 존귀와 권능과 힘이 우리 하나님께 세세토록 있을지어다 아멘 하더라(계 7:11-12)

사람들은 천사들보다 훨씬 더 유리한 입장에 있다. 사람들은 하나님을 위해 고난받을 수도 있다. 그러나 선택된 천사들은 사람들보다 훨씬 더 큰 이점을 누린다. 그들은 죄를 짓지 않는다. 천사들이 이러한 이점을 가질 수 있는 이유는 매순간 끊임없이 자신을 비워 내기 때문이다. 만일 인간이 이처럼 자신을 늘 죽음에 처하는 상태에 이를 수만 있다면, 그는 천사가 누리는 행복을 공유할 수 있을 것이다. 요한은 '그들이 엎드려 얼굴을 대고 경배한다' 라고 진술한다. 이는 그들이 하나님의 '보좌 앞에서' 계속해서 자신을 비워 내는 상태에 머물러 있음을 의미한다. 아주 소수의 사람들만이 은혜로 말미암아 천사들의 행복을 누리며 살아간다. 이런 사람들은 언제나 얼굴을 바닥에 댄 채로 엎드려 있다. 자신들은 전혀 무가치한 존재에 불과하기 때문이다.

한번은 몇몇 천사들이 이러한 상태를 박차고 뛰쳐나와서 하나님을 거역했다. 이 일로 그들은 죄를 범했고 결국 지옥으로 떨어지게 되었다. 자신의 존재를 늘 비워 내야 했던 루시퍼는, 본연의 자리에서 벗어난 이후로 두 번 다시 회복의 길을 찾지 못하고 말았다. 반면에 인간은 하나님의 구원의 은혜를 힘입어서 다시금 이 상태로 회복할 수 있다. 사울은 마치 루시퍼와도 같다. 그는 죄를 범한 이후로 줄곧 거역의 상태에 머물러 있었다. 다윗도 죄를 지었다. 그러나 그는 자신을 낮추고 겸손함으로 다시금 하나님과의 관계를 회복할 수 있었다.

"사람은 그가 든든히 서 있는 때에도 진실로 모두가 허사뿐이니이다"(시 39:5). 그러므로 우리가 해야 할 일은 자신이 아무것도 아닌 존재임을 늘 잊지 않고 살아가는 것이다. 죽음에 처한 인간은 결코 하나님의 뜻에 저항하는 법이 없다. 만일 당신 안에 하나님의 뜻에 거역하는 마음이 도사린다면, 이는 당신이 미처 죽지 않았다는 것이며 죽음의 상태에서 벗어나 있음을 의미한다.

예수 그리스도는 온갖 종류의 기도의 모델이 되어 주신다. 주님은 경배하기 위해 얼굴을 바닥에 대시고 엎드리신다. 주님은 우리에게 외형적인 자세를 가르쳐 주시기보다는, 기도하고 경배할 동안에 우리 영혼이 마땅히 어떤 자세를 취해야 하는지를 보여 주신다. 자신을 철저히 비워 낸 내면적인 상태에서 영혼은 피조물로서 창조주 하나님이 받으시기에 합당하신 모든 영광을 돌려 드릴 수 있다.

그러므로 천사들은 찬송과 영광과 지혜와 감사와 존귀와 권능과 힘이 우리 하나님께 세세무궁토록 있을 것이라고 노래한다! 천사들이 이처럼 하나님의 주권에 대한 찬양과 감사를 할 수 있는 것은 철저한 자기 비움의 상태에 있기 때문이다. 오직 철저히 자기를 비운 상태에서만 이 같은 순전한 행위를 할 수 있다. 하나님 앞에서 자신을 온전히 비워 낸 사람만이 주님을 유일하게 주권적인 분으로 인정할 수 있다. 신자는 오직 하나님만이 존재하실 수 있도록 자신의 전 존재를 포기한다. 우리는 하나님께 온갖 존경과 감사의 언어들을 통해 하나님이 아닌 하나의 피조물의 입장에서 주님을 찬양해야 한다. 왜냐하면 우리가 찬양하는 대상은 우리의 주권자이며 우리에게 은혜를 베풀어 주는 분이기 때문이다. 따라서 우리는 자기 비움을 통해 주님을 찬양함으로써 주님을 하나님으로 높여 드린다.

예수 그리스도께서는 하나님을 높여 드리는 것에 관해 어떻게 가르쳐 주셨는가? 주님은 종의 형상을 취하심으로 자신을 온전히 비우셨다. 이렇게 함으로써 주님은 하나님께 더할 나위 없는 영광, 가장 높은 영광을 올려 드렸다. 비록 주님 자신이 하나님임에도 불구하고 말이다. 주님은 자신을 온전히 비움으로 주님의 놀라우신 사역을 성취하셨다. 이와 마찬가지로 우리도 하나님의 뜻이 하늘에서 이루어진 것처럼 이 땅에서 주님의 뜻을 행하며 살아가야 한다. 이렇게 사는 것이 자신을 비워 낸 사람의 삶의 방식이다.

기억하라. 하나님은 무에서 만물을 창조하셨다. 하나님은 무(無)를 사용해서 가장 위대한 일들을 행하신다. 인간이 이토록 자신을 철저히 비워 낸 상태에 이르기 전까지, 하나님은 그를 사용하실 수가 없다. 이는 그가 하나님의 영광을 항상 도적질하기 때문이다.

> 장로 중 하나가 응답하여 나에게 이르되 이 흰 옷 입은 자들이 누구며 또 어디서 왔느냐 내가 말하기를 내 주여 당신이 아시나이다 하니 그가 나에게 이르되 이는 큰 환난에서 나오는 자들인데 어린 양의 피에 그 옷을 씻어 희게 하였느니라(계 7:13-14)

영혼이 자신을 철저히 비워 내면 그에게는 순결한 옷이 입혀진다. 하나님이 성령님을 보내 주시고 그 영혼을 자아의 죽음으로 인도해 가실 때, 그는 새로운 존재로 창조된다. 예수 그리스도 안에서 새로운 피조물이 되는 것이다. 그는 예수 그리스도로 옷 입는다. 이처럼 흰 옷을 입은 사람들은 겸손하게 자기를 낮추고 비워 낸 영혼들이다.

그렇다면 그들은 과연 어디로부터 나온 것인가? 그들은 자기 자신으로부터 나왔다! 그들은 철저하게 죽음을 통과해 왔다! 그들의 옷은 죄로 얼룩졌고 먼지로 뒤덮여 있었다. 그러나 자기의 죽음을 통과하는 동안에 그들의 옷은 어린양의 보혈로 깨끗해졌다.

〔오, 거룩하시고 흠 없으신 어린양의 보혈이여! 주님은 영혼을 정결케 하시는 분입니다. 주님으로 인해 영혼은 놀랄 만큼 정결해집니다. 자신 안에는 아무런 힘과 거룩함과 순전함이 없음을 깨달은 사람들은 반드시 자기를 버려두고 떠나야 합니다. 그리고 어린양의 보혈 속으로 풍덩 뛰어들어야 합니다. 그들은 어린양의 보혈 안에서 철저한 자기 포기를 통해 전대미문의 정결함을 얻습니다.〕

오, 스스로의 힘으로도 자신의 옷을 깨끗케 할 수 있다고 믿는 인간들이여! 당신들은 오해하는 것입니다. 그렇게 하면 할수록 점점 더 더러워질 뿐입니다! 당신이 붙잡는 것은 갈수록 더러워집니다. 그러나 만일 당신이 그것들을 희게 하고 싶다면, 그것들을 정결함 그 안으로 던져 넣으십시오. 그 속에서 묻어 있던 얼룩이 빠지고 거룩한 정결함을 부여받게 됩니다.

> 그러므로 그들이 하나님의 보좌 앞에 있고 또 그의 성전에서 밤낮 하나님을 섬기매 보좌에 앉으신 이가 그들 위에 장막을 치시리니 그들이 다시는 주리지도 아니하며 목마르지도 아니하고 해나 아무 뜨거운 기운에 상하지도 아니하리니(계 7:15-16)

이제 철저히 자신을 비운 그리스도인은 친밀하고 영속적인 연합 속에서 살아간다. 그의 영은 언제나 하나님의 보좌 앞에 있다. 그의 영은 항상 주님 앞에서 주님과 함께 거하면서 주님의 보좌와 연합된 채로 살아간다. 하나님은 어느 피조물이라도 철저히 독립적인 상태로 살아가기를 원치 않으신다. 주님은 사람이 유순하여 주님의 모든 뜻을 행하기 원하신다. 이는 자기를 비워 낸 신자가 처하게 되는 상태다. 그에게는 더 이상 자신만의 뜻은 존재하지 않는다. 그는 언제나 하나님의 뜻을 행함으로 밤낮으로 주님을 섬긴다. 내면적으로 그는 하나님의 성전이 되어 살아간다. 이런 사람이 행하는 일은 항상 자신의 뜻과 하나님의 뜻이 연합된 상태에서 이루어진다. 이것이야말로 인간이 하나님께 드릴 수 있는 가장 위대한 섬김이다. 예수님도 이 세상에 계시는 동안에 이런 식으로 하나님 아버지를 섬기셨다.

그렇다면 이제 그들이 섬김을 통해 받을 보상이 무엇인지를 생각해 보라! 그들에게는 무슨 일이 일어나는가? 보좌에 앉으신 하나님께서 그들의 마음을 주님의 보좌로 삼으신다. 주님은 그들의 마음속에 거하시고 영원토록 그들 가운데서 살아가신다. 주님은 이 사실을 이미 복음서를 통해 약속하셨다. "사람이 나를 사랑하면 내 말을 지키리니 내 아버지께서 그를 사랑하실 것이요 우리가 그에게 가서 거처를 그와 함께 하리라."

"그들이 다시는 주리지도 아니하며 목마르지도 아니하고." 왜일까? 그들은 온전히 만족한 상태이기 때문이다. (그들은 자신의 뜻도 없고 욕구도 없고 성향도 없다. 그들은 죄의 열기로 괴로움을 당하지도 않고 늘 상쾌한 기분으로 즐거워한다. 이런 상태는 실제로 경험해 본 사람만이 이해할 수 있다. 이런 수준의 상태에 이른 신자는 자유롭다. 왜냐하면 진리와 자아의 죽음은 동일하기 때문이다. 진리가 표현이라면, 자기 비움은 작용이다.)

> 이는 보좌 가운데에 계신 어린 양이 그들의 목자가 되사 생명수 샘으로 인도하시고 하나님께서 그들의 눈에서 모든 눈물을 씻어 주실 것임이라 (계 7:17)

이 거룩한 목자가 그들을 인도하기 위해 원하시는 막대기는 무엇보다도 십자가의 막대기다. 주님은 십자가를 사용해서 그들이 놀람과 공포로 가득 찬 사막을 지나는 동안 줄곧 인도해 주신다. 그곳은 오직 어둠만이 드리워진 곳이다. 그곳은 목마름을 해갈할 물조차 없다. 주님은 그들을 하나님의 품안으로 인도하신다. 하나님은 그들을 위해 생수의 근원이 되어 주신다. 그곳에서 하나님은 그들에게 새 힘을 공급해 주신다.

하나님 아버지가 샘물이라면, 예수님은 그 샘에서 솟아오르는 기쁨의 강물이다. 그들은 영원토록 새 힘을 얻는다. 그들에게는 더 이상 목마름이 없다. 하나님이 그들의 눈물을 씻어 주신다.

요한계시록
8장

일곱째 인을 떼실 때에 하늘이 반 시간쯤 고요하더니 내가 보매 하나님 앞에 일곱 천사가 서 있어 일곱 나팔을 받았더라 또 다른 천사가 와서 제단 곁에 서서 금 향로를 가지고 많은 향을 받았으니 이는 모든 성도의 기도와 합하여 보좌 앞 금 제단에 드리고자 함이라 향연이 성도의 기도와 함께 천사의 손으로부터 하나님 앞으로 올라가는지라(계 8:1-4)

신자가 자기를 온전히 비워 낸 상태에 도달하면 또 다른 인이 떼어져야 한다는 사실을 과연 누가 생각이나 할 수 있을까? 모든 일이 끝난 것처럼 보인다. 신자의 입장에서 본다면 모든 일이 끝났다는 말이 맞다. 그러나 아직도 또 하나의 인이 남아 있다. 그 인이 떼어지는 순간에 이 진리는 다른 사람들에게 가시적으로 나타날 것이다.

이 일이 일어나기 전에, 이번에는 내면적으로 고요한 상태가 지속된다. '하나님 앞에 서 있는 일곱 천사에게 주어진 일곱 나팔' 이 불린 후에, 다른 이들을 위한 중보와 기도가 이 일곱 천사의 손에 주어진다. 이 기도들은 마치 '금향로' 와도 같이 순전한 의지 안에 넣어져 있다. 그 안에서 기도들은 하나님 앞에서 사랑의 '불' 과 함께 녹아든다. 이 기도들은 끊임없이 드려지는 희생 제사로서, 하나님의 면전으로 올라간다.

이는 신부의 상태를 가리킨다. 성경은 다음과 같이 말한다. "몰약과 유향과 상인의 여러 가지 향품으로 향내 풍기며 연기 기둥처럼 거친 들에서 오는 자가 누구인가." 서로 다른 곳에서 살아가는 서로 다른 사람들에 의한 이 기도들이 한 데 모아져서 하나님의 제단 위로 드려진다. 이 기도들은 모두 하나님의 뜻에 맞게 드려진 것이다. 이러한 기도는 순수하고 단순하다.

천사가 향로를 가지고 제단의 불을 담아다가 땅에 쏟으매 우레와 음성과 번개와 지진이 나더라(계 8:5)

하나님께서 주님의 순전한 사랑을 이 땅에 쏟아 붓기 원하실 때, 주님은 천사들에게 '향로' 를 취하라고 명하신다. (향로는 기도하는 사람의 뜻과 마음이다.) 그리고 주님은 그 향로를 사랑의 '불' 로 채우신다. 하나님은 이 불을 어디에서 취하시는가? 하나님의 뜻이라는 제단에서 취하신다.

이 축복된 일곱 영이 활활 타오르는 사랑의 불꽃을 땅 위에 쏟아 부을 때 무슨 일이 일어나는가? 다름 아닌 '우레 소리들' 이 울려 퍼진다. 신자들을 박해하고 이상한 불만의 소리들이 제기된다. 이러는 동안에 내적인 은혜가 터져 나온다. 주님도 불을 이 땅에 던지러 오셨다고 말씀하지 않으셨는가? 주님은 이 불이 타오르기를 원하신다고 말씀하셨다.

그 무엇으로도 하나님께서 붙이신 이 불을 꺼뜨릴 수는 없다.

〔오, 주님! 이 땅에 다시 한 번 그 불을 쏟아 부어 주십시오!〕

일곱 나팔을 가진 일곱 천사가 나팔 불기를 준비하더라(계 8:6)

하나님께서 이 땅에 불을 보내실 때에, 사도적인 사람들에게 감동을 주셔서 주님의 진리를 선포하게 하시고, 아울러 이 불을 통해 파멸을 가져오게 하신다. 심지어 사람의 생명까지도 파괴시키신다.

첫째 천사가 나팔을 부니 피 섞인 우박과 불이 나와서 땅에 쏟아지매 땅의 삼분의 일이 타 버리고 수목의 삼분의 일도 타 버리고 각종 푸른 풀도 타 버렸더라(계 8:7)

희생의 영이 땅 위에 늘어나고 진리가 선포되기 시작할 때, '우박' 혹은 대소동이 일어나 이를 저지하려 할 것이다. 희생의 영을 핍박하는 자들은 포화를 빗발치듯 퍼부어 댈 것이다.

이와 동일한 일은 우리들에게도 일어난다. 거룩한 하나님의 사람들 위에 '우박'이 떨어진다. 이는 외적인 (종종 내적인) 고난의 우박이다. 이 불에는 '피가 섞여' 있다. 이는 불이 순수한 것이 아님을 의미한다. 비록 정결한 불은 아닐지라도 그 불은 자기의 힘을 태워 버린다.

둘째 천사가 나팔을 부니 불 붙는 큰 산과 같은 것이 바다에 던져지매 바다의 삼분의 일이 피가 되고 바다 가운데 생명 가진 피조물들의 삼분의 일이 죽고 배들의 삼분의 일이 깨지더라(계 8:8-9)

이제 불로 인해 바다는 피로 변한다. 영혼은 느끼고 맛보고 보고 듣고 감지할 수 있는 능력을 모두 상실한다. 모든 것을 빼앗긴다. 이는 둘째 사망을 불러온다! 우리가 반드시 알아야 할 사실이 있다. 요한계시록은 단지 최후의 심판에 관한 계시를 기록한 책일 뿐만 아니라 하나님의 교회에 반드시 일어나야 할 일에 관한 예언이기도 하다. 특히 교회가 온 땅에 두루 편만해질 마지막 때에 관한 예언이다. 이 책은 안팎으로 기록되어 있다. 이는 예수 그리스도의 내적이고 외적인 진리에 관한 것이기 때문이다. 또한 주님의 몸 된 교회는 도처에서 가시적으로 모습을 드러낼 것이다. 내적이고 외적인 진리를 모든 사람이 찾아낼 수 있어야 하기 때문이다. 본문이 묘사하는 징조들에 대해서 우리는 문자적으로 이해할 것이 아니라 성령님이 주시는 의미에 따라 이해해야 한다.

분노의 산, 격노의 산, 불의 산, 격렬한 영적 불의 산이 주님의 몸 된 교회 안에 던져질 것이다. 언변에 능한 사람들이 일어나 바다의 삼분의 일을 피와 눈물과 고통으로 바꾸어 놓을 것이다. 또한 바다 가운데서 생명을 가진 피조물들의 삼분의 일이 죽게 될 것이다.

죽은 것들은 더 이상 변하지 않는다.

〔오, 하나님! 주님은 그 일을 주님의 영광을 위해서 행하실 것입니다. 또한 이 일은 빛을 받게 될 사람들에게 밝히 나타날 것입니다.〕

셋째 천사가 나팔을 부니 횃불 같이 타는 큰 별이 하늘에서 떨어져 강들의 삼분의 일과 여러 물샘에 떨어지니 이 별 이름은 쓴 쑥이라 물의 삼분의 일이 쓴 쑥이 되매 그 물이 쓴 물이 되므로 많은 사람이 죽더라
(계 8:10-11)

진리를 알리는 세 번째 천사의 나팔 소리가 끝나자마자 '큰 별이 하늘에서 떨어진다.' 그동안 영혼을 인도해 오던 이 별이 떨어지자, 은혜와 위로의 강물은 비통과 비탄으로 변한다. 겨우 삼분의 일만 쓰게 변했을 뿐인데도, 그 영혼에게는 마치 강물 전체가 쓴 물이 된 것처럼 느껴진다. 이 별이 총명 가운데 빛날 때만 해도 강물들에는 거룩한 즐거움이 흘러넘쳤다. 그러나 지금은 모든 것이 '쑥'으로 변했다. 더 이상은 평생토록 즐거움을 누리지 못할 것만 같다. 이러한 상태는 합리성과 총명의 '죽음'을 야기한다.

'자기에 입각한 사고방식'을 죽이는 유일한 방법은 큰 별이 떨어지는 것이다.

넷째 천사가 나팔을 부니 해 삼분의 일과 달 삼분의 일과 별들의 삼분의 일이 타격을 받아 그 삼분의 일이 어두워지니 낮 삼분의 일은 비추임이 없고 밤도 그러하더라 내가 또 보고 들으니 공중에 날아가는 독수리가 큰 소리로 이르되 땅에 사는 자들에게 화, 화, 화가 있으리니 이는 세 천사들이 불어야 할 나팔 소리가 남아 있음이로다 하더라(계 8:12-13)

〔오, 하나님! 넷째 천사에 의해 이 땅에 초래될 비탄과 파멸은 과

연 어느 정도입니까? 주님은 어둠을 가져오시는 방법을 통해서만 깨달음을 주십니다. 진리의 빛 가운데로 들어가려면 반드시 자기의 빛은 꺼져야 합니다. 이런 일들은 교회와 개인들에게 일어납니다. 이로써 그들은 진리 가운데로 들어갈 수 있습니다. 엄청난 재난이 발생하는 상황 속에서도, 주님의 몸 된 교회와 거룩한 성도들의 빛은 완전히 꺼지지 않습니다. 또한 어둠은 영원히 지속되지 않을 것입니다. 우리가 본문을 통해 깨닫게 되는 메시지는 무엇입니까? 비록 영혼의 삼분의 일이 어둠 속에 있을지라도, 여전히 아직 모습을 드러내지 않은 많은 빛이 남아 있다는 것입니다. 어둠을 통과하는 신자는 최상의 유익을 누리기 전에 최악의 비통함을 맛보아야 합니다.]

요한계시록
9장

다섯째 천사가 나팔을 불매 내가 보니 하늘에서 땅에 떨어진 별 하나가 있는데 그가 무저갱의 열쇠를 받았더라 그가 무저갱을 여니 그 구멍에서 큰 화덕의 연기 같은 연기가 올라오매 해와 공기가 그 구멍의 연기로 말미암아 어두워지며(계 9:1-2)

다섯째 천사가 나팔을 분다. 그러자 별 하나가 땅에 떨어진다.

'별' 이 하늘에서 떨어지는 모습은 한때 진리를 소유했던 사람이 타락했음을 의미한다. 그에게는 무저갱의 열쇠가 있다. 그는 타락한 다른 별들과 함께 있다. 마귀는 그들의 편을 들도록 허용된다. 그들은 끔찍한 불평불만과 험담의 '연기' 를 피워낸다. 진리는 점점 더 어두워진다. 이로 인해 '공기' 도 악영향을 받는다. 모든 사람이 떨어진 별과 그의 거짓말을 믿는다. 해, 곧 교회의 추기경들은 이들에 대항하여 일어나는 거짓 고소자들의 무리로 말미암아 어두워진다. 오, 지옥의 구덩이여, 너의 마지막 불을 내뿜는구나. 필요한 모든 재앙이 찾아오기까지 나의 주님이 이 일을 허락하셨다.

그러나 우리는 떨어진 별에 관해 이야기하는 본문의 장면이 가지는 또 다른 의미를 보게 된다.

이 재난은 겉보기에는 매우 끔찍하다. 그러나 실제로는 엄청난 축복의 시작이기도 하다. 별이 떨어진다. 더 이상 아무런 빛도 남아 있지 않다. 그에게 '무저갱의 열쇠' 가 주어진다. 보이는 것들이란 오직 불결한 악취와 사악한 연기뿐이다. 가장 불길한 유혹들이다. 여기에 바로 인간의 온갖 불행이 모여 있는 '엄청난 용광로' 가 있다. 이 모든 일은 나이에 상관없이 안식을 추구하고 하나님의 충만한 안식을 구하는 사람에게 일어난다.

> 또 황충이 연기 가운데로부터 땅 위에 나오매 그들이 땅에 있는 전갈의 권세와 같은 권세를 받았더라 그들에게 이르시되 땅의 풀이나 푸른 것이나 각종 수목은 해하지 말고 오직 이마에 하나님의 인침을 받지 아니한 사람들만 해하라 하시더라(계 9:3-4)

본문에서 전개되는 사건 속에 계신 하나님의 모습을 보노라면, 우리는 마치 하나님을 오로지 파멸만을 생각하고 계신 분으로 여길 수도 있다. 하나님은 마치 진리를 세우시기보다는 이를 소멸시키시는 분인 듯하다. 이 모든 일은 당신의 주님이 드러내시는 솜씨다. 하나님으로서 그분은 대체로 이런 방식으로 행하신다.

오, 인간들이여! 하나님이 영혼들을 다루시는 방식을 헤아릴 수 있다고 생각하는 당신은 얼마나 어리석은가! 또한 뭔가 당신이 이해할 수 없는 일이 생기면 그 일은 결코 하나님이 행하시는 것이 아니라고 믿는 당신은 얼마나 맹목적인가! 당신은 가장 무식한 사람들을 대하는 것보다도 오히려 하나님을 대하는 태도에 있어서 훨씬 더 서투르다. 당신은 최소한 지구상에는 당신이 모르는 일들에 관해 잘 아는 사람들도 살아간다는 사실을 인정할 것이다. 그러나 당신은 이와 동일한 이치를 하나님에게는 적용하려 들지 않는다.

주님은 '황충들'을 금하시고 '해하지' 못하도록 하신다. 그러나 '이마에 하나님의 인침을 받지 아니한 사람들'은 해하여도 좋다고 허락하신다. 우리가 알아야 할 것이 있다. 인간 안에는 두 개의 생명이 있다. 하나는 육적인 생명이고, 다른 하나는 하나님의 성품으로 인침을 받은 생명이다. 하나님의 인침을 받은 영혼은 순전하며 주님 안에서 온전하다. 그러나 타락하고 육적인 인간, 다시 말해 죄인은 결단코 사함을 받지 못할 것이다. 그러나 만일 그들이 하나님의 종들의 몸이나 혼을 해한다면, 그들의 영은 역병으로 전멸당한 경우보다도 훨씬 더 자유로울 것이다.

> 그러나 그들을 죽이지는 못하게 하시고 다섯 달 동안 괴롭게만 하게 하시는데 그 괴롭게 함은 전갈이 사람을 쏠 때에 괴롭게 함과 같더라 그 날에는 사람들이 죽기를 구하여도 죽지 못하고 죽고 싶으나 죽음이 그들을 피하리로다(계 9:5-6)

고독과 시련의 '시기'를 지나는 동안에, 사람들은 죽기를 구해도 죽을 방도를 찾지 못할 것이다.

〔오, 하나님! 이런 사람에게는 죽음조차도 얼마나 큰 위로가 되는지요!〕

그러나 그 영혼은 천 번의 죽음을 두려워하는 것보다는 오히려 하나님을 불쾌하게 해드리는 것을 훨씬 더 두려워한다. 그가 죽음을 원하는 것은 괴로움을 모면하기 위해서가 아니라 죄를 피하기 위해서다. 오, 이 상태를 통과하는 인간들이여! 잘 견뎌내라! 그러면 당신은 마침내 바라던 위로가 지혜와 연합된 진리를 통해 임하는 모습을 보게 될 것이다. '죽음' 은 가까이 다가오기는커녕 마치 '피해 달아나는' 것만 같다. 왜냐하면 영혼이 죽음을 두려워하지 않기 때문이다. 그러나 실제처럼 보이는 죄는 온갖 비탄을 불러들인다. 오히려 죽음이 훨씬 더 큰 유익으로 여겨진다. 영혼이 구원을 바라면 바랄수록 악은 점점 더 증가한다. 이런 상태는 영혼이 자신의 남은 생애를 하나님께 온전히 굴복하는 법을 배울 때까지 지속된다.

이제는 본문을 또 다른 관점으로 바라보도록 하자. 이 말씀이 주님의 몸 된 교회 안에 존재하는 평균적인 하나님의 종들에 관해 언급한다고 볼 수는 없을까? 그들은 치명적인 말에 찔리고 상처를 입었다. 전갈은 권세를 얻어 다섯 달 동안 그들을 괴롭힐 수 있게 되었다. 그러나 전갈이 그들을 죽이지는 못할 것이다. 그들로 하여금 죽음으로 인해 죄를 범하고 초조하도록 만들 수도 없을 것이며, 그들을 자연적인 죽음으로 죽일 수도 없을 것이다. 그럼에도 불구하고 하나님은 수많은 주님의 종들을 구원해 주실 것이다. 주님은 그들이 최대한 고통을 당하도록 내버려 두시지만, 결코 죽이지는 않을 것이다.

바울은 자신에 관해 다음과 같이 말했다(고후 6:9). "우리가 살아 있고 징계를 받는 자 같으나 죽임을 당하지 아니하고." 주님은 이 모든 것이 참되다고 말씀하신다. 또한 이 모든 일이 하나님의 교회와 하나님의 종들의 삶 속에도 그대로 일어나야 한다고 말씀하신다.

> 황충들의 모양은 전쟁을 위하여 준비한 말들 같고 그 머리에 금 같은 관 비슷한 것을 썼으며 그 얼굴은 사람의 얼굴 같고 또 여자의 머리털 같은 머리털이 있고 그 이빨은 사자의 이빨 같으며 또 철 호심경 같은 호심경이 있고 그 날개들의 소리는 병거와 많은 말들이 전쟁터로 달려 들어가는 소리 같으며 또 전갈과 같은 꼬리와 쏘는 살이 있어 그 꼬리에는 다섯 달 동안 사람들을 해하는 권세가 있더라 그들에게 왕이 있으니 무저갱의 사자라 히브리어로는 그 이름이 아바돈이요 헬라어로는 그 이름이 아볼루온이더라(계 9:7-11)

본문에서 하나님은 황충들의 모양을 묘사하기를 기뻐하신다. 황충들의 모양은 너무나도 경탄스럽다. 우리는 본문에 묘사된 장면을 전반적으로 마지막 때의 세상에 관한 것이라고 볼 수 있다. 혹은 각각의 신자들에게 일어나는 일과 그들의 삶을 향한 하나님의 계획이라고 이해할 수도 있다. 아무튼 본문에는 소스라치게 놀랄 만한 것은 조금도 없다. 하나님의 종들을 괴롭히도록 되어 있는 황충들은 마치 '전쟁을 위해 준비한 말들' 과도 같다. 그들이 유례를 찾아볼 수 없는 최악의 끔찍한 전쟁을 치르게 된다는 것은 틀림없는 사실이다. 앞으로 어둠의 세력들과 내면적인 사람 사이에 전례 없던 최고로 강력한 전쟁이 벌어질 것이다.

이런 방식은 수세기에 걸쳐 변함없이 지속되었다.

그들의 머리털은 마치 여자의 머리털과도 같다. 이는 그들이 거짓으로 꾸며낸 감미로움을 지니고 있음을 의미한다. 그들은 순진한 사람들을 올무에 걸려들게 하고, '방관자들'의 마음을 자신들의 이상한 관점으로 현혹시킨다. 그러나 그들은 사자의 이빨을 가지고 있고, 그들에게 이빨이 있음을 알았을 때는 이미 너무 늦어 버렸다. 그들은 순진한 사람들을 이빨로 잔인하게 물어뜯는다.

본문에는 '철 호심경'이 언급된다. 그들은 온갖 거짓으로 스스로를 은폐한다. 이 거짓들은 그들을 결코 정복해낼 수 없는 자들로 만든다. 그들은 부상당할 것을 두려워하지도 않고 무참히 공격하고 상처주고 때려눕힌다. '그들의 날개들이 내는 소리'는 그들의 명성을 일컫는다. 그들은 도처에 퍼진 명성으로 말미암아 수많은 사람들을 얻게 된다. 그들의 날개들의 소리는 마치 병거와 많은 말이 전쟁터를 향해 내달리는 소리와도 같다. 모든 사람의 눈에 그들은 마치 하나님의 목적을 수호하려는 열정으로 무장한 것처럼 보인다. 그들은 자신들의 성공과 다른 이들의 패배를 큰 소리로 외쳐댄다. 또한 그들을 위하는 것이 곧 하나님을 위한 것이라고 말하면서 그들 편에 서는 것이 얼마나 유익한지에 관해 큰소리친다. 그들은 자신들의 성공을 들먹이면서 증거를 삼으려고 한다.

그러나 그들의 얼굴은 사람처럼 보이는 데 반하여, '그들의 꼬리'는 마치 전갈과도 같다. 그들이 얼굴만 보여 줄 때 꼬리는 숨겨져 있기 때문에 보이지 않는다. 이 얼마나 위험한 것인가! 그 피해가 얼마나 막심하겠는가! 그러나 하나님이 그들에게 권세를 허락하신 목적은 주님의 종들을 성화시키기 위해서다.

물론 그들에게 권세를 주신 분은 하나님이시다. 하지만 그들을 선동해서 행동하게 하는 자는 바로 무저갱의 사자다. 그는 하나님의 종들을 모두 죽이고 싶어 한다. 그들은 하나님이 주님의 종들을 하나님 나라를 확장하고 사탄의 왕국을 멸망시키는 도구로 사용하실 것임을 잘 알고 있다. 그는 주님의 종들을 지면에서 완전히 제거하려고 안간힘을 쓴다. 그러나 그들을 없애 버리기는커녕 오히려 그들 안에 남아 있던 하나님께 반항하려는 마음만 제거하는 결과를 초래할 뿐이다.

첫째 화는 지나갔으나 보라 아직도 이 후에 화 둘이 이르리로다(계 9:12)

이토록 심한 악행들을 목격하면서 과연 이것이야말로 끝이라고 믿지 않을 사람이 도대체 어디 있을까? 그들이 이 지점에서 끝마쳐준다면 우리로서는 정말 행복한 일이리라.

〔오, 하나님, 주님은 참으로 무자비할 만큼 잔인하신 분입니다. 당신의 잔혹함이 나타났습니다. 그러나 잔혹함이 모습을 드러내면 드러낼수록, 오히려 그 안에는 무한한 자비가 감추어져 있습니다. 겉모습은 더할 나위 없이 잔인하지만 실제로는 감미로움으로 가득 차 있습니다.〕

여섯째 천사가 나팔을 불매 내가 들으니 하나님 앞 금 제단 네 뿔에서 한 음성이 나서 나팔 가진 여섯째 천사에게 말하기를 큰 강 유브라데에 결박한 네 천사를 놓아 주라 하매 네 천사가 놓였으니 그들은 그 년 월 일

시에 이르러 사람 삼분의 일을 죽이기로 준비된 자들이더라(계 9:13-15)

여섯 번째 천사가 죽음을 알리는 나팔을 분다. 이제까지 일어났던 모든 일은 죽음을 준비하는 서곡이었다. 죽음은 아직 이르지 않았다. 이 죽음이 당도하지 않는 한, 진리는 결코 사람들 앞에 가시적으로 나타나지 못할 것이다. 명령하는 한 음성이 금 제단으로부터 들려온다. 금 제단에서는 최후의 희생, 가장 끔찍하고 가장 이상스런 희생이 치러져야 한다.

〔오, 의로우신 하나님! 주님은 너무나도 잔혹한 분입니다! 주님이 원하시는 것은 오직 죽음뿐입니다. 그러나 주님은 오직 하나님께만 관심을 두는 사람에 대해서는 얼마나 친절하고 사랑스럽게 대해 주시는지요. 주님은 자신의 이익을 구하는 일에는 관심이 없는 사람, 누가 보더라도 잔혹하기 그지없는 현실을 사랑하고 축복하고 예배하며 살아가는 사람에게는 너무도 친절히 대해 주십니다. 주님이 사용하시는 방법은 거칠고 잔인하지만, 나중에 주님의 잔인함은 봇물처럼 터져 나오는 기쁨으로 변화됩니다.

오, 잔인함의 신비여! 사랑과 감미로움의 신비여! 그 누가 이를 이해할 수 있겠습니까? 주님께서 가장 최소한의 관대함을 베푸시는 사람이야말로 때때로 가장 행복한 사람입니다. 오, 하나님의 의로우심이여! 우리가 주님을 두려워하는 것은 주님은 알 수 없는 분이기 때문입니다. 주님은 순결한 사랑의 나라에 대항하는 사람들에 대해서만 잔인함을 나타내 보이십니다. 그러나 주님은 더 이상 자기를 사랑하지 않는 사람들에 대해서는 자비와 은혜를 베풀어 주십니다. 자기 사랑이 없는 자들은 순결한 사랑에 대해 저항할 수 없기 때문입니다. 여전히 주님을 두려워한다면 아직도 순전한 사랑과는 너무나 거리가 먼 사람입니다.

오, 의로우신 하나님이시여! 최고로 뜨거운 열정을 품고 당신을 사랑하지 않는 사람은, 누구든지 아직도 자기 자신에 대해서 자유롭지 못한 자입니다! 아무리 스스로를 자유로운 자로 여긴다 할지라도 말입니다. 주님의 극심할 정도로 가혹하게 표현되는 거룩한 의로우심도 매력과 감미로움을 느끼는 마음 안에만 거하십니다.]

신자들 중에는 감미로운 사랑을 필요로 하는 이들이 있다. 그들은 자신들이 좋은 대우를 받는다고 생각한다. 그러나 오직 고난만 겪는 신자들도 있다. 그들은 자신들이 불쌍히 여김을 받아야 한다고 생각한다. 사랑이 내포하는 가장 위대한 감미로움은 아무것도 받지 않는 것이다.

이제까지 들이닥친 온갖 괴로움에도 불구하고 아직 죽음에까지 이르지는 못했다. 왜냐하면 '이 천사들이 결박되어 있기' 때문이다. 이제까지 영혼은 언제나 강력하고 활기찬 모습으로 포기를 지속해 왔다. 다시 말해, 영혼이 고난을 통해 얻은 모든 유익은 스스럼없는 복종이었다. 영혼은 죽음을 원했고, 죽기로 혹은 죽지 않기로 단호히 결심했다. 그녀는 죽음을 두려워하게 된 순간에 죽음을 피할 수 없는 운명으로 받아들였다. 죽음을 기꺼이 받아들일 때 그녀는 죽지 않기로 체념한다. 그녀는 자신이 구원을 받았다고 생각한다. 지금 영혼은 이 모든 일이 훨씬 더 가혹한 또 하나의 전쟁을 치루기 위한 준비과정에 불과했음을 깨닫고 깜짝 놀란다. 이제까지 경험한 것은 단지 감미로운 침묵과 안식에 불과했기 때문이다.

신자에게 있어서 깜짝 놀랄 만한 일이 한 가지 있다. 고난도 오래 지속되면 견딜 만하다는 사실이다. 사람은 고난에도 익숙해진다. 그러나 하나님은 우리를 견고케 하기를 원하신다. 그래서 우리가 고난에 익숙해진 순간에 하나님은 고난을 중단시키신다. 주님은 큰 안식을 주심으로써 또 다른 고난을 위해 효과적으로 준비할 수 있게 하신다. 첫 번째 포기로 당한 손실은 온전치 못하다. 그 안에는 여전히 악의와 거역, 분노가 담겨 있기 때문이다. 이러한 악의와 거역과 분노는 영혼이 저항하면 할수록 오히려 악화될 뿐임을 깨닫게 될 때까지 지속된다. 신자가 굴복함에 따라 그것들은 점점 줄어들다가 결국 사라지고 만다. 이제 포기는 점점 더 강력해지고 광범위해진다. 지나칠 정도로 포기한 상태가 되었을 때 비로소 영혼은 그로 인한 고통에서 온전히 벗어날 수도 있다.

그러나 이보다 훨씬 더 위대한 포기도 있다.

보다 위대한 포기는 마치 강물과도 같아서 당신을 무자비하게 운반해 간다. 그러나 동시에 그 강물은 당신을 인도해주는 역할도 한다. 이 강물은 일종의 배와도 같아서, 당신이 뛰어내려 물에 빠져 죽은 지점에서부터 점점 더 갈수록 깊은 수심 속으로 항해해 간다. 이런 식의 포기가 없다면, 우리는 결코 자기를 떠나지 못한다. 그렇게 되면 우리는 언제나 소유주로서 살아갔을 것이다. 의식적인 포기로 인한 손실이 없는 한, 우리는 결코 하나님 안에서 온전히 자기를 잃어버릴 수 없다. 우리는 포기함으로써 광대한 하나님이라는 대양 한복판을 항해해 간다. 그러나 만일 우리가 의식하는 것을 포기하지 않는다면, 하나님 안에서의 철저한 자기의 상실도 불가능해진다.

다행스럽게도 포기로 인한 손실이 이전의 분노와 비탄을 불러일으키는 것은 아니다. 주님은 우리에게 포기했다는 사실을 망각할 수 있는 특별한 능력을 부어 주실 것이다. 그러나 주님이 언제 어떤 방법으로 그러한 능력을 주시는 걸까?

"그 년 월 일 시에 이르러." 이것이야말로 주님이 이 일을 위해 정하신 것이다.

〔나의 하나님, 이 말씀은 얼마나 아름다운지요! 또한 이 구절들은 얼마나 놀라운 사실들을 내포하고 있는지요!〕

이 말씀은 우리에게 유례를 찾아볼 수 없을 만큼 경탄스러운 섭리를 보여 준다. 하나님의 인도하심에 전적으로 순종하며 살아가는 영혼은 이처럼 놀라운 섭리를 발견하게 될 것이다. 이러한 주님의 섭리로 말미암아 영혼은 만사를 올바른 때에 하나님의 뜻과 자신의 갈망에 맞추어 적절히 행할 수 있을 것이다. 영적인 삶에서 만나는 온갖 위험들은 우리가 하나님의 도우심 없이 성장하기를 원하는 까닭에 초래되는 것들이다. 우리는 모든 일을 하나님께서 정하신 때에 하나님에 의해 행해야 한다. 따라서 우리는 인내심을 가지고 정확한 때와 시간과 순간을 기다려야 한다.

이렇게 함으로써 영혼은 의식적인 포기를 망각한 채 진정한 죽음 속으로 들어가게 된다.

마병대의 수는 이만 만이니 내가 그들의 수를 들었노라 이같은 환상 가운데 그 말들과 그 위에 탄 자들을 보니 불빛과 자줏빛과 유황빛 호심경

이 있고 또 말들의 머리는 사자 머리 같고 그 입에서는 불과 연기와 유황이 나오더라 이 세 재앙 곧 자기들의 입에서 나오는 불과 연기와 유황으로 말미암아 사람 삼분의 일이 죽임을 당하니라 이 말들의 힘은 입과 꼬리에 있으니 꼬리는 뱀 같고 또 꼬리에 머리가 있어 이것으로 해하더라 (계 9:16-19)

이 영혼들을 압도하기 시작한 온갖 종류의 악함은 끝도 없이 증가한다. 한 무리의 군대가 온다. 그 군대는 날마다 갈수록 강력해진다. 문젯거리들은 안팎으로 에워싸면서 마치 바닷가의 모래알처럼 많고 늘어난다. 하루가 지나면 또 하나의 새로운 문제가 불거져 있음을 보게 된다. 그들에게 반대하는 사람들의 수도 점점 더 증가한다. 하나님께 전적으로 위탁된 영혼들에 대해 자연과 지옥과 사람들이 대항해 온다. 전쟁하기 위해 도착한 이들은 '불꽃 빛깔의 호심경'을 가지고 있다. 이는 그들이 분노와 불꽃으로 옷 입기 때문이다. 그들은 분노와 불꽃을 마치 경건한 열정인 것처럼 가장한다. 이 호심경은 자줏빛을 띈다. 이는 그들이 자신들을 온통 의로움으로 휘감았음을 의미한다. 마귀는 그들이 올라타는 '말'이다. 그 말의 머리는 사자 모양이다. 말은 강력하여 맹위를 떨치며, 다른 이들을 선동해서 하나님을 섬기는 사람들을 죽이도록 부추긴다. 불과 유황은 오직 지옥에서 올라올 수 있는 것이고 거센 핍박을 가리킨다. 연기는 핍박으로 인한 소음이다. "그들의 꼬리는 뱀 같다." 이는 그들이 타격을 가한다는 사실을 숨기기 위해 교활하고 교묘한 술책들을 사용하기 때문이다.

영혼은 모든 종류의 도움을 박탈당한 채 온갖 악함에 에워싸여 있다. 지옥의 맹렬함은 걷잡을 수 없을 것만 같다.

〔오, 하나님! 과연 우리가 어디로 갈 수 있겠습니까? 피해 달아날 만한 곳이 아무 데도 없습니다.〕

오, 도움의 손길을 찾지 못하고 그대로 머물러 있는 사람들은 얼마나 행복한가! 그들은 진정한 죽음을 경험한다. 도움과 지원을 받는 사람들은 많은 것을 잃는다. 오, 하나님의 손에 전적으로 위탁되지 못한 영혼이 받을 해악에 관해 우리가 미리 알았더라면 얼마나 좋았을까! 그들은 구원을 받기는커녕 오히려 잃어버리고 만다.

> 이 재앙에 죽지 않고 남은 사람들은 손으로 행한 일을 회개하지 아니하고 오히려 여러 귀신과 또는 보거나 듣거나 다니거나 하지 못하는 금, 은, 동과 목석의 우상에게 절하고 또 그 살인과 복술과 음행과 도둑질을 회개하지 아니하더라(계 9:20-21)

이 모든 일은 언젠가 때가 되면 그대로 이루어질 것이다. 본문에는 두 가지 사항이 언급된다. 하나는 죄인들의 회개다. 다시 말해 이는 불경건한 사람들을 향하여 믿음을 회복하라는 부르심이다. 다른 하나는 _____ 의 죽음이다. [빈 칸에 해당하는 단어는 번역할 수 없는 것으로서, 불어로 '소유권' (propriete)에 해당하는 말이다. 잔느 귀용은 종종 '자기의 소유권' 이라는 의미를 지닌 이 말을 사용하곤 한다. 무언가를 소유하고 싶은 갈망을 뜻하는 이 단어는 매우 광범위한 뜻으로 사용된다.] 이 부르심을 가로막기 위해 마귀는 우상숭배자들을 강화시키고, 죄인들의 마음을 강퍅하게 하며, 영성(경건함)에 대항하여 싸움을 벌이도록 부추긴다. 마귀가 의에 맞서 싸움을 함에 따라 점점 악해지고, 경건한 사람들은 싸움에 말려들어 죽임을 당한다. 악한 자들에게는 훨씬 더 강력한 힘이 요구된다. 이는 하나님이 성도들에게 지정해 두신 역경들과 그들의 대적들의 범죄를 종식시키는 정한 때가 이르기까지 지속될 것이다.

고난을 당하면서도 진리 가운데로 들어오지 않는 사람들은 자신들의 행위와 손으로 행한 일들을 회개하지 않는다. 그들은 괴로워하지도 않는다. 이제 그들은 무시무시한 전쟁들, 험난한 고난들, 끔찍한 기근들을 당하게 될 것이다. 그럼에도 불구하고 여전히 그들 중 대다수는 계속해서 마음이 강퍅해질 것이다. '자기의 소유권'을 굳게 지키는 사람들은 성도들을 핍박함으로써 자신들의 육체적인 행위들을 더욱더 강화시킬 것이다.

(당신은 반드시 자기에 대해 죽어야 한다. 그래야만 육신의 감각을 잃고 진리 가운데로 들어갈 수 있다. 자기에 대해 죽지 않으면, 당신은 갈수록 점점 당신 자신의 행위에 집착하는 모습으로 살아가게 될 것이다. 그렇게 되면 당신은 오직 하나님께만 돌아가야 할 공로를 가로채는 사람이 되고 만다. 진리보다 거짓을 더 사랑하는 사람이 되는 것이다. 다시 말해 귀신을 예배하는 자가 된다.)

어떤 이들은 돈을 움켜쥐고는 놓지 않으려 한다. 또 다른 이들은 명예, 또 다른 이들은 자기 자신에 대해 집착한다. 한편 어떤 이들은 비현실적이고 가상적인 덕목과 우상들을 굳게 붙잡는다. 듣지도 못하며 그들을 인도해 주거나 가르침을 줄 수도 없는 우상들 말이다.

우리는 세상이 회개치 않는 모습을 본다.

〔오, 하나님! 이 얼마나 심각한 타락입니까! 주님의 교회에 자비를 베풀어 주옵소서! 마음 깊은 곳에서부터 진정으로 주님을 경배하는 이들에게 대항하는 목소리들이 높아지고 있습니다. 그들은 싸움에 말려들고 핍박을 당합니다. 그러나 마음이 깨끗하지 못하고 시기와 간음과 증오에 가득 찬 사람들에 대해서는 아무도 반대의 소리를 드높이지 않습니다.

어떤 이들은 심지어 성인으로 추대되었습니다. 또 어떤 이들은 존경을 받고 박수갈채를 받습니다. 반면에 수치를 당하고 인간 망종으로 취급받는 사람들은 순전한 사랑으로 불타오릅니다. 그들은 영광과 명예와 사람들의 존경을 멀리하고 오직 하나님만을 바라봅니다. 하나님만이 그들의 유일한 목표이기 때문입니다! 악이 선해지고 선이 악해집니다!〕

요한계시록
10장

내가 또 보니 힘 센 다른 천사가 구름을 입고 하늘에서 내려오는데 그 머리 위에 무지개가 있고 그 얼굴은 해 같고 그 발은 불기둥 같으며 그 손에는 펴 놓인 작은 두루마리를 들고 그 오른 발은 바다를 밟고 왼 발은 땅을 밟고(계 10:1-2)

아무리 고난이 잔인하고 이상하게 보일지라도, 온갖 유익은 고난으로 말미암아 찾아온다. 고난이 우리를 이끌어 실망의 늪으로 데려가는 순간이야말로, 우리가 가장 위대한 부요에 가까워지는 때다. 최후의 재난은 해결책을 찾을 길이 없는 것 같다. 하나님의 종들과 진리를 추종하는 사람들은 거짓의 승리와 통치에 편승하는 자들에 의해 죽임을 당했다. 죄악은 점점 더 강력해지고, 이 땅에서 덕은 자취를 감추고 말았다. 심지어 하나님조차도 덕 있는 사람들을 쫓아내심으로 마치 이런 상황을 조장하고 계신 것만 같다. (여기에는 어떤 하나의 진리가 존재한다. 주님은 주님으로부터 말미암지 않은 모든 육체적인 소욕을 철저히 소멸시키기 원하신다.)

오, 죽음이여, 불행이여, 상실이여, 절망이여, 얼마나 선한 것들이 너희들로부터 나오는지 모르겠구나! 너희들은 생명과 기쁨, 소유와 구원을 가져오는구나!

파멸 후에 강하고 힘센 천사가 찾아온다. 무엇이 그보다 더 강할 수 있으랴! 그 어떤 세력도 이 천사에 비하면 지극히 약할 뿐이다. 여기서 우리는 진리, 곧 거룩한 진리를 본다. 이 진리가 내려왔고 진리의 책이 이 땅에 내려와 사람들에게 발견되었다.

오, 진리여! 지금 이 순간까지 줄곧 무시당하고 매장되고 결박되고 은폐된 진리여, 이제 진리가 세상에 알려지려 하는구나! 이 천사는 '구름을 입고' 있다. 이런 모습은 우리에게 한 가지 사실을 일깨워준다. 이 세상에서 진리가 아무리 분명해 보일지라도 언제나 어느 정도의 구름을 수반한다는 것이다. 하지만 천국에서는 그렇지 않다.

천사의 '머리 위에 무지개'가 있었다. 이는 보편적인 화해와 변함없음을 보여 주는 상징이다. 또한 인간을 위한 하나님 편에서의 완전한 평화와 확고부동함을 의미하는 것이기도 하다. 오류와 거짓으로 이 땅에 하나님의 진노가 임했다. 이제 곧 진리가 평화와 고요, 기쁨을 가져올 것이다. 오, 평화여! 평화를 짓밟기 위해 싸움은 얼마나 맹렬했는가! 평화를 모욕하는 말은 어찌나 극심했는가! 그러나 평화는 반드시 승리할 것이다.

이 힘센 천사의 '얼굴'은 마치 '해'와도 같다. 진리가 오류와 거짓의 어둠을 흩었기 때문이다. 마치 낮이 밤을 쫓아내듯이 말이다. 모든 어둠과 밤은 태양의 부재에서 말미암는다. 태양이 떠 있는 동안에 낮이 찾아오는 것과도 동일한 이치다. 온갖 오류와 헛소리들, 무지는 진리의 부재로 야기된다. 이와 마찬가지로 모든 빛은 진리의 임재와 함께 찾아온다.

천사의 '발' 은 마치 '불기둥' 같다. 이 모습은 진리가 확고하고 변함없는 사랑에 기반을 두고 있음을 의미한다. 천사가 손에 든 책은 이 진리가 가시적으로 나타나는 것을 의미한다. 또한 천사가 땅을 밟는 모습은 이 진리가 반드시 온 천하에 알려져야 함을 뜻한다. 이 진리는 내적으로 외적으로 모든 곳에 알려져야 한다.

> 사자가 부르짖는 것 같이 큰 소리로 외치니 그가 외칠 때에 일곱 우레가 그 소리를 내어 말하더라 일곱 우레가 말을 할 때에 내가 기록하려고 하다가 곧 들으니 하늘에서 소리가 나서 말하기를 일곱 우레가 말한 것을 인봉하고 기록하지 말라 하더라(계 10:3-4)

진리는 사자처럼 매우 강력한 목소리로 선포될 것이다. 사자이신 주님이 진리를 세상에 가시적으로 나타내실 분으로 선택되셨다. 진리의 목소리가 세상 구석구석 어디에서나 외쳐질 것이다. 그러나 진리를 알리는 이 천사가 온 땅에 진리를 선포하는 동안에, 진리의 '일곱 우레' 소리가 들려온다. 비록 천둥소리가 모든 곳에서 울려 퍼질지라도, 그 소리를 분명하게 알아들을 수 있는 자들은 오직 요한과 하나님께서 그 소리를 들려주시기 원하는 소수의 사람들에 불과하다.

진리에는 두 가지 사실이 내포되어 있다. 하나는 모든 사람이 알 수 있도록 공표되어야 한다는 것이고, 다른 하나는 반드시 인봉되고 숨겨져야 한다는 것이다. 세상은 진리를 취할 수 없기 때문이다. 계시를 통해 진리를 알게 된 사람은 반드시 그것을 내면에 간직해야 한다.

오, 고난의 한복판에 숨겨져 있는 진리여! 과연 누가 그 진리를 깨달을 수 있을 것인가? 진리가 드러나고 선포될 때, 들을 수 있는 귀를 가진 사람은 누구인가? 진리는 진리를 계시받은 사람들의 마음속 깊은 곳에 은밀히 감추어져 있다.

진리의 일곱 가지 목소리는 결코 사람들에게 알려져서는 안 된다. 이것들이 은폐된 이유는 인간의 타락 때문이다.

> 내가 본 바 바다와 땅을 밟고 서 있는 천사가 하늘을 향하여 오른손을 들고 세세토록 살아 계신 이 곧 하늘과 그 가운데에 있는 물건이며 땅과 그 가운데에 있는 물건이며 바다와 그 가운데에 있는 물건을 창조하신 이를 가리켜 맹세하여 이르되 지체하지 아니하리니 일곱째 천사가 소리 내는 날 그의 나팔을 불려고 할 때에 하나님이 그의 종 선지자들에게 전하신 복음과 같이 하나님의 그 비밀이 이루어지리라 하더라(계 10:5-7)

천사는 더 이상 시간이 없을 것이라고 한다. 그러나 은폐된 진리를 가시적으로 드러내기 위해서는, 진리를 선포하는 마지막 천사가 나팔을 불어야 한다. 그렇지 않으면 진리는 결코 나타나지 않을 것이다.

이 진리가 말씀한다. 나는 사람들에게 알려질 것이다. 그러나 그들이 내 목소리를 들어도 깨닫지는 못할 것이다. 후일에 사람들은 내 목소리를 듣고 깨닫게 될 것이다. 때가 무르익으면, 내가 그들에게 나의 신비를 깨달을 수 있도록 총명을 줄 것이다. 그러나 내 목소리가 들려지기까지는 아직도 더 많이 기다려야 한다. 나아가 나를 이해할 수 있으려면 훨씬 더 오랜 시간을 기다려야 한다.

> 하늘에서 나서 내게 들리던 음성이 또 내게 말하여 이르되 네가 가서 바다와 땅을 밟고 서 있는 천사의 손에 펴 놓인 두루마리를 가지라 하기로 (계 10:8)

마지막 음성, 곧 여섯 번째 천사의 음성이 희생 제단에서 들려왔다. 이는 마지막 희생 제사를 드리는 음성이기도 하다. 이 음성을 발하시는 분은 다름 아닌 하나님이시다. 오, 하나님의 음성이여! 이 얼마나 무시무시하면서도 감미롭고 매력적인 음성인가! 이와 동일한 목소리가 요한을 향해 천사의 손에서 그 작은 책을 받으라고 명령하신다. 요한에게 명령이 하달된다. 그는 사람들에게 진리를 공표해야 할 사명을 부여받았다.

〔오, 하나님! 주님은 이미 진리를 선포하셨고 지금도 선포하고 계십니다. 그러나 진리가 당면해야 했던 핍박은 얼마나 극심한 것인지요! 또한 앞으로 당할 핍박은 얼마나 심각할지요!〕

> 내가 천사에게 나아가 작은 두루마리를 달라 한즉 천사가 이르되 갖다 먹어 버리라 네 배에는 쓰나 네 입에는 꿀 같이 달리라 하거늘(계 10:9)

우리는 진리를 삼켜야 한다. 영혼은 진리를 받아들이고, 먹고, 꿀

껵 삼켜야 한다. 그런 후에 영혼은 진리에 의해 삼켜진 바가 될 것이다. 우선 진리는 영혼 안에 받아들여져야 하고, 그런 다음에 비로소 다른 사람들에게 주어져야 한다.

체험을 통해 드러나지 않는 것은 무엇이든 참된 빛이 아니다.

우리는 진리를 가르치기 전에 우선 진리 안에 거해야 한다. 요한의 경우와 마찬가지로, 우리는 진리를 들을 뿐 아니라 진리를 이해하고 실제로 체험해야 한다. 그런 후에야 비로소 우리는 다른 이들에게도 진리를 제시할 수 있다.

그러나 진리를 받아서 삼키면 배에서는 쓰고 입에서는 달다. 의지와 관련해서 진리는 너무도 달다. 그렇기에 영혼은 기쁨을 느낀다. 여기서 의지는 입으로 상징된다. 진리를 소통하는 영혼이 누리게 되는 기쁨과 만족은 얼마나 큰 것인지 모른다. 그러나 진리는 배에서는 쓰다. 이는 다른 사람들에게 제시해 주기 위해서 영혼에게 가시적으로 나타난 진리와의 차이점이기도 하다. 그리스도인만의 유익을 위해서 주어지는 진리는 달기만 하다. 그러나 진리가 다른 이들을 위해 주어질 때, 내면의 모든 부분이 고통으로 가득 차게 된다. 얼마나 심한 고통과 피곤과 욕설을 경험해야 하는지 모른다.

바울이 우리에게 확인시켜 주는 사실이 있다. 그는 사랑하는 영적 자녀들이 방황하는 모습을 보았을 때 기꺼이 그들을 해산하는 수고를 감당했다(갈 4:19). 나는 누구든지 이런 체험을 하지 않고도 이러한 고통을 이해할 수 있다는 사람들에게 이의를 제기하고 싶다.

내가 천사의 손에서 작은 두루마리를 갖다 먹어 버리니 내 입에는 꿀 같이 다나 먹은 후에 내 배에서는 쓰게 되더라 그가 내게 말하기를 네가 많은 백성과 나라와 방언과 임금에게 다시 예언하여야 하리라 하더라

(계 10:10-11)

요한은 실제로 진리를 받았을 때 자신의 입에서 꿀처럼 달게 느껴졌음을 인정한다. 그러나 그것을 삼킨 후에 그는 내면적으로 말할 수 없을 정도의 고통스러운 '쓴맛' 을 느꼈다. 바로 그 순간 요한은 많은 나라들 앞에서 예언하라는 명령을 듣는다. 그는 이 진리를 많은 지역에 사는 수많은 민족과 왕들 앞에서 보여 주어야 한다.

성도들은 진리의 지식에 이르기 전에 고난을 겪는다. 그러나 진리의 지식이 성도 자신만을 위한 것이라면, 이는 다른 이들을 도와 주도록 지명된 사도적인 사람들이 견뎌내야 하는 고난과는 비교조차 할 수 없다. 하나님은 다른 이들을 도와 주도록 부르심을 받은 사도적인 사람들로 하여금 훨씬 더 많은 역경과 깊이를 지닌 수많은 단계를 통과하게 하신다. 그들이 당하는 역경은 개인적인 성화에만 신경을 써도 되는 사람들에 비해 훨씬 더 심각하다.

하나님은 그들이 체험의 의미를 밝히 깨닫게 되기를 원하신다. 주님은 그들이 다른 영혼들을 인도할 때 실수하지 않기를 원하신다. 따라서 그들에게는 엄청난 분별력이 주어진다. 이미 그들은 너무도 많은 연약함을 가진 채로 태어났다. 그들은 연약함이 무엇인지를 익히 잘 아는 사람들이다. 그렇기 때문에 이제 그들은 다른 사람들 속에서 어떤 종류의 연약함을 보게 될지라도 결코 놀라는 법이 없다.

예수 그리스도는 우리의 본성을 사용해서 우리에게 가르침을 베풀어 주셨다. 우리가 진정으로 긍휼에 풍성한 사람이 되고자 한다면, 다른 이들의 약점에 동일하게 접촉할 수 있어야 한다.

요한계시록
11장

또 내게 지팡이 같은 갈대를 주며 말하기를 일어나서 하나님의 성전과 제단과 그 안에서 경배하는 자들을 측량하되 성전 바깥 마당은 측량하지 말고 그냥 두라 이것은 이방인에게 주었은즉 그들이 거룩한 성을 마흔두 달 동안 짓밟으리라(계 11:1-2)

사도에게 갈대 하나가 주어진다. 그는 이 갈대를 가지고 모든 것을 공정하고 치우침이 없이 측량해야 한다. 만일 하나님이 보시는 방식으로 만사를 측량하도록 이 갈대가 주어지지 않는다면, 우리는 영혼들을 그들의 말에 의해 판단하게 된다. 또는 좋고 매혹적이고 평온하고 적절한 것을 기준으로 판단한다. 우리는 그들을 우리가 느끼는 것 혹은 느끼지 않는 것에 의해 판단한다. 우리는 이렇게 함으로써 엄청난 실수를 하게 된다. 육체적인 소욕으로 가득 차 있는 영혼은 높이 존경을 받지만, 반면에 가장 위대한 사람임에도 불구하고 극심한 가난에 처해 있다는 이유로 업신여김을 받지는 않은가?

진리 가운데 거하는 영혼은 오직 진리에 입각해서 판단을 한다. 측량하는 갈대라고 부르는 것도 이 때문이다. 지도자들이 간과하고 지나쳐 버린 영혼은 그와 유사한 상태에 처해 있는 사람들에 의해 그 진가가 드러날 것이다. 측량은 하나님의 성전과 제단에 대해서 이루어진다. 얼마나 큰 희생이 치러졌는지, 하나님을 경배하는 모습은 어떠한지, 육체적인 소욕의 상실은 전반적으로 어느 정도나 이루어졌는지 등이 측량된다.

바깥 마당은 측량되지 않는다. 왜냐하면 이미 그곳은 이방인들에게 넘어갔기 때문이다. 하나님은 수많은 사람들이 '바깥 마당' 에서 넘어지는 것을 묵인하신다. 주님은 '바깥 마당' 에 사는 신자가 고난을 통해 자기의 죽음을 통과하기를 원하시기 때문이다.

> 내가 나의 두 증인에게 권세를 주리니 그들이 굵은 베옷을 입고 천이백육십 일을 예언하리라 그들은 이 땅의 주 앞에 서 있는 두 감람나무와 두 촛대니 만일 누구든지 그들을 해하고자 하면 그들의 입에서 불이 나와서 그들의 원수를 삼켜 버릴 것이요 누구든지 그들을 해하고자 하면 반드시 그와 같이 죽임을 당하리라(계 11:3-5)

여기서 요한은 예수 그리스도의 강림에 관해 묘사한다. 본문은 주님이 내적으로든 외적으로든 온 세상을 다스리신다는 것, 또한 주님이 오셨을 때와 오시기 전에 반드시 이루어져야 하는 일이 무엇인지 등에 대하여 언급한다. 예수 그리스도를 통한 구원은 그동안 다소 속박되고 감금된 채 온전히 펼쳐지지 못했다. 그러나 미래의 구원은 어마어마한 정도로, 제한 없이, 충만하게 성취될 것이다. 과거에 그랬던 것처럼 말이다. 앞으로는 만천하에 사는 사람들이 구원에 동참할 것이다.

예수 그리스도는 이 세상에 오셔서 마귀의 제국을 무너뜨리시고 파괴시키셨다. 마귀의 제국은 그동안 수많은 사람의 마음속에서, 무수히 많은 영혼들 안에서 무너져 내렸다. 예수 그리스도께서는 이들에게 온전한 구속의 손길을 내밀어 주셨다. 그러나 아직 이러한 구원이 전 세계적으로 모든 사람에게 실현된 것은 아니다. 여전히 마귀는 사람들에 대한 권리를 장악하고 있다.

그러나 본문에서 우리는 앞으로 마귀가 이 땅에서 완전히 쫓겨날 것임을 알 수 있다. 예수 그리스도께서 땅 끝까지 이르도록 주님의 왕국을 확장시키실 것이다. 그때가 되면 이 땅의 모든 왕들이 주님을 왕으로 인정할 것이다. 그런 후에는 이리와 양들이 더불어 살고, 무저갱의 문은 닫힐 것이다.

하나님은 두 명의 증인을 선택하신다. 주님은 그들에게 힘과 능력으로 옷 입히고 진리를 선포하게 하실 것이다. 두 증인은 굵은 베옷을 입을 것이다. 이는 그들의 외모가 눈에 띄지 않는 평범한 모양새임을 의미한다.

두 증인은 곧 믿음과 순전한 사랑이다. 그들은 모든 사람으로부터 비난을 받는다. 일종의 희생을 치르는 것이다. 믿음은 오직 희생과 함께 살아가고, 순전한 사랑은 오직 자기 부인을 통해서만 존재한다. 두 증인은 그들의 심오한 말씀을 들어야 할 사람들을 향하여 진리를 선포한다.

강력하고 효과적인 말씀은 이에 대항하는 모든 것을 패배시키며, 사람들로 하여금 더 이상 진리에 대해 저항하지 말고 진리 가운데로 들어올 수 있도록 이끈다. 만일 그들이 진리 가운데로 들어오지 않으면, 하나님은 머지않아 그들을 세상에서 취해 가실 것이다.

하나님은 심지어 원수들도 참아주시고 숨겨주시고 심지어 은총까지 베풀어 주시는 듯하다. 그러나 그들은 언젠가는 주님의 입에서 나오는 말씀으로 멸망당할 것이다. 이 종들이 무기로 삼는 것은 오직 파괴시키는 불인 이 말씀들뿐이다.

오늘날 우리는 이런 모습을 조금이나마 목격할 수 있다. 자신을 방어할 수 있는 유일한 무기는 오직 사랑과 믿음뿐인 거룩한 사람들이 선포를 통해 원수들의 말문을 막아 버린다. 하나님은 그들에게 누구라도 결코 저항할 수 없는 말씀을 주신다.

> **그들이 권능을 가지고 하늘을 닫아 그 예언을 하는 날 동안 비가 오지 못하게 하고 또 권능을 가지고 물을 피로 변하게 하고 아무 때든지 원하는 대로 여러 가지 재앙으로 땅을 치리로다**(계 11:6)

한 가지 분명한 사실이 있다. 예수 그리스도처럼 진리를 증언하도록 권능을 부여받은 사람들은, 다른 사람들에 대해서나 자연에 대해서도 놀라운 능력을 행사했다. 그들은 '하늘을 닫아' 사람들에게 위로의 비가 내리지 않게 만들 수 있는 능력도 있다. 이런 사람들 안에서는 은총도 죽음을 이끌어낸다. 그들은 자신들이 선포하는 진리를 입증하기 위해 위대한 기적을 행한다.

여기서 우리가 주목해야 할 사실이 있다. 하나님은 그들이 자아의 죽음을 통과한 후에야 비로소 이러한 권능을 부여해 주신다. 두 명의 특별한 증인이 소유하는 권능은 얼마나 대단한 것인가! 그들은 하늘 문도 닫는다. 또한 은혜와 감미로움의 물을 피로 변화시키기도 한다. 온통 고난과 비참함, 이상한 불행뿐이다. 그들은 원하는 때에 언제든지 자신들보다 연약한 사람들을 온갖 전염병으로 강타한다. 진리의 천사가 다른 사람들에 대해 행사하는 권능은 얼마나 대단한지 모른다. 이 두 증인의 영향 하에서 사람들은 내적으로 외적으로 변화를 경험한다. 이들이 누군가에게 평안을 선포하면, 실제로 매우 심오한 평안이 임한다. 만일 그들이 그 반대의 것을 선포하면, 이제부터 평안은 교란되기 시작한다.

> 그들이 그 증언을 마칠 때에 무저갱으로부터 올라오는 짐승이 그들과 더불어 전쟁을 일으켜 그들을 이기고 그들을 죽일 터인즉 그들의 시체가 큰 성 길에 있으리니 그 성은 영적으로 하면 소돔이라고도 하고 애굽이라고도 하니 곧 그들의 주께서 십자가에 못 박히신 곳이라(계 11:7-8)

예수 그리스도께서 진리를 증언하시자, 무저갱에서 올라온 짐승이 주님께 타격을 가해 왔다. 마귀가 자신의 수하에 있던 사람들을 충동질해서 주님의 생명을 빼앗아오도록 명령했기 때문이다. 진리를 증언하는 사람들은 목숨을 잃는다. 모든 사람의 생각 속에서 그들은 단호히 죽임을 당한다. 그들의 시체는 세상 한복판에 눕혀질 것이다. 이는 그들의 명예가 회복될 가능성이 조금도 남아 있지 않다는 것을 의미한다. 그들의 시체가 누워 있는 곳은 영적인 이집트이자 영적 소돔이다. 그곳은 하나님을 알지 못하는 곳이다. 그곳의 사람들은 이해할 수 없는 방식으로 하나님을 모독한다. 나의 구세주도 바로 그곳에서 죽임을 당하셨다.

이 세상은 애굽에 지나지 않는다. 세상의 환경은 호전적이고 조화와 일치를 혐오스럽게 여긴다. 아울러 세상은 무질서와 악함이 만연한 소돔이기도 하다. 주님의 몸 된 교회를 구성하는 사람들에 관해서 말해도 되겠는가? 교회의 구성원들은 가톨릭신자이거나 비가톨릭 신자들이라고 말할 수 있는가? 내가 보기에 교회도 온갖 종류의 사람들이 모여 있는 일종의 소돔이다. 교회 자체는 지극히 거룩하지만, 교회의 명예를 실추시키는 장본인들은 바로 하나님 집의 자녀들이다. 교회가 교회의 자녀들에 의해 타락해 왔다.

회당의 자녀들이 그들의 주님을 십자가에 못 박았다. 교회의 자녀들은 신실하게 진리를 증거하면서 교회 안에 있는 사람들을 죽일 것이다. 그러나 만일 실제로 이러한 일이 일어난다면, 죽임을 당한 그들의 시체는 길 위에 그대로 남겨진 채로 잔혹한 행위에 대한 증거가 될 것이다.

오, 이것이 바로 사탄의 왕국이다. 지금 사탄은 할 수만 있다면 주님의 몸 된 교회를 무너뜨리기 위해 안간힘을 쓸 것이다. 그러나 사탄의 노력은 물거품이 될 것이다. 지옥의 문은 결코 교회를 이기지 못할 것이다. 아아, 슬프도다! 이 가련한 교회는 위로받지 못할 것이다. 교회의 자녀들이 교회를 경멸하고 떠난다. 그들은 교회의 영을 상실한다. 교회의 품속에서 에서와 야곱의 전쟁이 벌어진다.

오, 교회여! 너는 자녀들을 잃고 슬퍼하는구나! 사랑스런 라헬이여, 너는 없어진 자녀 때문에 애곡하지만 위로받을 길이 없구나! 그러나 기운을 내라. 언젠가는 반드시 너의 자녀들이 세상의 원근 각처에서 몰려올 때가 도래할 것이다. 너는 그들이 너의 식탁에서 함께 식사하는 모습을 보게 될 것이다. 그들이 너의 빵을 먹을 것이며 더 이상 너에 대해 반역을 일삼지 않을 것이다. 나는 너의 자녀들이 전쟁을 했음을 인정한다. 네 안에서 에서는 야곱을 핍박한다. 그러나 머지않아 야곱은 소생할 것이다. 또한 야곱이 영원 전부터 하나님의 사랑을 받았던 것처럼, 너도 그를 영원무궁토록 사랑할 것이다.

기뻐하라, 오, 교회여! 기쁨의 때가 가까워 오도다. 네 비탄의 시기가 막을 내릴 것이다. 너는 모든 사람을 정복하고 너를 통해 야곱이 승리를 거두게 될 것이다. 지금은 비록 하나님이 그를 적대시하는 것처럼 보일지라도, 그는 반드시 하나님과 함께 승리할 것이다. 만일 그가 전쟁하는 동안 계속해서 절뚝거린다면, 이는 후손들에게 그의 승리를 말해 주는 표식에 불과할 뿐이다. 예루살렘이여, 하나님의 교회인 거룩한 도성이여, 너는 수많은 세월 동안 불신자들에게 점령당해 왔다. 그러나 이제 네가 네 울타리 안에서 주님의 자녀들의 모습을 보게 될 날이 점점 다가온다. 예루살렘이여, 너는 번영을 구가하는 도시가 될 것이다!

짐승은 진리를 증언한 이 증인을 파괴하고 죽일 것이다. 그러나 이런 일은 아주 짧은 기간 동안에만 지속될 뿐이다.

백성들과 족속과 방언과 나라 중에서 사람들이 그 시체를 사흘 반 동안

을 보며 무덤에 장사하지 못하게 하리로다 이 두 선지자가 땅에 사는 자들을 괴롭게 한 고로 땅에 사는 자들이 그들의 죽음을 즐거워하고 기뻐하여 서로 예물을 보내리라 하더라(계 11:9-10)

세상의 모든 사람이 이 두 증인을 보고 알게 될 것이다. 다시 말해 사람들은 이 두 증인을 향해 대적하는 말을 퍼부을 것이다. 사람들은 이들의 죽음을 보면서 기뻐할 것이다. 사람들은 진리는 정말이지 견딜 수 없는 것이라고 말한다. 진리가 나라의 왕실이나 사람들의 대화 가운데서 사라진 것도 여기에 있다. 모든 사람이 진리를 피해서 달아난다. 진리를 참고 견디는 사람은 아무도 없다. 이런 사람들은 언제나 이 두 증인의 죽음에 대해 기뻐한다. 그러나 비록 진리가 잠깐 동안 패배한 듯 보일지라도, 진리는 반드시 이전보다 강력한 힘을 지니고 되살아날 것이다.

삼 일 반 후에 하나님께로부터 생기가 그들 속에 들어가매 그들이 발로 일어서니 구경하는 자들이 크게 두려워하더라 하늘로부터 큰 음성이 있어 이리로 올라오라 함을 그들이 듣고 구름을 타고 하늘로 올라가니 그들의 원수들도 구경하더라 그 때에 큰 지진이 나서 성 십분의 일이 무너지고 지진에 죽은 사람이 칠천이라 그 남은 자들이 두려워하여 영광을 하늘의 하나님께 돌리더라(계 11:11-13)

삼일 반 후라는 표현은 이 싸움에서 진리가 패배당한 것처럼 보이는 기간을 말한다. 삼일 반이 지난 후에는 생기와 능력이 죽어 있던 그들 속으로 들어갈 것이다.

진리를 증언하는 사람은 누구나 이와 동일한 운명을 맞이해야 한다. 그들은 반드시 죽어야 한다. 그들이 죽은 지 삼일 반이 지난 후에는, 다시 말해 외부적인 세상에 대해 자아의 죽음을 통과한 후에는, 그들에게 생명을 부여하는 생기가 하늘로부터 임할 것이다. 이렇게 부활한 후에는 하나님께서 친히 그들을 맞아주실 것이다. 마귀와 육체는 더 이상 그들을 공격할 수 없을 것이다.

거의 기대하지 않던 순간에, 하나님은 그들에게 생명을 주실 것이다. 거짓의 아비가 마땅히 그들에게 주어져야 할 생명을 중간에서 가로채기 위해 안간힘을 써왔다. 그들이 받게 될 것은 새 생명이다. 세상은 능히 이 생명을 받지 못한다. 그들이 다시 살아난 이후부터는 진리가 전면적으로 가시화되어 나타날 것이다.

그러나 이와 동시에 큰 지진이 일어났다. 본문의 내용을 뒤에 남겨진 자들과 그들의 내면적인 부분들에 대해 적용해 보도록 하자. 그들은 파멸을 두려워한다. 그들 안에 남아 있던 열등하고 연약한 부분들이 그들의 자연적 생명에서 제거되었다. 일단 만족된 것은 사라진다. 그들은 영적인 생명, 신적인 생명에 만족할 수 없다. 그들은 이러한 생명에 대해서는 전혀 알지 못했다.

이 지진으로 성의 십분의 일이 무너질 것이다. 주님의 몸 된 교회의 십분의 일이 넘어질 것이며, 칠천 명이 동시에 죽임을 당할 것이다. 오, 형언할 수 없는 행복이 죄가 영원히 파괴된 직후에 찾아오는구나! 죄는 기필코 지면에서 깨끗이 사라질 것이며, 모든 사람이 진리를 알게 될 것이다.

〔오, 하나님! 주님이 사람들로 인해 화나거나 모욕당하는 일이 더 이상은 없을 것입니다.〕

오, 육체와 죄와 마귀여! 너희의 제국은 이제 곧 무너질 것이다. 너희 자신을 세우기 위해 사용했던 도구가 오히려 너희를 파멸로 몰아갈 것이다.

둘째 화는 지나갔으나 보라 셋째 화가 속히 이르는도다(계 11:14)

일단 '재앙'이 지나가면 그 후에는 더 이상 재앙이 아니다. 종종 우리를 죽이려는 듯 보였던 것들이 우리를 세워주는 도구가 될 때가 많다. 이 '재앙'은 단지 지속되는 동안에만 불행일 뿐이다. 재앙을 통과하는 시간은 힘들지만 그 결과는 매우 감미롭고 유쾌하다.

일곱째 천사가 나팔을 불매 하늘에 큰 음성들이 나서 이르되 세상 나라가 우리 주와 그의 그리스도의 나라가 되어 그가 세세토록 왕 노릇 하시리로다 하니(계 11:15)

일곱 번째 인이 떼어진다는 것은 일곱째 천사가 형언할 수 없는 기쁨을 선포했음을 의미한다. 오, 고통과 노역과 비탄이여! 진리의 가시적인 나타남으로 너희들이 받을 보상은 얼마나 대단한가! 바울도 이 사실을 너무나 잘 알았다. 그는 현재의 고난은 장차 우리에게 나타날 영광과 비교할 수 없다고 고백했다. 행복을 누리면서 기뻐하라. 너의 눈물은 씻어졌다. (우리가 명심해야 할 것이 있다. 정도의 차이는 있겠지만 묘사된 모든 상황은 진리를 가시적인 형태로 계시받은 신자의 속사람 안에서 그대로 이루어질 것이다.)

요한계시록에 기록된 모든 말씀은 반드시 예언된 대로 성취될 것이다. 신자의 영혼 속에서 내면적으로 외면적으로 이루어질 것이다. 일곱 번째 인이 떼어질 때, 이런 일들이 실제적으로 모든 사람에게 가시적으로 나타날 것이다. 일곱 번째 인이 떼어지는 때는 일곱째 천사가 진리를 선포한 순간이다. 이때 진리는 매우 선명하고 조금도 꾸밈없는 모습으로 드러날 것이다.

그런데 과연 이 진리는 무엇인가?

이 진리는 외면적으로 뿐 아니라 내면적으로도 참되게 실현된 예수 그리스도의 왕국을 말한다.

내면적으로 철저하게 예수 그리스도의 통치를 받는 영혼들은 진리 안에서 살게 될 것이다. 예수 그리스도의 외면적인 통치는 온 세상 전반에 걸쳐 확장될 것이다. 그러나 주님은 외면적으로 뿐 아니라 내면적으로도 통치권을 펼쳐 가실 것이다. 감사하게도 우리가 모든 사람이 예수 그리스도의 다스림에 복종하는 모습을 목격할 수 있다면, 이와 동일한 세기에 우리는 지구상에 살아가는 모든 자의 마음이 주님의 통치와 그분의 뜻에 굴복하는 모습도 보게 될 것이다. 모든 사람이 주님의 영의 운행하심을 좇아갈 것이다. 그런 후에 하나님의 뜻은 하늘에서와 같이 땅에서도 이루어질 것이다. 주님은 세세무궁토록 사람들의 마음과 생각을 다스릴 것이다.

하나님 앞에서 자기 보좌에 앉아 있던 이십사 장로가 엎드려 얼굴을 땅

에 대고 하나님께 경배하여 이르되 감사하옵나니 옛적에도 계셨고 지금 도 계신 주 하나님 곧 전능하신 이여 친히 큰 권능을 잡으시고 왕 노릇 하시도다(계 11:16-17)

예수 그리스도의 통치가 온 세상에 이루어지는 때만큼 거룩한 자들이 기뻐할 만한 순간도 없을 것이다. 그러나 그때가 도래하기 전에 이미 예수 그리스도는 하늘과 땅의 모든 권세를 받으셨다. 그러나 주님은 주님의 권세가 모든 사람의 마음과 생각 속에서 행사될 때에만 확장될 수 있도록 정하셨다. 바로 이런 이유 때문에 주님은 다음과 같이 말씀하셨다. "내가 네 원수로 네 발등상이 되게 하기까지 너는 내 우편에 앉아 있으라." 이 일은 온갖 거역하는 의지들이 주님의 지배를 받게 됨으로 실현된다.

그런 다음에는 모든 사람이 주님의 인도하심을 따라 움직일 것이다. 이는 주님께 복을 받은 자들이 누리는 기쁨이며, 하나님이 피조물로부터 받으실 수 있는 최고의 영광이다.

이방들이 분노하매 주의 진노가 내려 죽은 자를 심판하시며 종 선지자들과 성도들과 또 작은 자든지 큰 자든지 주의 이름을 경외하는 자들에게 상 주시며 또 땅을 망하게 하는 자들을 멸망시키실 때로소이다 하더라 이에 하늘에 있는 하나님의 성전이 열리니 성전 안에 하나님의 언약궤가 보이며 또 번개와 음성들과 우레와 지진과 큰 우박이 있더라(계 11:18-19)

요한은 예수 그리스도의 놀라운 통치에 대해서 언급한 후에 또 다른 장면을 목격하게 된다. 열방이 예수 그리스도의 통치에 대해 분노를 표출하려는 듯하다. 감정적인 면에서 가장 적대적인 사람들은 주님의 통치를 핍박하고 내면의 길을 파괴하는 일에 동의할 것이다. 그들은 걷잡을 수 없이 격동되어 광포를 부릴 것이다. 외관상 하나님은 그들에게 파괴할 수 있는 능력을 어느 정도 부여해 주시는 듯하다. 그러나 그 후에는 하나님의 진노의 날이 도래할 것이다. 하나님은 주님의 통치(내면의 삶)에 대항했던 원수들을 응징하실 것이다. 주님은 깜짝 놀랄 만한 방식으로 그들을 처벌하실 것이다.

그리고 죽은 자들을 심판하는 시간이 임할 것이다. 이는 영적으로 죽은 자들에 대한 심판의 때다. 그들은 명성을 빼앗아간 잔인한 사람들 때문에 극도의 불안감에 사로잡힌 채 살아왔다. 오랜 세월 동안 억압당한 후에, 하나님의 정의로 말미암아 그들이 원수들에게 속한 것이 아니라 진리 가운데에 있었음이 모든 사람에게 알려질 것이다. 나아가 하나님은 '선지자들에게 상을 주시고,' 그들이 선포한 말씀이 진리였음을 입증하실 것이다. 주님은 그들이 걸어 갔던 길이야말로 모든 이들이 따라야 할 참된 길임을 알려주실 것이다.

세상을 타락시키는 것은 두 가지가 있다. 하나는 육체적인 생각이고, 다른 하나는 아집이다. 이 둘은 예수 그리스도의 통치에 대해 끊임없이 저항해 왔다. 육체적인 생각은 우상숭배로 이끌어 갔다. 아집은 모든 죄의 근원이다. 따라서 이 두 원수가 멸절되지 않는다면, 이 세상에 대한 예수 그리스도의 철저하고 온전한 통치는 이루어지지 않을 것이다. 주님이 육체적인 생각과 아집에 대항하는 두 개의 강력한 원수들, 곧 믿음과 순전한 사랑을 세우신 까닭도 여기에 있다. 하나님이 두 증인을 보내시는 목적은 육체적인 생각과 아집이 있는 자리에 믿음과 순전한 사랑을 확립시키기 위함이다.

때가 되면 하나님의 성전의 문이 활짝 열릴 것이다. 온 열방이 하나님의 교회 안으로 들어갈 것이다. 그런 다음에는 하나님의 언약궤가 모습을 드러낼 것이다. (부연 설명하면, 언약궤는 하나님이 사람과 연합하기 위해 과거뿐 아니라 현재에도 계속해서 사용하고 계신 매우 놀라운 방법이다.)

〔오, 하나님! 주님의 진리가 가시적으로 나타날 때, 주님의 가련한 피조물들에게는 얼마나 많은 진리가 계시될 수 있습니까?〕

그러나 이런 일은 번개와 음성과 우레가 하나님의 나라에 저항함으로써 권세들에게 타격을 입힌 후에야 비로소 실현될 것이다. 지금이 권세들은 주님께 예배를 드린다.

또한 때가 이르면 그들의 눈이 열릴 것이고, 그들은 자신들이 진리에 대항하여 싸웠음을 깨닫고 깜짝 놀랄 것이다. 그들은 이제껏 자신들이 거짓과 더불어 싸우는 줄로만 알았던 것이다.

그 다음에 일어날 일에 관해서는, 바울이 좋은 모범을 제시해준다. 최고의 열심을 가지고 진리를 박해했던 사람들일수록 오히려 나중에는 가장 강력하게 진리를 방어하는 사람들로 변화될 것이다.

요한계시록
12장

하늘에 큰 이적이 보이니 해를 옷 입은 한 여자가 있는데 그 발 아래에는 달이 있고 그 머리에는 열두 별의 관을 썼더라 이 여자가 아이를 배어 해산하게 되매 아파서 애를 쓰며 부르짖더라(계 12:1-2)

이 여자는 두 가지 특징적인 의미를 가진다. 두 개의 의미가 모두 진실하다.

첫 번째 의미는 우리 주님을 깊이 아는 지식이 이 땅 위에 태어나야 한다는 것이다. 주님을 깊이 아는 지식은 언제나 하늘에 있었고, 땅 위에 드러난 적이 없었다. 진리의 영은 어느 정도 배척당해 왔다. 이 세상에 진리가 다시 회복되어야 한다. 진리가 순전한 사랑에 의해 이 땅에 드러나야 한다. 두 번째 의미는 주님의 몸 된 교회가 이 진리를 해산하기 원한다는 것이다(이런 일은 오직 내면의 길을 통해서만 가능하다).

이러한 의미들에 의하면, 이 여인은 '해(sun)'를 옷 입는다. 다시 말해 여인은 진리, 곧 이 세상에 가시적으로 나타난 진리에 둘러싸여 있다. 또한 그녀의 발아래에는 달이 있다. 이는 그녀가 불안정함과 요동함을 초월하는 자리에 존재했음을 의미한다. 신자의 영혼이 진리 안에 굳게 서 있을 때, 그 진리의 토대는 결코 변함이 없다. 본문에서 달이 여자의 발밑에 있는 이유도 이 때문이다.

그녀는 해(sun)로 옷을 입는다. 그녀는 온갖 변덕스럽고 변하기 쉬운 빛들을 초월해 있다. 또한 그녀는 머리에 열두 별로 관을 쓰고 있다. 열두 별은 성령의 열두 열매를 말한다. 지금까지 주님을 진정으로 깊이 알았던 영혼은 열두 가지 성령의 열매를 모두 소유한다. 이 여자는 희락, 평안, 인내, 오래 참음 등을 모두 지닌다. 진리가 이 땅에 실현될 때, 사랑이 통치권을 행사할 수 있다. 진리가 있는 곳이라면 어디든 사랑도 함께 있다.

이 여자는 아기를 임신하고 있다. 그녀는 자신이 지닌 열매를 이 세상에서 출산하고 싶어 한다. 이 열매는 의의 열매다. 예수 그리스도는 십자가상에서 의를 해산하셨다. 주님은 극심한 비탄을 느끼셨다. 이러한 의를 출산하기 위한 고통이 얼마나 심각한가! 내면의 삶은 반드시 의를 출산해야 한다. 반면에, 거짓은 불의를 낳는다.

본문의 장면에 이르기 전까지는 불의가 온 세상을 다스린다. 불의는 그 아비인 거짓에 의해 이 세상에 나타났다. 사람들이 하나님의 영광을 도적질하는 이유가 여기에 있다. 그들은 오직 하나님께만 돌려야 할 것을 마치 자신들의 소유인 것처럼 생각한다. 거짓에 의해 초래된 불의로 인해 세상에는 온갖 악함이 만연하게 되었다. 그러나 진리이신 주님이 의를 해산하시자, 사람들은 마땅히 하나님께 드려야 할 것을 하나님께만 돌려 드린다.

이 여자에 대한 두 번째 설명은 다음과 같다. 여자는 주님의 몸 된 교회를 말한다.

교회가 내면의 영을 이제 막 출산하려고 하다. 이는 교회의 참된 성령을 가리킨다. 그녀는 아기를 임신했다. 그녀가 소유한 이 영은 마치 예수 그리스도의 재림과도 같다. 그녀는 고통 가운데서 아기를 해산하려 한다. 해산하기 위해서는 반드시 고난을 통과해야 한다. 그 결과는 매우 고귀할 것이며, 선한 열매가 나올 것임에 틀림없다. 따라서 고난은 더할 나위 없이 확실하다.

지금 이 성령은 아직 교회 내부에만 고립되어 존재하는 듯하다. (어떤 이들은 감동을 받고 바울이 설명했던 신의 계시에 참여하였다. 그러나 이 같은 사람은 지극히 드물다.) 모든 그리스도인이 이 일에 부르심을 받았으나 모두가 부르심에 응답한 것은 아니다. 오히려 부르심에 응답하지 않은 그리스도인들은 내면의 길에 대해 저항했다. 교회는 가지를 점차 뻗어나가려고 할 때 모든 교인 안에 교회의 영을 산출하고 싶어 한다. 이는 포기의 영이요, 동시에 오늘날 사람들에 의해 심하게 배척당하는 하나님의 운행하심을 가리킨다.

> 하늘에 또 다른 이적이 보이니 보라 한 큰 붉은 용이 있어 머리가 일곱이요 뿔이 열이라 그 여러 머리에 일곱 왕관이 있는데 그 꼬리가 하늘의 별 삼분의 일을 끌어다가 땅에 던지더라 용이 해산하려는 여자 앞에서 그가 해산하면 그 아이를 삼키고자 하더니(계 12:3-4)

'용'은 자기 사랑, 곧 거짓의 아비를 일컫는다. 용은 순전한 진리와는 정반대의 입장에 서 있다. 그는 진리에 대해서는 치명적인 원수다. 심지어 하늘에서조차 하나님보다 자신을 사랑했으며, 마땅히 하나님께만 돌려야 할 것을 자신의 몫으로 취하고 싶어 했다.

용은 에덴동산에서는 사람 안에 자신의 독소를 뿜어 넣음으로 사람의 관심이 진리에서 벗어나도록 했고, 결국에는 쫓겨나게 만들었다. 바야흐로 진리가 이 세상에 알려지려 한다. 이와 동일한 용이 오늘날 진리의 출현을 방해하고 이를 집어삼키기 위해 단호한 자세를 취한다. 내면적인 진리가 순전한 사랑을 낳고 순전한 사랑이 삶에 의로움을 가져온다는 사실은 반드시 널리 알려져야 한다.

여기서 말하는 의로움은 피조물인 영혼에게 무언가가 부여되면 그 즉시로 이를 모두 하나님께 돌려 드리는 것을 말한다.

이 용은 '붉은' 빛을 띤다. 이것는 용이 순전한 사랑을 싫어 하기 때문이다. 일곱 개의 머리는 이 세상에 존재하는 치명적인 죄악들의 총합을 가리킨다. 열 개의 뿔은 율법을 위반한다는 것이다. 용은 일곱 개의 머리마다 관을 쓴다. 이는 용이 자신이 들여온 죄를 통해 이 세상을 지배했음을 의미한다.

용은 꼬리로 사람들 중 삼분의 일을 잡아끈다. 그리고 그들 대부분을 자신의 약삭빠름으로 타락시킨다. 교묘함과 교활함을 사용하기 때문에, 용이 품은 증오의 정체는 사람들을 잡아끌고 난 후에야 비로소 드러난다. 이 혐오스런 용이 해산하려는 여자 앞에 서서 그녀가 해산하면 그 아이를 삼키려 한다. 자기 사랑은 불의를 낳으며 의를 집어삼킨다. 자기 사랑은 마땅히 하나님께 돌려 드려야 할 몫을 가로챌 뿐 아니라, 세상의 질서를 뒤엎어 놓는다. 이 끔찍한 용, 곧 루시퍼가 어디서든 자신을 숭배하는 자들을 수없이 많이 거느리는 까닭도 이 때문이다. 용은 그동안 자신이 모조리 제거한 줄 알았던 의가 다시금 회복되는 모습을 목격하면, 온 힘을 다해 그 열매를 파괴하려고 한다. 그뿐 아니라 열매를 산출한 근원 자체를 집어삼키려 한다.

주님의 몸 된 교회가 이 내면의 영을 소생시키기 위해 준비한다. 지금 교회는 온 우주 안에 이 영을 보여 주기 원하며 재생시키고 싶어 한다. 아직 이 영은 교회의 울타리 안에 에워싸여 있다. 지금 교회는 고통스러워 한다. 그녀는 자신의 비탄에 관하여 말하지 않을 수가 없다. 비록 그 원인이 무엇인지는 아무도 알지 못할지라도 말이다. 또한 사람들은 교회가 슬퍼하는 이유는 다른 데 있다고 말한다. 이 용은 그녀가 아기를 낳자마자 집어삼키기 위해 언제나 그녀 앞에서 대기하고 있다. 그러나 용의 노력은 물거품이 될 것이다! 진리가 거짓을 패배시킬 것이다. 순전한 사랑이 자기 사랑을 정복하고, 의는 불의를 이길 것이다.

> 여자가 아들을 낳으니 이는 장차 철장으로 만국을 다스릴 남자라 그 아이를 하나님 앞과 그 보좌 앞으로 올려가더라 그 여자가 광야로 도망하매 거기서 천이백육십 일 동안 그를 양육하기 위하여 하나님께서 예비하신 곳이 있더라(계 12:5-6)

여자가 마침내 아이를 출산한다. 이는 시편 85편 10절에서 다윗이 목격하고 예언한 내용과도 같다.

이 아들은 장차 철장으로 만국을 다스릴 것이다. 그에게 맞설 수 있는 자는 아무도 없다. 모든 민족이 참되신 하나님을 경배할 것이다. 사람들은 자신들의 생각을 진리에 복종시킴으로 마땅히 하나님께만 영광을 돌릴 것이다. 그들은 주님의 놀라우신 인도하심에 전심으로 복종할 것이다.

이 아이가 '하나님 앞으로 올려' 갔다. 이는 하나님이 몸소 의를 보존해 주신다는 것을 의미한다. 열방은 하나님을 위해 의를 소유해야 한다.

아이는 하나님의 '보좌' 앞으로 들려 올라갈 것이다. 모든 나라가 주님을 자신들의 하나님으로 인정할 것이다. 그들은 주님을 모든 권세와 온갖 장점에 의해 에워싸인 분, 마땅히 경배받으셔야 할 분, 인도하심에 전적으로 순종해야 할 분, 자신의 마음과 생각을 온전히 내어 맡길 수 있는 분으로 인정할 것이다.

이 여인은 광야로 추방된다. 광야는 그녀를 위해 준비된 마음이 있는 장소다. 광야는 외로운 자리다. 그러나 진리는 아무도 찾아내지 못하도록 그곳에 감추어져 있어야 한다. 그녀는 그곳에서 천이백육십일 동안 돌봄을 받을 것이다. 오! 대낮의 햇빛보다도 더 진실한 신비여! 이제 너는 마치 아이들을 위한 동화요 우화처럼 여겨지는구나! 마치 백일몽처럼 생각되는구나! 언젠가는 너의 웅장함이 유감없이 드러날 때가 도래할 것이다. 또한 사람들은 이 말씀들에 경외하게 될 것이다. 그런 다음에 사람들은 그 말씀들이 하나님으로부터 비롯되었음을 깨닫게 될 것이다. 그것들은 내 하나님의 명령에 따라 기록되어 왔다. 너는 언젠가 모습을 드러낼 것이다. 너는 마치 모든 여행자에게 밝은 빛을 비추는 등대와도 같이 바닷가에 위치하게 될 것이다. 오, 업신여김을 받은 진리여! 너는 세상에서 미움을 받는구나! 그러나 기필코 너는 그들의 찬양과 아름다움과 빛이 될 것이다.

광야로 도주한다는 것은, 오직 비워진 마음만이 이 진리의 여인을 받아들일 수 있음을 의미한다. 비워진 마음으로부터 믿음이 널리 퍼져나갈 것이다. 겉으로 드러난 믿음의 모습, 믿음의 이미지들이 존재한다. 이 믿음은 세상에서 절대로 사라지지 않을 것이므로, 하나님은 그것을 광야에 두고 돌봄을 받도록 하셨다.

오, 용이여! 믿음의 영을 집어삼키려는 너의 온갖 노력은 허사일 뿐이다. 하나님은 믿음을 이렇게 특별한 방법으로 보호하신다. 믿음은 하나님과 가까운 곳에 보존되어 있다가, 네가 결박당한 후에는 온 세상으로 번져갈 것이다. 그 후에는 한때 세상의 미움을 받던 것이 영광이 되고 의지할 대상이 될 것이다.

하늘에 전쟁이 있으니 미가엘과 그의 사자들이 용과 더불어 싸울새 용과 그의 사자들도 싸우나(계 12:7)

'하늘' 에서의 이 전쟁은 자기 사랑과 순전한 사랑 사이에서 벌어진다. 미가엘은 사랑의 천사다. 미가엘 천사는 사랑 안에 거하는 사람들을 보호할 것이다. 이 전쟁은 매우 낯설고 힘이 든다. 영혼은 마치 전쟁이 벌어지는 하늘과도 같다. 영혼이 심한 고통을 느끼는 것도 이 때문이다. 용은 전력을 다해 스스로를 방어한다. 자기 사랑은 방해꾼이 하나도 없을 때만 해도 마치 조용히 떠난 것만 같았다. 그러나 지금 이 비열한 자기 사랑이 가해오는 타격은 너무나도 강력하다. 따라서 전쟁은 세상에서 유례를 찾아볼 수 없을 정도로 맹렬하다. 이는 최후의 전쟁이다. 미가엘은 소지한 모든 무기를 사용해서 자기 사랑과 맞서 싸운다. 사악한 용도 자신의 가진 모든 것을 이용해서 스스로를 방어한다. 오, 이 얼마나 끔찍하고 소름끼치는 공격인가!

이 전쟁은 세상이 창조될 무렵에 하늘에서 발생했다. 이 전쟁은 오늘날 주님의 몸 된 교회 안에서도 벌어지고 있으며, 순전한 사랑을 받기로 예정되어 있는 모든 신자의 영혼 안에서도 벌어진다. 지금 미가엘과 내면적인 사랑을 추구하는 사람들은 전력을 다해 싸운다. 용도 모든 힘을 다해 자신을 방어한다. 그러나 전쟁들이 끝난 후에는 마침내 내적인 사랑이 승리를 거둘 것이다.

이기지 못하여 다시 하늘에서 그들이 있을 곳을 얻지 못한지라(계 12:8)

오, 자기 사랑이여! 전쟁을 위해 만족할 만큼 충분히 무장을 갖추라! 그렇다 할지라도 너는 여전히 가장 약한 자가 될 것이다.

그러나 하나님! 자기 사랑이 패망하기까지 얼마나 오랜 시간이 소요되며 얼마나 심한 고통이 수반되고 얼마나 맹렬한 싸움을 통과해야 하는지요!

큰 용이 내쫓기니 옛 뱀 곧 마귀라고도 하고 사탄이라고도 하며 온 천하를 꾀는 자라 그가 땅으로 내쫓기니 그의 사자들도 그와 함께 내쫓기니라(계 12:9)

한 가지 확실한 사실이 있다. 자기 사랑이 완전히 파멸되고, 내면적인 순전한 사랑이 본래의 자리를 회복하면, 마귀는 쫓겨나서 더 이상 영혼에 대하여 아무런 권세도 행사하지 못하게 된다. 자기 사랑이 자취를 감추면 마귀가 장악할 근거지도 함께 사라지고 만다.

이와 마찬가지로, 내면적인 순전한 사랑과 자기 사랑 사이의 전쟁이 종결될 때, 용은 하나님의 종들에 대해서 더 이상 아무런 능력을 행사하지 못할 것이다. 용은 쫓겨나갈 것이고, 이 세상의 권세를 장악한 마귀도 머지않아 곧 멸망할 것이다. 예수 그리스도께서 용을 이기시고 완벽한 승리를 거두실 것이다.

> 내가 또 들으니 하늘에 큰 음성이 있어 이르되 이제 우리 하나님의 구원과 능력과 나라와 또 그의 그리스도의 권세가 나타났으니 우리 형제들을 참소하던 자 곧 우리 하나님 앞에서 밤낮 참소하던 자가 쫓겨났고
>
> (계 12:10)

용의 권세가 무너질 때, 하늘에서는 형언할 수 없는 기쁨이 넘쳐난다. 자기 사랑에서 해방된 영혼은 더 이상 양심의 가책을 느끼지 않는다.

주님은 우리가 주님의 나라가 실현되기 위해 간구하기를 원하신다. 그러나 주님의 나라가 임하기 위해서는 주님의 뜻이 하늘에서와 같이 이 땅에서도 온전히 이루어져야 한다. 하나님의 뜻은 자기 사랑이 쫓겨나는 순간에 하늘에서 온전히 성취된다.

하나님의 뜻이 이루어지면, 온 하나님의 교회, 천상의 교회와 지상의 교회가 모두 힘을 다하여 노래한다. 이제 구원이 임한다. 다시 말

해 구원이 견고하고 확실해진다는 의미다. 이제까지 구원은 결코 모든 사람에게 임한 것이 아니었다. 왜냐하면 무수한 영혼들이 용의 꼬리에 의해 무저갱 속으로 떨어졌기 때문이다. 그러나 용이 패배하고 쫓겨나면 하나님의 나라가 세워진다. 사람은 더 이상 자신의 능력 안에서 강한 것이 아니라, 자신 안에 계신 하나님의 능력으로 말미암아 강건해진다. 유혹자인 사탄은 더 이상 존재하지 않는다. 지금 도달한 이곳은 순진무구함의 상태다. 이는 예수 그리스도께서 맺으신 열매이자 구속이다. 예수 그리스도의 구속은 얼마나 풍성한지, 그 열매를 맛본 사람은 누구나 깜짝 놀라지 않을 수 없다.

이제 우리 하나님의 '능력' 의 시간이 출현한다.

〔오, 하나님! 지금 주님은 왕이 되시어 주권적인 통치권을 행사하실 것입니다. 그러나 주님의 통치는 평화의 통치며, 기쁨으로 충만한 통치입니다. 지금 본문의 장면에서 주님이 통치하고 계십니다. 예수 그리스도의 능력이 나타났으며, 주님의 죽음으로 말미암아 결실한 열매가 드러났습니다. 오, 하나님! 마치 주님은 아무런 힘도 없으시고 마귀만이 제멋대로 권력을 휘두르는 것처럼 보였습니다. 자기 사랑이 마귀에게 힘을 실어 주었습니다. 그러나 이제 주님의 능력이 나타났습니다. 자기 사랑이 제거되었기 때문입니다. 오, 구원이여! 구원이 얼마나 위대한 것인가! 구원의 날은 어김없이 도래할 것입니다. 이 세상의 모든 사람이 주님 앞에 무릎 꿇게 될 것입니다.〕

또 우리 형제들이 어린 양의 피와 자기들이 증언하는 말씀으로써 그를 이겼으니 그들은 죽기까지 자기들의 생명을 아끼지 아니하였도다 그러

므로 하늘과 그 가운데에 거하는 자들은 즐거워하라 그러나 땅과 바다는 화 있을진저 이는 마귀가 자기의 때가 얼마 남지 않은 줄을 알므로 크게 분내어 너희에게 내려갔음이라 하더라(계 12:11-12)

용(자기 사랑)을 정복할 수 있는 방법은 오직 어린양의 보혈과 예수 그리스도에 대해서 그들이 증언하는 말씀 외에는 없다. 천국은 자유로운 곳이다. 따라서 영혼의 가장 높은 부분에서 더 이상 마귀와 자기 사랑은 결코 자유자재로 드나들지 못한다. 또한 좀더 낮은 부분에 있어서도 구원은 머지않았다.

지금 마귀는 하늘의 영역에서 추방되어 땅으로 내려갔다. 마귀는 이 땅에서 잠시 동안 자신의 잔인함을 마음껏 휘두를 것이다. 그가 자행하는 포악함은 어찌나 극심한지 마치 이 세상이 틀림없이 멸망할 것만 같다. 그래서 우리 영혼 안에서 자기 사랑이 다스리는 동안에, 순전한 사랑은 거의 자취를 감추는 상태다. 순전한 사랑은 몇몇 고독한 장소들에서만 살아갔을 뿐이다. 다시 말해 몇몇 소수의 선택된 영혼들 안에서만 존재하는 것이다.

용은 전례를 찾아볼 수 없을 정도로 완력을 떨치고 잔인함을 행사한다. 그러나 황폐케 되는 일이 심각하면 할수록 우리는 기뻐한다. 구원의 때가 가까워 오기 때문이다. 오, 용이 퍼붓는 증오의 봇물을 뒤집어쓰는 영혼들이 구원의 날이 머지않았음을 알 수만 있다면 얼마나 좋을까! 그들이 누릴 기쁨은 얼마나 크겠는가! 그러나 그들은 핍박을 당하는 동안에 그 시간이 영원히 지속될 것이라고 생각한다. 그러나 핍박의 때는 생각지도 못한 순간에 끝이 날 것이다.

용이 자기가 땅으로 내쫓긴 것을 보고 남자를 낳은 여자를 박해하는지라 그 여자가 큰 독수리의 두 날개를 받아 광야 자기 곳으로 날아가 거기서 그 뱀의 낯을 피하여 한 때와 두 때와 반 때를 양육 받으매(계 12:13-14)

용은 진리에 대항하여 전쟁을 벌인다. 유례를 찾아볼 수 없을 만큼 잔인한 전쟁이 벌어진다. 마치 모든 사람이 그리스도의 진리에 대항하여 싸우는 듯하다. 그러나 이 여자는 독수리의 두 날개를 받은 후에 광야로 날아간다. 그녀는 세상과 분리된 영혼들과 함께 속임수가 발붙인 적이 없는 광야에서 살아간다. 그곳은 세상과는 구별된 자리다. 그곳에서 그녀는 장차 모습을 드러낼 날을 위해 준비하며 음식과 도움을 조달받으면서 지낸다.

교회를 가장 극심하게 핍박할 자들은 다름 아닌 바로 교회의 자녀들이다. 신자들이 교회를 가장 혹독하게 핍박할 것이다. 그녀는 이전까지만 해도 자신에 관해서는 전혀 알려져 있지 않았던 자리로 '날아갈' 것이다. 그곳에서 그녀는 널리 알려질 것이다. 이 믿음과 진리의 영, 내면의 영은 잠시 동안 숨겨질 것이다. 그러다가 언젠가 이 심오한 것들이 아름다운 자태를 마음껏 뽐내며 모습을 드러내는 순간이 반드시 도래할 것이다.

여자의 뒤에서 뱀이 그 입으로 물을 강 같이 토하여 여자를 물에 떠내려가게 하려 하되 땅이 여자를 도와 그 입을 벌려 용의 입에서 토한 강물을 삼키니(계 12:15-16)

뱀이 입으로 뿜어내는 '홍수'는 거짓이다. 뱀은 무시무시한 홍수를 통해 진리를 집어삼키고 싶어 한다. 그는 진리가 거짓의 홍수를 능히 이기지 못한다고 믿는다. 그러나 땅이 갈라지면서 이 끔찍한 홍수를 삼켜 버린다. 홍수가 주님의 몸 된 교회(내면적인 신자)를 향해 봇물처럼 밀려든다. 홍수는 교회의 교리를 지탱하기 위해서라는 그럴듯한 구실을 내세우면서 교회의 영과 싸운다. (오, 예수님! 오직 주님만이 이들이 얼마나 악한지 알고 계십니다. 그들은 겉으로는 양의 가죽을 덮어썼으나, 그 내면은 탐욕으로 가득 찬 이리들입니다.) 용은 그들을 사용하여 자신의 독소인 자기 사랑이라는 홍수를 뿜어낸다. 용은 홍수를 보내서 교회의 영과 내면의 영을 집어삼키려고 한다. 그러나 마침내 그의 온갖 노력은 물거품이 될 것이다.

> 용이 여자에게 분노하여 돌아가서 그 여자의 남은 자손 곧 하나님의 계명을 지키며 예수의 증거를 가진 자들과 더불어 싸우려고 바다 모래 위에 서 있더라(계 12:17)

용은 자신이 교회와 진리에 대해 아무런 해악도 끼칠 수 없음을 알게 된다. 그래서 이제부터 용은 교회의 자녀들과 더불어 싸우려고 한다. 그는 진리를 사랑하는 모든 내면적인 영혼에 대항하여 전면적으로 핍박을 불러일으킨다. 그들은 용에게 숱한 방식으로 고난을 당할 것이다. 오직 참된 진리의 자녀들만이 괴롭힘을 당한다. 이 자녀들은 예수 그리스도의 증거를 가진 자들이다. 이들이 가진 증거야말로 예수 그리스도께서 그들의 내면을 실제로 다스리고 계심을 입증한다.

요한계시록
14장

또 내가 보니 보라 어린 양이 시온 산에 섰고 그와 함께 십사만 사천이 서 있는데 그들의 이마에는 어린 양의 이름과 그 아버지의 이름을 쓴 것이 있더라(계 14:1)

"어린 양이 시온 산에 섰고."

진리 안에서 나는 이 말씀을 주님이 사람의 영혼 중심에 서 계신 모습으로 이해한다. 주님은 주님이 인치시고 주님의 성품이 새겨진 영혼의 중심에 거하실 뿐 아니라, 그곳에 계시기를 기뻐하신다. 주님께 인침을 받은 사람들의 수는 십사만 사천 명이다. 그들 사이에는 연합이 존재한다. 그들은 함께 느끼고, 같은 언어를 사용하며, 행동을 같이 한다. 이 영혼들은 언제나 '어린양과 함께' 살아간다. 주님도 그들 안에 거하신다.

어린양이 신자의 영혼 중심에 계신 것과 마찬가지로, 주님은 몸 된 교회의 중심에도 거하신다. 이 영혼들은 주님의 지속적인 희생을 함께 나누는 가운데 끊임없이 자기를 온전히 비우면서 살아간다. 오, 이 방종한 세상 속에서 예수 그리스도께 속해 기쁨을 누리며 살아가는 영혼들은 얼마나 행복한가! 너희는 철저한 침묵 안에 감추어져 있으며, 죽었고, 지속적으로 자기를 비우면서 주님처럼 모욕과 수치와 비방을 견디는구나. 그러나 네가 수치와 죽음을 분연히 떨치고 일어나 어린양의 혼인 잔치에 참여할 날이 반드시 올 것이다. 지금까지 너는 이 잔치에 참여할 수 있는 자격을 갖추어 왔기 때문이다.

> 내가 하늘에서 나는 소리를 들으니 많은 물 소리와도 같고 큰 우렛소리와도 같은데 내가 들은 소리는 거문고 타는 자들이 그 거문고를 타는 것 같더라 그들이 보좌 앞과 네 생물과 장로들 앞에서 새 노래를 부르니 땅에서 속량함을 받은 십사만 사천 밖에는 능히 이 노래를 배울 자가 없더라(계 14:2-3)

이 소리는 복종하는 영혼들의 음성이다. 이는 거문고 타는 사람들의 소리다. 하나님의 뜻에 복종된 의지들이 계속해서 일치단결해서 만들어 내는 소리다. 그들이 완벽한 조화를 이루는 까닭도 이 때문이다. 그들은 모두 하나의 영과 분리되지 않은 하나의 뜻, 곧 하나님의 뜻에 의해 움직인다. 이 영혼들은 새 노래를 부른다. 그 노래를 어떻게 부르는지 혹은 그 노래의 의미가 무엇인지를 알 수 있는 사람은 아무도 없다. 이 노래는 자기를 비워 낸 영혼, 하나님이 주시는 거룩한 언어를 즐거워하는 영혼들만이 이해할 수 있다. 이 노래가 새 노래인 이유는 아무도 이전에 이 노래를 부른 적이 없을 뿐 아니라, 부를 수 있는 사람도 없기 때문이다. 오직 모든 것을 벗어 버린 자들과 '땅에서 속량함을 받은' 사람들만이 이 노래를 부를 수 있다. 이들은 아담 안에 있는 온갖 세상적인 것들로부터 구속받았다.

> 이 사람들은 여자와 더불어 더럽히지 아니하고 순결한 자라 어린 양이 어디로 인도하든지 따라가는 자며 사람 가운데에서 속량함을 받아 처음 익은 열매로 하나님과 어린 양에게 속한 자들이니(계 14:4)

계속해서 하나님의 은혜 안에 머무는 영혼 속에는 '순결함'이 있다. 세상적인 것으로부터 완전히 자유로워진 영혼은 순결하다. 그들 안에 있는 아담은 철저히 무너져 내렸다. 그들은 어린양이 가는 곳이라면 어디든지 따라간다. 그들은 어린양과 헤어질 수가 없다. 이는 그들이 자아의 죽음을 통해 연합을 이루었기 때문이다. 그러나 만일 이런 사람들이 눈에 띄는 현저한 장점들을 가진다면, 오, 하나님! 이들은 또 얼마나 무거운 십자가를 짊어지는 것인지요!

이들은 많은 사람들 속에서 속량되었다. 다시 말해, 자기 사랑과 육체적인 정욕 등 본성적으로 타락한 모든 사람들로부터 분리되어 나왔다. 이들은 하나님의 첫 번째 열매이며 하나님께 특별히 헌신된 자들이다. 이들은 세상으로부터 격리된 순간부터 하나님의 품속에서 살아간다. 맹렬한 불꽃, 불순함, 육체성 등은 모두 사라지고 없다.

> 그 입에 거짓말이 없고 흠이 없는 자들이더라(계 14:5)

그들의 입에서는 교활함을 조금도 찾아볼 수 없다. 그들의 말은 진리 자체다. 그들은 하나님의 온전하심과 피조물의 무가치함을 드러내 보여 준다. 그들은 마치 흠이 전혀 없는 거울과도 같아서 의의 태양이 즐거이 비춘다. 그들은 언제나 한결같이 하나님만 바라본다.

또 보니 다른 천사가 공중에 날아가는데 땅에 거주하는 자들 곧 모든 민족과 종족과 방언과 백성에게 전할 영원한 복음을 가졌더라(계 14:6)

과거에도 존재했으며 앞으로도 존재할 하나님의 뜻이야말로 유일하고 영원한 복음이다. 이 진리의 복음은 모든 사람에게 알려진 것이 아니다.

〔오, 하나님! 당신의 뜻에 온전히 순종할 사람들을 창조하십시오. 주께서 심으신 곳에서, 그곳이 어디든 절대로 주님께 거역하지 않을 사람들을 창조하십시오. 이것은 영원한 복음입니다. 왜냐하면 영원토록 주님의 뜻이 지극히 완벽하게 성취되었기 때문입니다. 주님은 주님의 뜻을 주님의 힘으로 행하셨고, 그런 다음에는 주님의 천사들을 통해 이루셨습니다.〕

이 영원한 복음은 온 세상에 선포된 하나님의 뜻에 관한 복음이다. 이 복음은 앞으로도 널리 전파되어야 한다. 아직 이 복음은 거의 알려져 있지 않은 상태다. 이제 이 복음은 공통적이고 보편적인 언어가 될 것이다. 오, 거룩한 언어여! 너는 온 세상 사람들의 기쁨이 될 것이다. 인간을 비참하게 만든 것은 바로 불순종이었다. 인간은 하나님의 뜻이 온전히 이루어질 때 비로소 행복을 누리게 될 것이다. 설사 온 세상을 소유한다 해도 인간은 결코 완벽한 행복을 누릴 수 없다. 하나님께 조금만 거역해도 이 세상에서 사람은 괴로움과 고난, 비탄을 경험하게 된다. 그러나 사람이 하나님이 원하시는 일을 한다면, 그 순간 그에게는 형언할 수 없는 기쁨과 평화가 찾아온다.

과연 지금 사람이 하나님께 순복하는지 아니면 저항하는지의 여부는, 환경이 어떠한지를 점검해 보는 방법을 통해서 확인할 수 있다. 우리가 하나님의 뜻을 행하지 못하는 데는 이유가 있다. 우리는 하나님의 뜻을 우리 자신의 추리력과 생각, 인간적인 느낌, 사람들의 평판, 우리 안의 자기 사랑, 이기심 등으로 판단하려 한다. 이런 식으로 하나님의 뜻을 판단함으로 우리는 주님의 뜻에 관여하지 않게 된다. 우리가 하나님의 뜻을 판단하는 근거로 삼아야 하는 것은 다음과 같다. 모든 면에 있어서의 포기와 자기 부인, 현재 하나님이 행하시고 허락하시는 모든 일, 기쁨과 평안과 자유를 주는 것들이다.

> 그가 큰 음성으로 이르되 하나님을 두려워하며 그에게 영광을 돌리라 이는 그의 심판의 시간이 이르렀음이니 하늘과 땅과 바다와 물들의 근원을 만드신 이를 경배하라 하더라(계 14:7)

대부분의 사람들이 하나님을 경외하는 것은 징벌에 대한 두려움을 의미한다고 생각한다. 그러나 징벌을 두려워하는 것은 자기 사랑의 소산물일 뿐 결코 순전한 사랑에서 비롯된 두려움이 아니다. 순전한 사랑에서 우러나온 두려움은, 우리가 하나님을 충분히 기쁘시게 해드릴 수 없고 주님의 뜻을 행할 수도 없다는 사실에서 기인한다. 여기서 영혼은 하나님의 심판의 시간이 도래한다는 이유로 주님께 영광을 돌리도록 초대받는다. 이기심이나 자기 사랑이 없는 영혼은 주님의 심판을 좋아할 것이다. 심판이 아무리 혹독할지라도 상관없다. 하나님은 심판을 통해 그동안 불의하게 하나님의 것을 약탈해온 피조물에 대해 주님 스스로를 정당화하신다. 그동안 피조물은 자신의 뜻을 성취하기 위해 하나님으로부터 멀어져 있었고, 하나님의 뜻에서 벗어난 삶을 살았다.

〔오, 사랑이신 하나님! 주님의 심판을 성취하십시오. 주님의 심판이 어떠할지라도, 나는 주님의 심판을 사랑합니다. 심판을 통해 주님께서 영광을 받으실 것입니다. 그것으로 충분합니다. 오, 하나님! 오직 주님만이 영광을 받으소서. 이것이 나의 기쁨입니다.〕

그리스도인들은 누구나 자신이 하나님을 경배한다고 믿는다. 그러나 극소수의 사람들만이 하나님을 예배하다는 사실은 어렵지 않게 증명된다. 내면적으로 하나님을 경배한다는 것은, 우리는 하나님 없이는 아무것도 아니기 때문에 주님의 주권에 경의를 표함을 의미한다. 외면적으로 하나님을 예배한다는 것은, 주님의 임재에 대해 깊은 존경심을 품는 것이다. 그러나 외면적인 예배가 진실하려면 반드시 내면적인 예배가 뒷받침되어야 한다.

하나님 앞에서 자신을 온전히 비운 자는 누구인가? 하나님께 마땅히 드려야 할 존경과 겸손으로 주님 앞에 선 자는 과연 누구인가? 주일날 교회 건물에 가는 그리스도인들은 마치 시장이나 박람회에 온 것과도 같다. 아무도 우리가 현존하시는 하나님을 믿는다고 여기지 않을 것이다. 하나님은 교회 안에 경외감이 결여되어 있는 모습을 보시면 가차 없이 처벌하실 것이다. 우리에 비하면 오히려 이슬람교도들과 이방인들이 수천 배나 더 깊은 존경심으로 자신들의 성전에서 예배드린다.

> **또 다른 천사 곧 둘째가 그 뒤를 따라 말하되 무너졌도다 무너졌도다 큰 성 바벨론이여 모든 나라에게 그의 음행으로 말미암아 진노의 포도주를 먹이던 자로다 하더라**(계 14:8)

'바벨론'은 혼동과 탐욕, 교만과 육욕주의로 가득 차 있는 도시다. 바벨론은 교만의 소산인 아집(self-will)을 가리킨다. 하나님은 영원한 복음, 곧 주님의 뜻을 세우기 원하신다. 따라서 주님은 아집을 무너뜨리고 파괴해야만 한다. 모든 죄는 우리의 뜻이 하나님의 뜻에서 분리된 순간부터 시작된다. 아담은 이 세상에 죄를 들여왔다. 그의 뜻은 하나님의 뜻과 상반되어 있었다. 만일 우리의 뜻이 하나님의 뜻과 연합되어 있다면, 우리는 결코 죄를 범하지 않을 것이다.

하나님은 영원한 복음을 확립하시기 전에 먼저 이 아집부터 무너뜨려야 한다. 주님은 영혼에 대해 언제나 이 같은 방법을 사용하신다. 주님은 언제나 사람들로 하여금 자기의 뜻을 버리게 하는 방법에서부터 시작하신다. 주님은 인간의 뜻이 허물어진 자리를 주님의 뜻으로 대체하신다.

이런 일은 단번에 이루어지지는 않는다. 피조물이 도저히 이것을 견뎌낼 수 없기 때문이다. 하나님은 이 작업을 조금씩 이루어 가신다. 주님은 우리의 연약함에 대해 잘 참아 주시는 분이다.

바벨론은 음행을 저지름으로써 진노의 포도주를 온 열방들로 하여금 마시게 했다.

심지어 우리가 다른 사람들에게 순종해야 하는 순간조차도 자신의 뜻을 행하는 것이 된다. 성경은 이를 가리켜 '간음'이라고 부른다. 왜냐하면 원래 우리의 뜻은 하나님의 뜻과 연합되고 하나님과 일치되도록 창조되었기 때문이다. 그러나 영혼은 하나님으로부터 멀어져서 마귀에게 순종했다. 그 이후로 하나님에 대한 거역은 중단될 줄을 몰랐다. 인간은 스스로 하나님과의 연합과 단순성에서 물러나서 바벨론의 다양성 속에 빠져들었다.

> 또 다른 천사 곧 셋째가 그 뒤를 따라 큰 음성으로 이르되 만일 누구든지 짐승과 그의 우상에게 경배하고 이마에나 손에 표를 받으면 그도 하나님의 진노의 포도주를 마시리니 그 진노의 잔에 섞인 것이 없이 부은 포도주라 거룩한 천사들 앞과 어린 양 앞에서 불과 유황으로 고난을 받으리니(계 14:9-10)

이기적인 특성들을 지니고 이마에 표를 받는 사람들이 당하게 될 징벌은 혹독하기 이를 데 없다. 그들은 순전한 사랑이라는 신성한 불을 거부함으로써 탐욕의 불로 태움을 받게 되었다. 그들은 자기 사랑을 가리켜 순전한 사랑이라 일컫고, 순전한 사랑을 자기 사랑이라 칭했다. 이렇게 함으로 그들은 성령님을 모독했고, 제멋대로 날뛰는 자신들의 악한 뜻을 관철시켰다. 그들은 이마에 짐승의 표를 받았다.

이마란 그들의 생각을 말한다. 그들의 생각은 자기 자신, 자신들의 관심사, 쾌락, 영광, 탐욕스러움으로 가득 차 있다. 뿐만 아니라 그들은 손에도 짐승의 표를 받았다. 그들이 하는 일이 온통 자기 사랑과 육체적인 정욕을 도모하는 일에만 집중되어 있다.

그들이 신랑이신 주님의 포도주를 마시지 않는 이유도 여기에 있다. 주님은 신랑의 포도주를 기꺼이 자기를 비워 낸 영혼들에게 주시기 때문이다.

그러나 사람들은 주님이 주시는 순전한 사랑을 거절한다. 순전한 사랑, 이 강력하고 달콤한 포도주를 마시는 사람 안에는 평안과 기쁨이 가득 차 오르고 목마름은 완전히 해갈된다. 마찬가지로, 주님의 진노의 잔을 마시는 사람은 괴로움과 비탄으로 가득 차게 된다.

인간은 하나님을 사랑하도록 지음 받은 존재다. 마땅히 인간은 하나님의 사랑으로 행복하고 온전한 만족감을 느껴야 한다. 그러나 그러기는커녕 인간은 뱀의 독소가 자신의 마음속에 스며들도록 방치했다. 이 낯선 사랑이 인간에게 괴로움을 주기 시작했다. 그때부터 인간은 영원토록 목마르게 되었다. 그들이 이 세상에서 겪는 고통은 앞으로 내세에서 겪을 고통에 비하면 지극히 미미할 뿐이다. 고통은 끊임없이 계속되고 갈수록 불길해질 것이다.

추잡하고 육체적인 죄악들은 우리를 섬뜩하게 한다. 그러나 우리는 이보다 천 배 이상이나 끔찍한 이 괴물들에 대해서는 조금도 두려움을 느끼지 않는다. 두려움을 느끼기는커녕, 오히려 계속해서 이 괴물들을 사랑하고 애지중지하며, 마치 그것들이 전혀 대수롭지 않은 존재인 것처럼 묵인한다. 여기에 묘사된 것들 만큼 소름끼치는 짐승들이 과연 이 세상에 또 어디 있을까? 우리는 쉽게 길들여지는 짐승들에게는 무서움을 느끼면서도, 정작 이처럼 엄청난 재앙을 몰고 오는 무시무시한 괴물들에게는 경외감을 표현한다.

오, 이 얼마나 무지한 모습인가! 진리의 빛은 폐기처분되었다. 광야에 있는 황무하고 고독한 장소들에 버려지고 은폐된 채, 진리의 빛은 오로지 순전한 사랑에 대해서만 골몰해 있다. 사람들은 거짓된 이해의 빛 가운데서 살아간다. 그들은 깨달음이 없으므로 앞을 바로 보지 못한다. 그들은 낭떠러지를 산으로 이해하고, 산을 낭떠러지로 이해한다.

〔오, 하나님! 주님의 진리의 빛을 보내주십시오! 오, 사랑이시여! 용이 죽임을 당하고 파멸될 때, 바벨론이 철저히 무너져 내릴 때, 주님은 반드시 진리의 빛을 보내주실 것입니다.〕

> 그 고난의 연기가 세세토록 올라가리로다 짐승과 그의 우상에게 경배하고 그의 이름 표를 받는 자는 누구든지 밤낮 쉼을 얻지 못하리라 하더라
>
> (계 14:11)

짐승을 경배하는 사람들이 가지는 육체적인 감각은 명백하고 치명적이다.

〔오, 하나님! 주님의 거룩한 불은 만물을 시험하는 법, 불순한 것과 주님께 대적하는 것을 거절하는 법, 그리고 주님께 속한 것을 정결케 하는 법을 알고 계십니다.〕

이 탐욕스럽고 오만한 사람들은 틀림없이 이 세상에 사는 동안 고난을 겪고 괴롭힘을 당할 것이다. 그들은 밤낮으로 쉼을 얻지 못할 것

이다. 그러나 내세에서는 이보다 훨씬 더한 고통이 그들을 기다린다. 하나님의 종들은 숱한 십자가와 어려움, 곤란을 통과하지만, 오히려 이런 일들로 말미암아 그들의 내면에는 심오한 평안이 깃든다. 외면적인 삶이 가장 황량해진 순간에, 내면은 보다 더 심오한 만족을 누리게 된다. 사람들은 구원받기 위해서는 반드시 엄청난 고난을 통과해야 한다고 말한다. 그러나 개인적으로 나는 자기를 잃어버리기 위해서는 이보다 훨씬 더 많은 고난을 통과해야 함을 깨닫는다.

> 성도들의 인내가 여기 있나니 그들은 하나님의 계명과 예수에 대한 믿음을 지키는 자니라(계 14:12)

끊임없이 괴로움을 가해 오는 죄인들과 더불어 살아가기 위하여 신자들에게는 엄청난 분량의 인내가 필요하다. 모든 사람이 죄인들의 이익에 집착하고 죄인들 편에 서지만, 하나님의 종들에 대해서는 비난을 퍼붓는다. 이러한 상황은 반드시 변화될 것이다. 핍박을 당한다고 해서 결코 절망하지 마라. 하나님은 당신에게 더 좋은 면류관을 씌워 주실 것이다. 주님은 지금 당신에게 역경의 상황을 허락하심으로 당신의 '인내'를 단련하고 계신다. 주님은 십자가를 통해서 당신의 인내를 단련하신다. 당신은 점차 고난에 대해 무감각해진다. 이러한 인내는 늘 변함없이 하나님의 뜻 가운데 머무는 자들, 예수 그리스도를 신뢰하는 자들에게 주어진다.

> 또 내가 들으니 하늘에서 음성이 나서 이르되 기록하라 지금 이후로 주

안에서 죽는 자들은 복이 있도다 하시매 성령이 이르시되 그러하다 그들이 수고를 그치고 쉬리니 이는 그들의 행한 일이 따름이라 하시더라 (계 14:13)

〔나의 하나님! 이 얼마나 아름다운 말씀인지요! 이 얼마나 위로가 되는 표현인지요!〕

주님 안에서 이루어지는 죽음에는 크게 두 종류가 있다. 주님 안에서 첫 번째 죽음을 맞이하기 위하여, 사람은 아담으로부터 물려받아 소유한 모든 것에 대해 죽어야 한다. 외면적이고 인간적인 것들, 자신을 사로잡는 모든 것에 대해 죽어야 한다. 오, 행복한 죽음이여! 온갖 고통을 완전히 휩쓸어 가는구나! 오, 신성한 죽음이여! 영혼으로 하여금 자신에 대한 몰두에서 벗어나 하나님을 향해 나아오도록 만들어 주는구나! 오, 죽음이여! 참된 삶의 시작이로구나! 오, 축복된 죽음으로 말미암아 영혼은 하나님께만 온전히 몰입하게 되는구나! 이 첫 번째 죽음을 맞이한 후에는, 자연적인 죽음조차도 경탄할 만한 행복이 된다. 죽음으로 말미암아 우리는 믿음을 통해 확실하고 온전하게 하나님을 즐거워한다. 이 죽음을 통과하지 않으면 자연적인 죽음은 무언가 두려워할 만한 것에 불과하다.

로마서 14장에서 바울은 삶이 붙드는 모든 것들에 대한 '무관심'한 태도에 관하여 언급한다. "그러므로 사나 죽으나 우리가 주의 것이로다." 이러한 신자들은 다른 사람을 도와 주기 위해서가 아니라면 굳이 이 땅에 머물기를 원치 않을 것이다. 그러나 그들은 언제까지라도 세상에 남아 있을 준비가 되어 있다.

또 내가 보니 흰 구름이 있고 구름 위에 인자와 같은 이가 앉으셨는데 그 머리에는 금 면류관이 있고 그 손에는 예리한 낫을 가졌더라 또 다른 천사가 성전으로부터 나와 구름 위에 앉은 이를 향하여 큰 음성으로 외쳐 이르되 당신의 낫을 휘둘러 거두소서 땅의 곡식이 다 익어 거둘 때가 이르렀음이니이다 하니(계 14:14-15)

〔주 예수께서는 추수할 곡식을 반드시 거두어들이실 것입니다. 주님은 원수가 뿌려놓은 가라지들을 가장 순수한 밀의 종자들로 변화시키시기 위해 주님의 생명을 주셨습니다. 그러나 가라지들은 주님의 돌보심과 선하심에도 불구하고 자신들의 본성을 끝내 고수하기 원했습니다. 주님은 예리한 낫으로 그것들을 베어 내시어, 알곡들은 주님이 직접 취하시고 나머지는 모두 불 속에 던져 넣으실 것입니다. 어떤 영혼들은 무르익어 천국에 들어갈 것이고, 어떤 영혼들은 무르익어 지옥에 떨어질 것입니다.〕

구름 위에 앉으신 이가 낫을 땅에 휘두르매 땅의 곡식이 거두어지니라 (계 14:16)

추수에는 두 종류가 있다. 첫째, 추수에서 하나님은 자격이 없는 나라들과 도시들 가운데서 주님의 종들을 거두어들이신다. 둘째, 추수에서 하나님은 의인들을 제외한 모든 죄인을 추수하신다. 주님은 노아와 롯의 시대에 그렇게 행하셨다. 언젠가 때가 되면 하나님은 주님의 원수들을 거두어들이실 것이다. 주님은 이 땅 위에 성도들과 의로운 사람들만 살아남기 원하시기 때문이다. 주님의 종들을 괴롭히는 불경건한 자들의 악함에 진절머리가 나신 주님은, 반드시 주님의 종들을 압제로부터 구원해 주실 것이다.

> 또 다른 천사가 하늘에 있는 성전에서 나오는데 역시 예리한 낫을 가졌더라 또 불을 다스리는 다른 천사가 제단으로부터 나와 예리한 낫 가진 자를 향하여 큰 음성으로 불러 이르되 네 예리한 낫을 휘둘러 땅의 포도송이를 거두라 그 포도가 익었느니라 하더라 천사가 낫을 땅에 휘둘러 땅의 포도를 거두어 하나님의 진노의 큰 포도주 틀에 던지매 성 밖에서 그 틀이 밟히니 틀에서 피가 나서 말 굴레에까지 닿았고 천육백 스다디온에 퍼졌더라(계 14:17-20)

본문에서 포도송이를 거두어들이는 장면은, 하나님께서 순전한 사랑으로 주님을 사랑하는 사람들의 원수들에게 끔찍할 정도로 응징하시는 모습이다. 하나님의 원수들이 철저히 패배당할 때까지 계속해서 살육이 자행될 것이다. 주님의 피를 흘린 자들, 주님의 종들의 피를 흘린 자들, 죄악을 저지르며 주님을 핍박한 자들, 주님의 영을 파괴하고 제거하기를 바랐던 자들은, 반드시 주님의 응징을 받을 것이다.

요한계시록
15장

또 하늘에 크고 이상한 다른 이적을 보매 일곱 천사가 일곱 재앙을 가졌으니 곧 마지막 재앙이라 하나님의 진노가 이것으로 마치리로다(계 15:1)

마지막 일곱 재앙이 끝나면, 더 이상 고난은 존재하지 않을 것이다. 온 세상이 평안해지고, 하나님의 종들은 압제로부터 구원받을 것이다.

만일 본문의 내용이 우주에 적용되는 것이라면, 이와 동일하게 개인들에게도 해당되는 진리가 있다. 여기서 개인이란 자기 비움의 상태에 이르기로 작정한 신자를 말한다. 이 무익한 세상은 반드시 일곱 재앙을 통해 고통을 겪어야 한다. 일곱 재앙이 지난 후에 지구로 인해서 혹은 이전의 거역하던 본성으로 인해서 고난당하는 일은 사라질 것이다. 더 이상 징벌을 내릴 이유가 없을 것이다.

〔오, 하나님! 이 생생한 본성이 어느 정도라도 남아 있는 한, 그것으로 인한 주님의 진노의 불은 어찌나 거센지 결코 이를 내버려 두지 않으십니다.〕

이는 하나님이 자아의 죽음을 통과케 하신 후에 오직 자비로만 대하기 원하시는 영혼들의 경우와 관련된다. 아주 조금이라도 생명이 남아 있다면, 그들을 기다리는 것은 오직 역경뿐이다.

> 또 내가 보니 불이 섞인 유리 바다 같은 것이 있고 짐승과 그의 우상과 그의 이름의 수를 이기고 벗어난 자들이 유리 바다 가에 서서 하나님의 거문고를 가지고(계 15:2)

바다가 있다. 아마도 영원 속에서 이 바다는 하나님을 의미할 것이다. 주님은 바다이시다. 자기를 비워 낸 신자들은 하나님이라는 바다 속에 흠뻑 빠져들어 자기를 잃어버린다. 그러나 이 지점에 도달하려면 당신도 바다처럼 되어야 한다. 다시 말해, 순수하고 투명한 사람이 되어야 한다는 뜻이다. 이런 바다가 지닌 투명함과 정갈함은 불타는 사랑과 한 데 어우러져 있다. 자신들의 근원으로 돌아가 하나님과 연합된 성도는 마치 이 바다 속에 떨어진 작은 물방울과 같다. 그들은 서로가 연합되어 있을 뿐 아니라 바다로부터 분리되지도 않는다. 축복받은 모든 이들은 자신들의 원리인 거룩한 연합 가운데에 머물러 있다. 그들은 하나님과 하나로 일치되어 있다. 그들 각자는 마치 자신만의 고유한 실체를 가지는 작은 물방울들처럼 매우 독특한 존재들임에도 불구하고 말이다. 이 성도들은 온갖 이기심으로부터 완전히 구원받고 면제받을 것이다.

본문에서 언급되는 거문고는 이 성도들의 것이 아니라 하나님의 것이다. 이는 그들이 자신들의 의지를 모두 잃어버리는 대신에 하나님의 뜻을 받아들였음을 뜻한다. 여기서 우리가 확신해도 좋은 사실이 있다. 이러한 신자는 하나님의 뜻을 사용하는 동안에 오히려 자신의 의지를 사용할 때보다 훨씬 더 큰 자유를 만끽한다. 오, 사람이 자신의 모든 의지를 잃어버린 후에 누리게 될 유익은 얼마나 놀랄 만한 것인가! 우리가 받아들인 것은 다름 아닌 바로 하나님의 뜻이다. 이 거문고는 끊임없이 화음을 만들어낸다. 이 화음은 하나님의 마음을 매혹시키고 가련한 영혼들을 기쁨으로 가득 채워 준다.

> 하나님의 종 모세의 노래, 어린 양의 노래를 불러 이르되 주 하나님 곧 전능하신 이시여 하시는 일이 크고 놀라우시도다 만국의 왕이시여 주의 길이 의롭고 참되시도다 주여 누가 주의 이름을 두려워하지 아니하며 영화롭게 하지 아니하오리이까 오직 주만 거룩하시니이다 주의 의로우신 일이 나타났으매 만국이 와서 주께 경배하리이다 하더라(계 15:3-4)

이 상태에서 신자의 영혼은 놀랄 만한 화음으로 유창하게 노래를 부른다. 하나님은 이면에서 음을 조율하시고 이 신자를 주님의 완벽한 창조 질서 안에 배치해 놓으셨다. 그가 부르는 노래는 두 부분으로 이루어져 있다. 하나는 구원의 노래인 모세의 노래이고, 다른 하나는 구속의 노래인 어린양의 노래다. 여기에는 훨씬 더 놀라운 사실이 있다. 노래를 부르는 영혼들은 이 구속이 자신들에게 얼마나 큰 유익을 주는지를 잘 알고 있다. 오, 구속의 신비가 널리 알려진다면, 천 번의 죽음이라 할지라도 기꺼이 감수하지 않을 그리스도인이 도대체 어디 있겠는가.

당신이 아무리 머리를 짜서 생각하고 제아무리 심사숙고할지라도, 자아의 죽음을 통과하지 않는 한, 당신은 결코 이 위대한 신비들을 이해하거나 깨닫지 못할 것이다.

자기를 비워 낸 영혼은 이처럼 하나님에 관한 모든 것을 아는 순전한 지식을 받게 된다. 그는 연구하지 않고도, 묵상 여부와도 상관없이, 하나님에 관해 알 수 있다. 그 영혼은 철저히 자신을 비워 낸 상태이기 때문이다. 그는 다른 사람들이 그토록 어렵게 터득한 것들을 매우 수월하게 깨닫는다.

아, 연구하느라 자신을 지나치게 혹사시키지 마라! 진실하고 순전하게 사랑하라. 그리할 때 당신은 다른 방법을 통해 얻을 수 있는 것보다 훨씬 더 많은 것을 배우게 될 것이다.

그러나 성도들이 부르는 이 노래는 과연 무엇인가? 만일 이 노래의 모든 가사가 우리 안에 가득 채워진다면, 우리는 그들의 사랑이 얼마나 순전하고 그들의 지식이 얼마나 탁월한지를 금방 알게 될 것이다.

그들은 하나님이 행하신 일들에 관해 받은 지식을 가지고 다음과 같이 고백한다. "하나님 곧 전능하신 이여, 하시는 일이 크고 놀라우시도다." 하나님께서 내면적으로 외면적으로 행하신 일들은 상상할 수 없는 즐거움으로 그들에게 밝히 드러났고 가시화되었다. 그들은 모든 곳에서, 만물 속에서, 하나님의 권능의 속성과 웅장하심을 목격한다. 그들은 눈으로 보는 것들로 인해 어쩔 줄을 몰라 하며 기뻐한다.

〔오, 하나님! 주님의 길은 어찌 그리 아름다운지요. 그러나 인간은 얼마나 어리석은지 하나님의 길을 자신들의 생각으로 측량하고 싶어 합니다. 그들은 자신들의 이성으로 분명히 이해할 수 없는 일들에 대

해서는 불가능하다고 판단합니다.〕

오, 이 얼마나 어리석고 무지한 모습이란 말인가! 언젠가 어느 사도가 하나님의 길을 찬양하면서 고백하지 않았던가! 주님의 길은 도저히 찾을 수가 없노라고. 하나님의 길은 '올바르고 참되다.' 하나님이 행하시는 모든 일은 올바르고 참되기 때문이다.

온 세상이 예수 그리스도께로 돌아와서 주님과 더불어 연합할 것이다. 모든 열방이 주님을 경배할 것이다. 그 순간에 살아 있을 사람들은 얼마나 행복할까!

> 또 이 일 후에 내가 보니 하늘에 증거 장막의 성전이 열리며 일곱 재앙을 가진 일곱 천사가 성전으로부터 나와 맑고 빛난 세마포 옷을 입고 가슴에 금 띠를 띠고 네 생물 중의 하나가 영원토록 살아 계신 하나님의 진노를 가득히 담은 금 대접 일곱을 그 일곱 천사들에게 주니 하나님의 영광과 능력으로 말미암아 성전에 연기가 가득 차매 일곱 천사의 일곱 재앙이 마치기까지는 성전에 능히 들어갈 자가 없더라(계 15:5-8)

성경 말씀은 얼마나 아름답고 선명한지 모른다. 우리는 사람들이 말씀의 아름다움과 확실함을 깨닫지 못한다는 것에 놀라지 않을 수 없다. 우리들 각자는 내면에 증거의 언약궤를 가지고 있다. 이 성전은 바로 우리의 영이다. 영을 통해 우리는 하나님의 자비하심과 우리를 위한 주님의 사랑, 주님을 향한 우리의 사랑의 증거를 받는다. 이 언약궤는 마치 거룩한 성전처럼 우리 안에 존재한다.

요한계시록
16장

또 내가 들으니 성전에서 큰 음성이 나서 일곱 천사에게 말하되 너희는 가서 하나님의 진노의 일곱 대접을 땅에 쏟으라 하더라 첫째 천사가 가서 그 대접을 땅에 쏟으매 짐승의 표를 받은 사람들과 그 우상에게 경배하는 자들에게 악하고 독한 종기가 나더라(계 16:1-2)

일반적으로 여기에 언급된 사람들은 죄로 고통당하는 이들을 가리킨다. 그러나 본문은 육체적인 정욕이 있는 영혼들에게 무슨 일이 일어나는지를 아주 잘 묘사하고 있다. 하나님은 그들 안에 있는 육체적인 정욕을 소멸시키기 원하신다. 하나님은 불쾌하고 고통스러운 상처와 온갖 종류의 유혹으로 그들을 치신다.

둘째 천사가 그 대접을 바다에 쏟으매 바다가 곧 죽은 자의 피 같이 되니 바다 가운데 모든 생물이 죽더라(계 16:3)

본문에 언급된 이 사람은 이상스런 고난에 압도당한 채 위안을 잃고 말았다. 이 바다는 오랫동안 고요하고 평안한 상태를 유지해 왔다. 바다 안에 있던 모든 생물이 죽어 있다. 이는 조잡하고 육체적인 감정들이 죽었음을 의미한다.

여기에는 또 다른 의미가 있다. 하나님은 악한 자들을 이 두 번째 재앙으로 치신다. 첫 번째 응징은 이생에서 죄로써 죄를 벌하는 방법이었다. 이 두 번째 죄는 망연자실과 기능의 마비 등을 통해 징벌당한다. 결국 이 사람들은 이전에 있었던 총명함을 상실하게 된다. 그들은 마치 죽은 사람처럼 여전히 쓸모없는 상태다. 이는 그들의 피가 마치 죽은 사람의 피처럼 되었기 때문이다. 모든 것을 빼앗기고 모든 것이 소멸된 듯하다.

> 셋째 천사가 그 대접을 강과 물 근원에 쏟으매 피가 되더라 내가 들으니 물을 차지한 천사가 이르되 전에도 계셨고 지금도 계신 거룩하신 이여 이렇게 심판하시니 의로우시도다 그들이 성도들과 선지자들의 피를 흘렸으므로 그들에게 피를 마시게 하신 것이 합당하니이다 하더라
>
> (계 16:4-6)

세 번째 재앙은 물질적인 사고방식을 가진 사람들이 육욕에 탐닉했던 강과 물 근원들에 대한 것이다.

이 사람들은 하나님의 종들을 너무나도 잔인하게 핍박했고, 그들의 인내를 극도로 시험했다. 그뿐 아니라 그들은 자신들의 악함을 자랑했고, 하나님의 종들에게 악행을 저지르는 것을 당연하게 여겼다.

이런 사람들은 조만간 자신들이 범한 악행과 동일한 방식으로 처벌받을 것이다.

〔주님의 천사들과 성도들은 기뻐합니다. 왜냐하면 그들은 이렇게 핍박당한 사람들을 자신들의 형제로 여기기 때문입니다. 천사들과 성도들은 그들 안에서 주권자이신 하나님의 형상을 발견하면 할수록 더욱더 그들을 사랑합니다. 주님은 주님을 위하여 복수의 날을 준비하고 계십니다. 그날이 되면 주님은 모든 정의를 보내시어 시행하실 것입니다.

하나님께서 육체의 소욕을 제거하기 원하시는 영혼에게 주님은 세 번째 재앙을 보내실 때에 그들을 위해서 주님의 물들을 위로의 원천으로 만들어 주십니다. 그러나 한때 영혼의 기운을 북돋워 주었던 모든 것이 곤경으로 바뀌고 변질되었습니다. 더 이상 감미로움도 없고 평강도 없습니다. 오직 고난과 번민과 쓰라림과 비탄만 남아 있습니다. 그러나 하나님은 여전히 의로우신 분입니다.〕

> **또 내가 들으니 제단이 말하기를 그러하다 주 하나님 곧 전능하신 이시여 심판하시는 것이 참되시고 의로우시도다 하더라**(계 16:7)

오, 인간들이여! 너희는 우쭐대면서 스스로를 외관상 명백한 경건의 덮개로 감추는구나. 그러면서 너희는 자신이 하나님을 영화롭게 해드렸으며 공정하게 행한다고 말하는구나. "하나님의 심판은 참되시고 의로우시도다." 이제 너희 안에 진리와 의로움이 없다는 사실이 밝히 드러날 것이다.

넷째 천사가 그 대접을 해에 쏟으매 해가 권세를 받아 불로 사람들을 태우니 사람들이 크게 태움에 태워진지라 이 재앙들을 행하는 권세를 가지신 하나님의 이름을 비방하며 또 회개하지 아니하고 주께 영광을 돌리지 아니하더라(계 16:8-9)

의인들과 죄인들의 차이가 바로 여기에 있다. 의인들은 자신들의 불행을 받아들이고 기꺼이 감수한다. 주님이 그들에게 허락하시는 시련이 갈수록 극심해짐에 따라 그들은 점점 더 깊이 체념하기에 이른다. 반면에 죄인들은 자신들에게 저질러진 일과 '신성모독'에 대해 끔찍할 정도로 조바심을 내고 짜증을 부린다. 그들은 아무리 많은 응징을 당할지라도 자신의 내면에 대해서는 결코 관심을 기울이지 않는다. 온화한 기후에서 오직 감미로운 영향력만을 행사하는 태양이, 정욕에 불타는 이 영혼들에 대해서는 마침내 태워 버리기라도 할 듯이 맹렬해진다.

하나님께서 정결케 하시기 원하는 영혼에게 있어서, 네 번째 재앙은 매우 빈번하게 이상스런 태움으로 그에게 괴로움을 준다. 이 영혼은 신성을 모독하고 싶은 유혹을 받는다.

어떤 이들은 영적인 생활을 영위해 나가는 동안에 이런 일들을 겪으면서도 전혀 깨달을 줄 모른다. 그들은 하나님께 순복하고 자신을 포기하기는커녕 굴복하려는 기미조차 보이지 않는다. 오히려 그들은 자신들의 사악한 본성을 소멸시키시고자 영혼 안에서 싸우고 계신 하나님을 향해 맹렬한 분노를 터뜨린다. 어쩌면 이 사람은 낙심한 나머지 하나님께 완전히 등을 돌릴 수도 있다. 자기 자신을 철저히 버려야 할 순간임에도 불구하고 말이다.

> 또 다섯째 천사가 그 대접을 짐승의 왕좌에 쏟으니 그 나라가 곧 어두워지며 사람들이 아파서 자기 혀를 깨물고 아픈 것과 종기로 말미암아 하늘의 하나님을 비방하고 그들의 행위를 회개하지 아니하더라
>
> (계 16:10-11)

다섯 번째 재앙은 재물과 영화에 관심을 기울이는 사람에게 괴로움을 준다. 이것은 짐승의 보좌다. 가난하고 연약한 자들의 소유물을 탈취하여 배를 불린 사람은 오히려 가난해진다. 이것은 하나님이 보내실 수 있는 최고의 은총이다. 그러나 죄인들은 이 은총으로 인한 혜택을 입지 못하고 회개하지 않는다. 그들의 분노와 신성모독은 갈수록 심해지고, 그들은 자신들이 저지른 악행들을 회개하지 않는다.

짐승의 보좌 혹은 짐승의 자리가 무너져 내린다. 자기 사랑과 육체적 정욕이 근본적인 공격을 당한다. 이는 이런 부류의 영혼이 상상할 수 있는 최고의 고난이다. 자기 사랑의 보좌는 어둠으로 가득 차 있다. 그곳에는 더 이상 빛이 조금도 남아 있지 않다. 이러한 곤경은 인간의 본성을 누그러뜨리고 유순하게 만들기는커녕, 오히려 격렬한 분노를 불러일으킨다. 심지어 마치 귀신 들린 것처럼 보일 수도 있다. 가련한 본성이여! 네가 아무리 몸부림친다 할지라도 너는 반드시 죽게 될 것이다. 원하는 대로 마음껏 스스로를 방어해라. 네가 저항하면 할수록 고통은 더욱 중해지고 길어질 뿐이다.

또 여섯째 천사가 그 대접을 큰 강 유브라데에 쏟으매 강물이 말라서 동방에서 오는 왕들의 길이 예비되었더라 또 내가 보매 개구리 같은 세 더러운 영이 용의 입과 짐승의 입과 거짓 선지자의 입에서 나오니 그들은 귀신의 영이라 이적을 행하여 온 천하 왕들에게 가서 하나님 곧 전능하신 이의 큰 날에 있을 전쟁을 위하여 그들을 모으더라(계 16:12-14)

이 재앙은 얼핏 보기에 다른 재앙들에 비해 수준이 낮은 것 같다. 그러나 실제로는 다른 모든 것을 훨씬 능가한다. 강물은 재앙의 출발점이 되고 피로 변하기는 했을지라도, 완전히 마르지는 않는다. 우리가 반드시 알아야 할 사실이 있다. 인간은 본성적으로 얼마나 음식을 탐하는지 모른다. 그래서 아무 일도 없는 상태로 방치되는 것보다는 차라리 고통을 통해서라도 갈증을 해갈하고 충족받기를 원한다. 강렬한 육체적 정욕이 있는 영혼들은 가장 끔찍스런 상황을 통해서 스스로 만족을 얻는다.

내가 이 글을 쓰는 지금 이 순간, 이전까지만 해도 전혀 이해하지 못했던 하나의 진리가 깨달아진다. 바로 육체의 정욕을 완전히 제거하는 것이다. 이 진리는 본문에서 분명하게 표현된다. 즉, 어떤 영혼들은 본성을 제거하고 소멸시키기 위해 의도된 모든 상태를 통과한다는 것이다. 그러나 이 모든 상태를 통과함에도 불구하고, 그들은 여전히 자기를 비우지도 않았을 뿐더러, 자기에 대해 죽거나 자기를 제거하지도 않았다. 그들은 여러 가지 상황을 통과하는 동안에도 여전히 생생하게 살아 있다. 그들이 처한 상황들, 그 자체가 바로 그들의 양분이 되기 때문이다. 위대한 영원의 빛을 통해서 우리는 수많은 상태를 거쳐 온 영혼들을 식별할 수 있을 것이다. 그들은 자신들이 통과한 모든 단계의 특성들을 고스란히 지니고 있다. 우리는 그들이 자신에 관해 하는 말을 통해서는 결코 이런 사실을 알 수 없다. 이는 우리의 판단이나 이성적 능력으로도 불가능하다. 그러나 우리는 마음에서 풍겨나는 향기를 통해서, 또는 초자연적인 빛과 하나님께서 주시는 통찰을 통해서 이러한 사실을 식별할 수 있다.

참으로 성숙한 영혼들은 마음의 분별을 통해 사물을 받아들이기도 하고 거절하기도 한다. 이런 식의 분별은 다른 어떤 방법보다도 훨씬 더 올바르다. 우리는 이런 사람들을 그들의 말을 통해 분별하지는 않는다. 일백 마일이나 떨어진 곳에 있을지라도 우리는 사람의 마음속에 무엇이 있는지를 분별할 수 있다. 그러나 이런 분별력을 가지기 위해서 우리는 인간적인 감정들에 대해서는 철저히 죽어야만 한다. 그렇지 않으면 우리 자신의 좋고 싫음이 관련된 사안 안에 혼합되어 들어갈 수 있기 때문이다.

하나님이(온전한 묶임으로 주님과 연합된 영혼들에게서) 무언가를 원치 않으실 때, 주님은 그 사람을 고난 가운데로 몰아넣으신다. 이 고난은 마침내 그 사람 안에 일종의 분별을 산출한다. 이 사람이 하나님의 인도하심에 철저히 복종하기로 결심할 때, 그는 다름 아닌 하나님께서 그에게서 찾기 원하셨던 분별력, 혹은 하나님이 다른 사람들에게서 원하셨던 분별력을 소유하게 된다. 반면에 다른 사람들은 하나님께 굴복하기 위해 요구되는 가난이 결여되어 있다.

우리가 반드시 주목해야 할 사실이 있다. 이런 일은 언제나 자신을 철저히 비워 낸 영혼, 즉 하나님이 다른 사람들을 위해 사용하기로 작정하신 영혼인 경우에 한해서만 가능하다. 자연적인 상태로 살아가는 사람들이 혼자의 힘으로 이 일을 성취하게 해서는 안 된다. 그들이 이제껏 아무리 수많은 은혜의 단계들을 통과했을지라도, 그들은 반드시 속아 넘어갈 것이다. 증오(다른 사람들에 대한 호의)라는 첫 번째 시험에 당면해 있는 사람들도 절대로 이 일을 혼자서 이루어가서는 안 된다. 왜냐하면 그런 후에 그들은 다시 자연적인 상태로 돌아갈 것이기 때문이다. 하나님은 그들을 정결케 하시기 위해서 이러한 자연적인 차원을 허락하신다.

내가 이미 언급했던 내용으로 돌아가 보자. 자연적인 사람은 어찌나 악한지 아무런 음식도 없는 상태로 있는 것보다는 차라리 악행이라도 먹는 편을 훨씬 더 원한다. 자연적인 사람은 심지어 가장 혹독한 역경도 먹이로 삼는다. 강물이 말라 버린 까닭도 여기에 있다. 그에게 있어서는 강물을 피로 변화시키는 것보다는 마르게 하는 것이 훨씬 더 힘든 일이다. 강물이 마름으로 왕들의 길이 준비된다.

이 수로는 세상의 임금들을 위한 길이다. 유프라테스 강물이 말랐다는 것은 우리가 아는 모든 은총(온갖 버팀목. 여기에는 가장 은밀하게 숨겨져 있었던 것들도 포함된다.) 및 심각하든 심각하지 않든 관계없이 온갖 문제가 메말라 버렸음을 의미한다. 이는 현존하는 모든 것들, 살아남은 모든 것이 총체적으로 메말랐다는 뜻이다. 우리에게 유익을 주는 것이든 역경이든 악행이든 상관없이 말이다. 이 상태에 이르는 것이 최고로 어렵다.

또 하나의 확실한 사실이 있다. 앞으로 끔찍한 전쟁이 일어날 것이고 왕들이 결집할 것이다. 이렇게 모여든 왕들은 우리 주님의 나라를 지지하고 수호할 승리하신 왕에 대항하여 싸울 것이다.

더러운 영들은 짐승의 입, 즉 자기 사랑과 이기심과 육체적인 정욕에서 나온다. 달리 표현하면, 순전한 사랑을 가장 적대시하는 사람들은, 교만한 야망으로 가득 차 있고 독립성을 사랑하며 탐욕스럽다. 이 더러운 세 영이 전쟁을 통해 온 세상을 휘저어 놓는다.

이는 일종의 총체적인 혁명이다. 그러나 궁극적으로 우리는 만물이 예수 그리스도의 나라에 의해 정복되는 모습을 보게 될 것이다. 전쟁은 매우 무시무시한 양상을 드러낼 것이다. 사탄이 전심전력으로 스스로를 방어하기 때문이다.

> 보라 내가 도둑 같이 오리니 누구든지 깨어 자기 옷을 지켜 벌거벗고 다니지 아니하며 자기의 부끄러움을 보이지 아니하는 자는 복이 있도다
>
> (계 16:15)

〔오, 하나님! 주님은 마치 도둑처럼 오십니다. 주님은 죄인이 죄를 짓는 동안에 갑작스럽게 오실 수도 있고, 수많은 재난을 통해 단련된 영혼을 기쁨으로 충만케 해주시려 오실 수도 있습니다.

주님은 분노 중이나 세상을 기쁨으로 충만케 하시기 위해 재림하실 것입니다. 아울러 주님은 전혀 예상치 못했던 순간에 마치 도둑처럼 오십니다.

그러나 깨어 있는 영혼은 주의를 기울일 것입니다. 그가 갑작스럽게 주님을 맞이하는 일은 없을 것입니다. (만일 그 영혼이 놀라움에 사로잡힌다면, 이는 기쁨 때문입니다.)〕

우리는 예수 그리스도의 영을 늘 소유함으로 우리의 '옷을 지킨다.' 예수 그리스도의 영은 자기 부인의 영이며 가난이다. 다시 말해 자기 부인의 영과 가난을 소유한 자는 옷을 잘 차려입은 사람이다. 비록 당장에는 모든 것을 박탈당하고 살아갈지라도 말이다. 그러나 겉보기에는 옷을 잘 입는 것 같고 내면적으로 박탈당하지 않은 것 같아 보일지라도, 사실은 벌거벗은 사람이 있다. 그의 수치는 그를 옷을 잘 입는 사람으로 여겼던 사람들에게까지 알려질 것이다. 세상은 사물이나 상황들의 의미를 서로 교환한다. 그들에게 있어서 벌거벗음이란 소유물을 빼앗긴 상태를 말한다. 또한 옷을 잘 입은 것은 부요와 세속성을 의미한다. 그러나 육욕적인 영혼은 외관상으로는 옷을 입은 것처럼 보여도 실제로는 벌거벗은 것이다. 그 영혼은 예수 그리스도로 옷 입지 않았다. 가장 가난한 사람들이야말로 옷을 잘 입은 자들이다. 그들은 예수 그리스도로 옷 입기 때문이다.

세 영이 히브리어로 아마겟돈이라 하는 곳으로 왕들을 모으더라

(계 16:16)

본문에 의하면 왕들 사이에 전쟁이 일어나려는 것이 분명하다. 어떤 이들은 예수 그리스도에 의해 통치함으로써 왕이 되었다. 혹은 예수 그리스도께서 그들 안에서 또한 그들에 의해 통치하시기 때문에 왕이 되었다. 그들은 진정한 왕들이다. 왜냐하면 하나님께 철저히 복종하는 사람들은 피조물에 의존하지 않기 때문이다. 그들은 하나님께서 바라보시는 것처럼 바라본다. 또한 그들은 하나님께 순종하는 것

처럼 순종한다. 마땅히 순종하기로 되어 있는 사람들에게 있어 독립적인 태도와 순종은 결코 상반되는 것이 아니다. 그와는 반대로 오히려 순종은 그 어느 때보다 훨씬 더 온전해진다. 그러나 그들의 순종은 모든 형태의 종속과 이미 행해진 일들 속에 내재되어 있는 모든 피조물의 관점, 또한 하나님의 뜻이 아님에도 불구하고 쾌락을 위해 행동하려는 온갖 능력을 소멸시킨다. 이 영혼들은 자유로운 상태로 사람들로부터 아무런 제약도 받지 않은 채 살아간다.

이 왕들이 다른 세상의 왕들과 더불어 싸우기 위해 모였다. 세상의 왕들은 자신들이야말로 왕이라고 여긴다. 그러나 사실 그들은 노예들이다. 이 세상에서 가장 자유롭다고 생각하는 사람들이야말로 가장 의존적이고 얽매여 있는 자들이다. 반면에 얽매여 있다고 생각하는 사람들이 오히려 최고로 자유로운 자들이다. 오직 예수 그리스도의 자유로 말미암아 자유 가운데서 살아가는 사람들만이 다음과 같은 무기를 알 수 있다. 그것은 하나님 신뢰하기, 철저한 자기 부인, 희생적인 영, 인내 등이다. 한편 다른 사람들은 분노, 정욕, 교만, 오만, 증오, 자기의 힘 의존하기 등으로 무기를 삼는다.

일곱째 천사가 그 대접을 공중에 쏟으매 큰 음성이 성전에서 보좌로부터 나서 이르되 되었다 하시니 번개와 음성들과 우렛소리가 있고 또 큰 지진이 있어 얼마나 큰지 사람이 땅에 있어 온 이래로 이같이 큰 지진이 없었더라(계 16:17-18)

이 마지막 일격은 모든 문젯거리를 소멸시키는 은혜의 강타다. 이 강타를 계기로 모든 불행은 종결되고 온갖 축복이 시작된다. 대접이 공중에서 쏟아진다. 이 대접은 영혼이 가진 모든 능력을 담았다가 쏟아 붓게 된다.

성전에서 커다란 음성이 들려온다. 달리 말해, 영혼의 깊은 곳에서 음성이 나온다. "되었다." 이는 마치 다름 아닌 하나님으로부터 들려오는 음성인 듯하다. 이 말은 영혼이 모든 희망을 철저히 빼앗겼음을 의미한다. 더 이상 아무런 자원도 남아 있지 않다. 이는 가장 끔찍하고 비참한 상태다. 하나님이 이 사실을 확증하고 계신 것만 같다. 인간의 본성은 최후의 치명적인 타격을 목격하면서, 끔찍한 두려움, 무서운 공포, 무시무시한 소동의 상태로 진입한다. 이런 일들은 인간이 지구상에 살던 이래로 유래를 찾아볼 수 없었던 것들이다. 만일 이 상태가 모든 재난 중에서 최악의 것이라면, 이는 다시 말해 최후의 것이라는 의미이기도 하다.

하나님께서 이 세상에 주님의 영을 보내시기를 기뻐하시는 순간은, 오직 세상을 일소하시기 직전 밖에는 없다. 상황이 절박할 때, 진리에 대한 반격과 정죄가 최고로 극심할 때, 바로 이때 진리와 빛은 가장 밝은 모습으로 드러날 것이다.

아아, 어쩌면 좋단 말인가! 이런 일이 있기 전에 너무나 끔찍하고 수많은 번개와 우렛소리들이 들려와야 한다! 마치 가능한 모든 이들이 갑옷을 입고 진리에 대항하여 싸우려는 것 같다. 심지어 진리로 충만한 사람들조차도 공포와 이상스런 놀람을 겪는다. 이는 그들을 위협하는 악행들 때문이다. 상황은 완전히 절망적인 상태가 될 것이다. 이제 "되었다"는 말이 들려올 것이다. 그러나 우리는 인내를 갖도록 하자. 종말의 순간은 반드시 도래할 것이다. 그 순간이 되면 고통은 끝나고 진리에 대항했던 원수들은 멸망할 것이다.

이 마지막 핍박은 유사 이래 가장 강력한 것이 될 것이다.

> 큰 성이 세 갈래로 갈라지고 만국의 성들도 무너지니 큰 성 바벨론이 하나님 앞에 기억하신 바 되어 그의 맹렬한 진노의 포도주 잔을 받으매
>
> (계 16:19)

마치 영혼이 세 갈래로 나뉘는 듯하다. 영혼은 상층부와 하층부로 구분된다. 영혼의 내부에는 두 부분이 있다. 한 부분은 활동을 하고, 다른 한 부분은 활동하는 부분을 견책하는 역할을 한다. 한 부분은 무언가를 하기 위해 이끌리고, 또 다른 부분은 이러한 움직임을 책망한다. 한쪽은 정죄하고, 또 다른 한쪽은 자신이 정죄당했음을 알아차리고는 정죄의 원인을 밝혀내려 하지만 결국에는 찾아내지 못한다. 이는 마치 합리적인 능력으로 이루어진 군대가 서로 싸움을 벌이는 듯한 형국이다. 양자는 서로를 죽일 뿐 아니라 지속적으로 되살아난다. 지극히 고통스러운 상황이 전개되는 것이다.

영혼 안에서 벌어지는 이 전투에서, 만국의 성들—인간 본성의 도피처들—은 상실되고 무너져 내린다. 이 싸움에서, 한편은 다른 한편을 돕기 위해 애원할 뿐 아니라, 종종 더 많은 강점을 가질 때도 많은 듯하지만, 마침내는 철저한 희생과 온전한 복종을 통하여 파멸되고 패배한다. 인간의 본성은 더 이상 아무런 희망도 없다. 이 투쟁에서 영혼 안에는 얼마간의 아집이 남아 있다. 또한 영혼은 스스로를 방어

하기 위해 자신의 자유를 사용하고 싶어 한다. 마치 물에 빠진 사람이 목숨을 부지하기 위해 미미하게 남아 있는 힘을 송두리째 사용하는 모습과도 흡사하다. 그러나 이러한 노력은 오히려 그의 죽음을 가속화시킬 뿐이다.

자기(self)는 하나님 앞에서 기억하신 바가 된다. 하나님은 큰 성 바벨론, 고통과 혼동의 어머니, 평강과 고요와 단순성의 원수를 기억하신다. 그러나 하나님께서 이를 기억하시는 것은 주님의 맹렬한 진노의 포도주 잔을 마시게 하기 위함이다.

〔오, 하나님! 이 얼마나 놀라운 포도주인지요! 이 잔은 반드시 부어질 것입니다.〕

하나님이 바벨론을 향해 다음과 같이 말씀하실 것이다.

"너는 내가 원하지 않았던 일을 행했다. 너는 나를 거역하였다. 이제 너는 네가 원하지 않는 일을 행하게 될 것이다. 오, 바벨론이여! 너의 혼란으로 세상이 고통을 받는구나! 그러나 네가 멸망하는 모습에 온 세상이 깜짝 놀라게 될 순간이 반드시 도래할 것이다."

각 섬도 없어지고 산악도 간 데 없더라(계 16:20)

영혼을 들어 올리고 지탱하던 모든 것이 무너져 내렸다. 영혼은 더 이상 아무런 높이나 깊이도 찾아볼 수 없다. 한때 높이 들려 올라갔던 영혼이 이제는 거꾸러뜨림을 당했다. 가장 깊은 겸손 가운데로 빠져드는 것만이 영혼을 지탱해 주는 가장 훌륭한 버팀목이 되었다.

또 무게가 한 달란트나 되는 큰 우박이 하늘로부터 사람들에게 내리매 사람들이 그 우박의 재앙 때문에 하나님을 비방하니 그 재앙이 심히 큼이러라(계 16:21)

만일 하나님이 영혼의 버팀목들을 모두 제거하시고, 영혼으로 하여금 주님의 분노의 무게를 느끼도록 허락하지 않으셨다면, 상황이 그렇게 나쁘지만은 않았을 수도 있다. 그러나 하나님의 진노의 무게를 감당하는 것만큼 끔찍한 일은 없다. 이 벼락들은 계속해서 빠른 속도로 떨어질 뿐 아니라 우박처럼 두껍기까지 하다. 하나님은 온갖 재앙을 더하시며 버팀목들도 모조리 제거해 버리신다. 이제 영혼은 무기력한 상태에 처해 있다. 바로 이때 핍박이 가중된다. 더 이상 아무도 위안을 찾지 못한다.

요한계시록
17장

또 일곱 대접을 가진 일곱 천사 중 하나가 와서 내게 말하여 이르되 이리 로 오라 많은 물 위에 앉은 큰 음녀가 받을 심판을 네게 보이리라 땅의 임금들도 그와 더불어 음행하였고 땅에 사는 자들도 그 음행의 포도주에 취하였다 하고(계 17:1-2)

바벨론이여! 너는 반드시 심판을 받고 무너질 것이다. 더 이상 심판은 연기되지 않을 것이다. 너는 마치 '많은 물' 위에 앉아 있는 것처럼 숱한 죄악더미 위에 앉아 있다. 너는 물처럼 끊임없이 변화하고 흘러가는 쾌락더미 위에 앉아 흡족해 한다. 너는 큰 음녀다. 너는 본래 하나님의 뜻에 연합되도록, 하나님께 온전히 순복하도록 창조되었다.

그러나 너는 합법적인 신랑이신 하나님으로부터 멀어져서 자기와 더불어 음행을 즐겼다. 너는 자기에게 이용당하여 온 세상과 더불어 죄를 범했다. 죄가 너의 생계 수단이구나. 네가 먹고 사는 죄야말로 네 거역의 원인이구나. 너는 물들의 동요와 불안정을 통해 안식을 찾아낸다. 빗발치는 죄악이 너를 통해 흘러넘치고, 너의 부패함은 온 땅 전역으로 확산되었다.

너와 더불어 땅의 임금들도 타락했다. 그들은 원래 다스리기 위해 지음 받은 자들이었다. 만일 하나님께 복종했더라도 모든 사람이 왕이 되었을 것이다. 그러나 비열한 바벨론, 바로 너로 인해서, 왕들이 타락해서 노예가 되었다. 그들은 영원한 즐거움을 맛보며 살아가도록 창조된 자들이었다. 순전하고 단정한 즐거움은 원래 그들이 누려야 할 몫이었다. 그러나 너는 그 즐거움을 잃어버리고 말았다. 너는 그 즐거움을 육욕적이고 수치스런 쾌락으로 변질시켰고, 성령님이 주시는 기쁨을 상실하였다. 지금 온 세상이 이러한 부패와 타락으로 충만해 있다. 그러나 너는 반드시 심판을 받아 죽을 것이다. 네가 다른 이들에게 준 잔을 너도 마시게 될 것이다. 하나님은 네가 자신의 왕국을 건설하기 위해 다른 이들에게 건네준 포도주를 사용해서 너를 죽이실 것이다.

> 곧 성령으로 나를 데리고 광야로 가니라 내가 보니 여자가 붉은 빛 짐승을 탔는데 그 짐승의 몸에 하나님을 모독하는 이름들이 가득하고 일곱 머리와 열 뿔이 있으며(계 17:3)

아집은 한 여인이다. 그것도 간음하는 여인이다. 그녀는 스스로 분리되어 간음을 저지른다. 그녀의 목적은 세상을 거룩하게 하는 것이었으나 오히려 세상을 타락시켰다. 그녀는 마치 '광야'와도 같은 곳에서 살아간다. 왜냐하면 그녀에게는 아무런 선도 행할 수 있는 여지가 남아 있지 않기 때문이다. 그녀는 자기 사랑 위에 걸터앉아 있다. 자기 사랑은 붉은 빛을 띤다. 이는 순전한 사랑을 흉내내기 때문이다. 그 여자는 온갖 죄악을 만들어냄으로써 자기 사랑의 도구로 이용당하는 것은 아닌가?

그녀가 아니었다면 죄는 존재하지 않았을 것이다. 죄악이 진홍색처럼 붉다. 그만큼 죄악에는 악의가 가득하다. 그녀는 자유를 사용하여 온갖 죄악을 저지른다. 그녀는 자신이 좋아하는 것이라면 무엇이든 소유하고 싶어 한다. 비록 그녀가 그토록 사악하고 모든 죄악의 근원이 됐을지라도, 당신이 그녀를 찾아낼 수 없는 것은 자신의 정체를 매우 교묘하게 숨기기 때문이다.

그녀는 하나님을 모독하는 이름으로 가득 차 있다. 그녀는 끊임없이 하나님의 속성들을 취하여 마치 자신에게 속해 있는 것처럼 속인다. 그녀는 언제나 반역을 일삼으며 하나님께 대항한다. 내가 그녀의 사악함에 관해 말하는 모든 내용에는 그녀의 존재가 어떠한지에 대해서는 조금도 포함되어 있지 않다.

아집은 온갖 악독함보다도 훨씬 더 악하다. 그녀가 발 딛고 서 있는 죄악들은 그녀의 존재만큼 악하지는 않다. 그녀가 걸터앉아 있는 괴물이 지니는 사악함도 사실은 그녀에게서 나누어 받은 것에 불과하다. 오, 자기와 사악한 의지여!

내가 너에 관해 정확하게 묘사할 수만 있다면, 아마도 모든 영혼이 너를 미워하지 않을 수 없을 것이다.

그 여자는 자주 빛과 붉은 빛 옷을 입고 금과 보석과 진주로 꾸미고 손에

금 잔을 가졌는데 가증한 물건과 그의 음행의 더러운 것들이 가득하더라 (계 17:4)

이 지독한 의지는 사악함에도 불구하고 끔찍할 정도로 약삭빠르게 자신의 정체를 숨긴다. 그녀의 사악함이 가장 적나라하게 드러나는 부분이 바로 여기다. 그녀는 온갖 덕스러움을 가장한 모습으로 자신을 은폐시킨다. 지배할 수만 있다면 그녀는 수단과 방법을 가리지 않는다. 그녀야말로 참으로 악의에 찬 존재다. 그 여자는 "손에 금 잔을 가졌는데," 금잔에는 가증한 물건과 음행의 더러운 것들이 가득' 차 있다. 금잔도 악의로 가득 찬 그녀의 독성을 막아낼 수 없다. 이러한 악의는 영혼 안에 존재하는 아집의 정도에 비례할 뿐 아니라, 영혼의 아집에 비하면 훨씬 덜 강력하다.

그의 이마에 이름이 기록되었으니 비밀이라, 큰 바벨론이라, 땅의 음녀들과 가증한 것들의 어미라 하였더라 또 내가 보매 이 여자가 성도들의 피와 예수의 증인들의 피에 취한지라 내가 그 여자를 보고 놀랍게 여기고 크게 놀랍게 여기니(계 17:5-6)

이 아집은 일종의 신비로서 대부분의 영혼 속에서는 거의 찾아볼 수 없다. 그녀는 만일 자기만 무사히 남아 있을 수 있다면, 사람이 아무리 혹독하게 스스로를 훈련할지라도 그대로 묵인할 것이다.

모든 것이 그녀의 먹이가 된다. 그녀는 먹이의 종류를 상관하지 않고 닥치는 대로 먹어 치운다. 그녀는 어떤 특정 덕목들을 외부적으로 실천하는 모습에 대해서도 반대하지 않는다. 이 얼마나 수수께끼 같은 일인가! 그러나 그 여자는 매춘부들의 어미다. 이는 그녀가 자신의 행위를 잡종으로 변질시킨 까닭이다(원래 그녀의 행위는 합법적인 아버지이신 하나님으로부터 말미암았을 때만 해도 선한 것이었다). 하나님은 그녀에게서 나오는 모든 것을 몹시 싫어 하신다. 순교자들은 그동안 그녀와 더불어 투쟁해 왔다. 하나님이 그들로 하여금 견디게 하신 온갖 고통은 사실상 이 음녀를 파멸시키기 위한 것에 불과하다!

이 세상에 아집이 더 이상 존재하지 않으면 죄도 자취를 감출 것이다.

> 천사가 이르되 왜 놀랍게 여기느냐 내가 여자와 그가 탄 일곱 머리와 열 뿔 가진 짐승의 비밀을 네게 이르리라 네가 본 짐승은 전에 있었다가 지금은 없으나 장차 무저갱으로부터 올라와 멸망으로 들어갈 자니 땅에 사는 자들로서 창세 이후로 그 이름이 생명책에 기록되지 못한 자들이 이전에 있었다가 지금은 없으나 장차 나올 짐승을 보고 놀랍게 여기리라(계 17:7-8)

하나님은 이 수수께끼의 의미가 알기 쉽게 풀어지도록 하셔야만 한다. 이 괴물이 죽임을 당하면 그 즉시로 죄는 철저히 소멸될 것이다. 이 짐승은 무저갱에서 올라왔다. 죄는 뱀을 통해 지옥에서 이 땅으로 올라왔다. 그러나 예수 그리스도의 구속으로 말미암아 가련하게도 이 짐승은 올라왔다가 결국 멸망을 당한다. 예수 그리스도는 죄를 패배시켰고, 이전과는 비교할 수 없을 만큼 지극한 기쁨을 누릴 수 있도록 다시금 은혜를 회복시켜 주셨다. 잃어버린 자들과 마귀는 이 짐승—자기 사랑—이 사라진 사실을 보면서 기이하게 여길 것이다! 그들이 잃어버린 자들이 된 까닭은 그 여자가 더 이상 이 세상에 남아 있지 않기 때문이다. 잃어버린 자들은 고독한 존재들이 될 것이고, 이 땅에 남아 있는 사람들을 향하여 질투심을 품을 것이다. 아집이 세상에서 완전히 제거될 때, 마귀는 신실한 사람들을 유혹할 권세를 잃을 것이다.

아집은 바벨론에 비유될 수 있다. 이는 아집 때문에 영혼 안에 초래되는 고통과 혼동 때문이다. 의지가 하나님의 뜻에 조화를 이루는 모습은, 마치 홍수에서 구원해 주는 방주와도 같다. 그곳은 평강과 안식의 중심지다.

자신들은 결코 자신만의 의지가 없다고 믿는 영혼이 얼마나 많은지 아는가? 혹은 그들의 지도자들조차도 그들에게는 자신만의 의지가 없다고 믿는다. 그러나 실제로 그들은 자기의 뜻으로 가득 차 있는 자들이다. 아집은 위장된 순종이라는 덮개로 정체를 숨기는 법을 너무나 잘 알고 있다. 하나님이 영혼으로 하여금 주님을 기쁘시게 해드릴 수 있는 상황에 처하게 하셨을 때, 아무리 경악할 만큼 끔찍한 상황 속에서도 그가 최소한의 저항도 하지 않는다면, 그는 하나님이 뜻하시는 모든 일에 계속해서 전적으로 헌신된 상태에 머물러 있게 된다. 온갖 악행들이 난무하는 가운데서도, 그는 결코 자신의 의지를 주장하거나 저항하려 들지 않는다. 영혼이 철저한 죽음과 상실의 상태에 놓여 있지 않으면, 비록 의지를 순복시켰다 할지라도 자기는 어느 정도 저항하는 것일 수 있다. 그러나 자기가 실제로 죽어 있다면 더 이상 저항도 존재하지 않는다.

종종 우리는 자기가 그리스도인으로서의 삶의 출발 지점에 비해 중간 지점에 이르러 훨씬 더 강력하게 저항하는 모습을 보며 깜짝 놀라곤 한다. 처음 시작할 때만 해도 순종하기가 수월했다. 마치 우리는 하나님의 모든 뜻과 온갖 시련에 대해 철저히 순복하는 것만 같다. 그러나 조금만 시간이 지나면 우리는 정반대의 것을 느낀다. 회심이 시작될 무렵만 해도 아집은 철저히 마음속에 남아 있었다. 회심을 통과하는 동안에 아집의 거역은 제거된다.

반면에, 죄인의 경우에 아집은 하나님의 뜻에 철저히 저항한다. 회심 이후에는 비록 거역의 죄악을 저지른 적이 없을지라도, 그리스도인은 하나님의 뜻과 상반되는 무수히 많은 바람을 여전히 간직한다. 그가 하나님께 거역하려는 뜻을 품지 않았다는 것과 공개적으로 주님께 대항하려는 의지를 가지지 않았다는 것은 사실이다. 회심한 이후에 하나님은 영혼으로 하여금 주님의 뜻을 의식적으로 사랑하고 알 수 있는 단계로 인도해 주신다. 주님은 이런 일을 매우 친절하고 부드러운 방식으로 행하신다. 따라서 영혼의 감각들과 외면적인 삶은 하나님의 뜻을 행하는 쪽으로 순조롭게 이끌려 간다. 이제는 하나님의 뜻을 행하고 싶은 강력한 욕구가 생겨난다.

그런 다음에 아집은 어떻게 되는가? 아집은 영혼의 더 깊은 곳으로 침잠해 들어간다. 겉으로 볼 때 아집의 모습은 조금도 드러나지 않는다. 아집은 하나님의 뜻에 대한 의식적인 욕구들을 통하여 즐거움을 누리기 때문이다. 이 정도로는 아직 위험한 상태는 아니다. 아집은 영혼의 깊은 곳에 정체를 숨기고 즐거움을 먹고 살아간다. 아집을 물리치기 위해 싸우려는 노력도 없다. 아집은 여전히 평안히 살아간다.

영혼은 이런 상태를 느끼면서 내면에서 아무런 저항도 일어나지 않음을 발견한다. 그러면서 그는 자신에게는 아무런 의지도 없을 뿐더러, 자신은 오직 하나님의 뜻만을 행하노라고 생각한다. 물론 그 영혼에게 있어서 겉으로 드러난 의지는 없다. 그러나 안을 들여다보면 엄연히 의지가 있다. 이때의 의지는 이전과는 비교할 수 없을 정도로 강력하다. 아집은 외면적인 삶에서 모습을 감추는 것과 동시에 내면에 자리를 잡는다. 그것도 이전보다 훨씬 더 강력해진 모습으로 들어앉아 있다. 영혼이 자신은 아집에서 자유로워졌다고 믿으면 믿을수록, 그 영혼은 보다 더 은밀하고 깊은 곳에 의지를 은폐시킨다.

아집이 엄연히 생생하게 살아 있음에도 불구하고, 우리는 더 이상 아무런 거역도 존재하지 않는다고 추측해 버린다. 하나님은 무얼 하시는 걸까? 하나님은 이 끔찍한 괴물이 내면에 살아 있도록 허락하실 만큼 영혼에게 큰 은총을 베풀어 주시는 분이 결코 아니다. 하나님은 이 상태가 지속되도록 내버려 두지 않을 것이다.

주님은 영적인 감각들로부터 온갖 감미로움을 빼앗아 가신다. 주님은 이 영혼 안에 마치 무장을 갖춘 강한 자와도 같이 임하신다. 이는 내면에 확고하게 자리잡은 아집을 추격하기 위해서다. 그런 다음에는 앞에서 서술한 바와 같은 고난이 찾아온다. 아집은 마치 죽어 있고 소멸된 것처럼 보였다. 그러나 지금은 이전과는 비교할 수 없을 정도로 강력해진 아집의 존재가 감지된다. 추격당하는 동안에 아집의 광포는 점점 더 증대된다. 신자의 영혼은 하나님을 바라보지 못하고 오직 자신의 악한 의지만을 바라보면서 갈수록 상태가 악화된다. 그러나 아집의 정체가 드러날수록 그로 인한 위험은 줄어들 것이다. 이제 아집은 신자의 내면 깊은 곳에 마련해 둔 자리를 포기하고 완전히 표면화되어 모습을 드러낸다. 이제부터 아집은 다시금 회심 이전의 상태와 같은 거역의 태도를 나타내기 시작한다.

사람들은 아집과 관련된 신비를 잘 이해하지 못한다. 그렇기에 이해할 수 없을 정도로 거역을 일삼으며 하나님과 하나님의 피조물에 복종하지 않는 모습에 소스라치게 놀란다.

마침내 아집은 더 이상 추격을 피하지 못하고 결국 떠나고 만다.

영혼은 쫓겨나간 아집을 흔적조차 발견할 수 없다. 아집이 있었던 자리는 하나님의 뜻으로 대치되고, 영혼은 더 이상 자신만의 뜻을 조금도 가지지 않는다. 영혼은 온통 하나님의 뜻에 사로잡혀 있다. 그러나 이런 사실을 느끼는 순간은 오직 영혼이 하나님께 저항할 때, 혹은 하나님의 바람에 대해 저항할 때 뿐이다. 이때 그 영혼은 아집이 또 다시 돌아왔다고 생각한다.

이쯤에서 신자들에게 자기를 완전히 비워 내고 완전히 죽음에 처해지지 않은 영혼들이 빠질 수 있는 몇 가지 끔찍한 위험에 관해 경고해도 좋을 듯하다. 사람이 이런 상태에 처하게 된 것은 스스로가 원했기 때문이라고 생각해도 좋을 것이다! 그들의 의지는 매우 생생하게 살아 있다. 비록 은밀하게 숨어 있을지라도 말이다. 이제 숨어 있던 의지가 점점 모습을 드러내기 시작한다. 이는 자신의 욕구와 본성을 충족시키고 싶어 하고, 나아가 자신의 아집을 강화시키기 원하는 성향을 통해서 입증된다. 자기는 결코 상실된 것이 아니라 오히려 이전보다 훨씬 더 강력하다. 자신은 하나님의 뜻을 따른다고 생각하지만, 실제로 그가 추구하는 것은 자신의 뜻이다. 그러는 동안에 그는 도저히 해결책을 찾아낼 수 없는 이상한 고난들 속으로 빠져들어 간다. 그는 자신이 하나님의 뜻을 좇았다고 착각한다.

또 하나의 위험성이 존재한다. 종교지도자들은 은혜에 관한 견해들을 채택함에 있어 통상적인 관습에 적절히 들어맞는 것을 선택한다. 그들이 하나님께 이르는 방식은 하나님을 따르고 싶은 욕구가 지극히 미미한 사람들과의 관계에 기반을 두는 것이다. 그들은 자기를 철저히 비워 낸 영혼을 가진 신자를 만난 경우에는 무엇을 어떻게 해야 할지조차 알지 못한다! 종교지도자는 그 사람이 가진 견해들(이것은 그 사람을 향한 하나님의 뜻이다)에 반대하도록 강요하고 싶어 한다. 무지한 종교지도자는 이런 그리스도인을 세상에서 당할 수 있는 온갖 괴로움보다 훨씬 더 고통스러운 고난 속으로 던져 넣는다. 그러다가 마침내 종교지도자가 그 사람 안에 역사하시는 하나님을 목격하게 되었을 때, 이제 그는 그 영혼을 한낱 초심자로 간주하고 만다!

이 시점에서 종교지도자는 다음과 같이 말할지도 모른다. “이 영혼이 깨어지고 자기를 온전히 비워 낸 상태인지, 아니면 단순히 고분고분한 초심자인지를 제가 어떻게 분별할 수 있겠습니까? 한쪽은 자기를 추구하고, 다른 한쪽은 은혜를 따라갑니다. 그러나 이 둘 모두 겉으로 드러난 모습은 동일합니다.”

아, 이 두 부류의 사람을 구별하는 것이 얼마나 쉬운 일인가! 자기를 비워 낸 영혼은 모든 면에 있어서 하나님의 손 안에서 유순한 태도를 보인다. 이런 영혼은 십자가를 져야 하는 상황에 처하게 될지라도 결코 행동이 달라지지 않는다. 그러나 단순히 고분고분한 초심자의 경우에는 이와는 정반대의 모습을 드러낸다. 자기를 비워 낸 영혼은 언제나 동일한 모습으로 복종한다. 하나님은 그를 단련시키기 위한 수단으로 십자가도 사용하셨고 축복도 사용하셨다. 하나님께서 원하시는 모든 일에 대해 언제나 유순한 태도로 복종할 뿐 아니라 항상 주님의 뜻에 동의할 준비가 되어 있는 영혼은, 이미 그동안 온갖 죽음과 아집이 행하는 온갖 거역을 통과해 왔음이 분명하다. 마침내 그 영혼은 모든 선택에 대해 죽어 있는 상태다.

반면에 다른 이들의 경우를 생각해 보자. 그들은 지금 막 의식적이고 만족스런 상태에서 빠져나왔다. 여전히 자기로 가득 차 있는 그들은 십자가를 오래 견디지 못한다. 그들이 하나님의 뜻을 행하는 경우는 오직 주님의 뜻이 자신의 뜻과 일치될 때 뿐이다. 하나님의 뜻과 자신의 뜻이 상반될 때 그들은 공공연하게 하나님의 뜻에 맞서 저항한다.

그리스도인 사역자여, 전심전력으로 아집에 맞서 싸우라! 그렇지 않으면 당신은 아무런 해결책도 찾지 못하고 이러한 신자들을 잃게 될 것이다. 당신이 진리 안에서 그들의 아집에 대해 저항할 때, 당신은 그들이 상처받는 모습을 보게 될 것이다. 그러나 마침내 이로 인해 그들은 평강에 이를 것이다.

> **지혜 있는 뜻이 여기 있으니 그 일곱 머리는 여자가 앉은 일곱 산이요 또 일곱 왕이라 다섯은 망하였고 하나는 있고 다른 하나는 아직 이르지 아니하였으나 이르면 반드시 잠시 동안 머무르리라**(계 17:9-10)

아집은 영혼 안에서 일곱 산 위에 걸터앉아 있다. 일곱 산은 아집이 통치권을 휘두르는 장소다. 왕좌를 갈망하는 일곱 왕이 있는데 그들의 주권자는 의지다. 일곱 산과 일곱 왕은 모두 동시에 여자의 지배를 받고 여자에게 사로잡혀 있다. 일곱 산이란, 지성, 이성, 판단력, 분별력, 지혜, 힘, 심사숙고 혹은 선택을 일컫는다. 이 모든 것은 영혼의 고결함과 기품, 이성의 탁월함인 것 같다. 그러나 이것들은 모두 의지에 지배당하고 의지에 종속되어 있다. 여자가 그들 모두를 지도하고 만사를 이끌어 간다. 예수 그리스도께서는 복음서에서 소경이 소경을 이끌면 두 사람 모두 구덩이에 빠진다고 말씀하셨다. 소경은 이성의 눈을 가려서 자신과 함께 구덩이에 빠지도록 질질 끌어당긴다. 여자는 사람에게서 모든 지성을 빼앗고 그의 이성을 무색하게 만든다. 그녀는 자신의 판단을 뒤집어엎고 자신의 분별력을 어둡게 하며 자신의 지혜를 소멸시킨다.

그런 다음에 이들은 '타락한 다섯 왕'이 된다. 아직 한 왕이 남아 있다. 이 왕은 능력을 의미한다. 심사숙고의 힘과 선택의 힘은 타락하지 않은 왕을 상징한다. 그의 때는 아직 이르지 않았다. 일곱 왕 중에 마지막인 이 왕은 여전히 남아 있다.

우리의 아집을 꺾기 원하실 때, 하나님은 아집이 주님의 보좌를 찬탈하기 위해서 공격했던 것들을 동일하게 공격하신다. 가장 먼저 주님은 지성의 빛을 허락하신다. 엄청난 총명이 주어졌다가 잠시 후에 소멸된다. 주님은 자기 의를 심판하시기 위해 날카로운 판단력을 주신다. 주님이 이러한 판단력을 주시는 또 하나의 이유는 우리로 하여금 반드시 하나님의 뜻을 따라야 함을 알려주시기 위해서다. 그런 다음에 주님은 그녀로 하여금 이 판단력을 상실하게 하신다. 명백한 무관심을 당한다. 지혜도 주어진다. 그러나 아집에게 지혜는 어리석어 보인다. 마침내 아집은 무지에 빠져들고 영혼은 쇠약해진다. 영혼 안에는 더 이상 판단력이 조금도 남아 있지 않다. 이제부터는 본능이 인도해 가는 것처럼 보인다.

전에 있었다가 지금 없어진 짐승은 여덟째 왕이니 일곱 중에 속한 자라 그가 멸망으로 들어가리라(계 17:11)

짐승은 사람 안에 존재하는 아집을 가리킨다. 짐승은 전에 있었으나 지금은 사라지고 없다. 전에 존재했던 것은 일곱 왕들 안에 살아 있었기 때문이고, 지금 사라진 이유는 일곱 왕이 모두 멸망당한 상태이기 때문이다. 짐승은 여덟째 왕이다. 모든 것이 그를 향해 흘러가며, 그는 이 모든 부정적인 것들의 최후다. 짐승을 일곱 중에 속한 것으로 간주하는 이유는 그가 일곱 왕들 안에 존재하기 때문이다. 특히 짐승은 선택 혹은 심사숙고 안에 존재한다. 선택 혹은 심사숙고야말로 짐승이 지니는 주된 특징이다.

네가 보던 열 뿔은 열 왕이니 아직 나라를 얻지 못하였으나 다만 짐승과 더불어 임금처럼 한동안 권세를 받으리라(계 17:12)

이 말씀에 언급된 열 뿔은 열 가지 욕망을 의미한다. 열 뿔이 짐승과 연합하여 열하나가 된다. 이것은 자기 사랑, 곧 짐승이다. 아직까지 욕망에 의한 폭동은 일어나지 않았다. 그러나 아집이 소멸되고 자신들의 죽음이 시시각각으로 다가오는 모습을 목격하게 될 때, 욕망은 폭동을 일으킬 것이다. 그들은 모두 의지 안에 자리를 마련하고 살아간다. 이 욕망은 아주 잠시 동안만 격렬하게 모습을 드러낸다. 그들은 자기 사랑이 여전히 살아 있는 동안에만 지속될 것이다. 소멸되는 의지를 목격할 때, 아집은 마치 등불이 밝은 빛을 내다가 점차 꺼져가듯이 소멸될 것이다.

> 그들이 한 뜻을 가지고 자기의 능력과 권세를 짐승에게 주더라(계 17:13)

그들 모두가 완전히 한 뜻을 가진다. 자기 사랑은 모든 능력과 힘을 소유한다. 그러므로 자기 사랑은 다른 모든 사람들이 자기들끼리는 결코 할 수 없는 일을 얼마든지 할 수 있다.

> 그들이 어린 양과 더불어 싸우려니와 어린 양은 만주의 주시요 만왕의 왕이시므로 그들을 이기실 터이요 또 그와 함께 있는 자들 곧 부르심을 받고 택하심을 받은 진실한 자들도 이기리로다(계 17:14)

육체성은 모든 추종자를 거느리고 전력을 기울여 "어린 양과 더불어" 싸움을 벌인다. 다시 말해 육체성이 예수 그리스도의 성령과 주님의 통치, 주님의 나라에 대항하여 전쟁을 한다는 의미다.

예수 그리스도의 나라를 확립하려는 목적으로 영혼 안에서 벌어지는 일은 온 교회 가운데에 주님의 나라를 세우기 위해서도 반드시 이루어져야 한다!

자기 사랑, 자기 생각, 아집, 육체성이 예수 그리스도의 영에 대항하여 이상한 싸움과 끔찍한 반대를 한 이후에, 궁극적으로는 주님의 통치와 주님의 나라가 압승을 거둔다. 주님은 욕망을 정복하시고 지배하시며, 그것들을 주님의 영광으로 변화시키신다. 사랑은 순전한 사랑으로 변화될 것이다. 사랑이 대장 역할을 맡게 되고, 모든 열망을 오직 하나님을 위해서만 전적으로 쏟아부을 것이다. 순전한 사랑은 심지어 영혼에게 있어서 말할 수 없을 정도로 큰 즐거움인 하나님의 기쁨마저도 성화시킬 것이다. 오직 하나님과 하나님의 영광을 위한 것이라면 무엇이든지 갈망하게 될 것이며, 하나님과 반대되는 것이라면 무엇이든지 미워하게 될 것이다. 분노는 열정으로 변화될 것이다. 우리 주님은 바로 이런 방식을 통하여 승리하실 것이다. 이 일을 위해 주님은 주님께 대항하기 위해 사용되었던 무기들을 사용하실 것이다. 주님은 영혼에게 주님의 사랑을 확증해 주실 것이며, 변함없는 신실함으로 그를 대해 주실 것이다.

> 네가 본 바 이 열 뿔과 짐승은 음녀를 미워하여 망하게 하고 벌거벗게 하고 그의 살을 먹고 불로 아주 사르리라(계 17:16)

예수 그리스도께서 싸움을 위해 사용하시는 무기들은 실제로 그동안 주님께 대항하기 위해 사용되었던 것들이다.

그들은 음녀를 미워할 것이다. 그녀를 반대하는 증오와 분노가 일어나고, 이로 인해 결국 그녀는 고립되고 만다. 자기 사랑이 통치권을 행사하는 동안에, 아집은 권력을 장악하여 영혼 안에 남아 있던 온갖 선함을 집어삼켰다. 마찬가지로, 순전한 사랑이 지배하는 동안에는 하나님의 뜻이 아집이 있던 자리를 대신하고 그것을 삼켜 버린다. 마침내 아집은 하나님의 사랑의 불에 소멸되고 만다.

아, 사악한 의지여! 너는 네 안에 들어 있는 온갖 사악함을 깨달을 수 있을 것이다. 너의 사악함은 도저히 말로 표현할 수조차 없다. 만일 네가 제한당하지 않았더라면, 우리는 너의 사악함이 하나님의 선하심 만큼이나 어마어마하다고 말할 수 있을 것이다. 우리가 말할 수 있는 것은 네가 더할 나위 없이 사악한 존재임과 동시에 온갖 악행의 원천 혹은 기원이라는 사실이다. 너와 함께 천국에서 사느니 차라리 네가 없는 지옥에서 사는 편이 훨씬 더 낫겠다.

> 이는 하나님이 자기 뜻대로 할 마음을 그들에게 주사 한 뜻을 이루게 하시고 그들의 나라를 그 짐승에게 주게 하시되 하나님의 말씀이 응하기까지 하심이라 또 네가 본 그 여자는 땅의 왕들을 다스리는 큰 성이라 하더라(계 17:17–18)

하나님은 그들의 마음속에 주님이 기뻐하시는 일이라면 무엇이든지 행하고자 하는 열정을 넣어주셨다. 주님은 아집을 소멸시키고 죽이기를 기뻐하신다. 그런 다음 잠시 동안 하나님이 이 욕망들을 포기하시면 명백한 혼란과 무질서가 찾아온다. 이런 식으로 그들은 아집을 소멸시키고 그동안 아집이 자신의 정체를 숨기기 위해 사용해 왔던 모든 겉옷을 벗겨낸다. 그 후에 자기 사랑은 아집이 이제 머지않아 소멸하는 것을 목격한다. 실제로 아집이 소멸된다면, 자기 사랑도 아집과 마찬가지로 죽게 될 것이다. 자기 사랑이 현재 손에 쥐는 모든 권력을 휘두를 수 있는 또 다른 목장을 찾아내지 못하는 한 말이다. 자기 사랑은 무엇을 행하는가? 자기 사랑은 자기 보존을 위해서 집요하게 의지를 좇아간다. 마침내 이 모든 일이 하나님의 말씀대로 성취될 때가 도래하기 전까지 말이다. 언젠가 주님이 임하실 때, 자기 사랑은 주님에 의해 죽임을 당할 것이다. 하나님은 순전한 사랑에 의해 정결케 된 자기 사랑을 안식으로 사용하신다.

이는 예수 그리스도 안에서 구속의 은총이 내포하는 놀라운 섭리다. 또한 예수 그리스도께서는 이 일을 위해 마땅히 영혼이 치러야 할 대가보다 훨씬 더 큰 희생, 다시 말해 무한대의 희생을 치르셨다. 자기 사랑은 세상의 왕들을 다스리는 큰 바벨론이다. 자기 사랑을 큰 성에 비유하는 것은 매우 적절하다. 왜냐하면 큰 성 안에는 소음과 혼란, 욕망, 죄악, 사람들의 상업 등이 들어 차 있기 때문이다.

요한계시록
18장

이 일 후에 다른 천사가 하늘에서 내려 오는 것을 보니 큰 권세를 가졌는데 그의 영광으로 땅이 환하여지더라 힘찬 음성으로 외쳐 이르되 무너졌도다 무너졌도다 큰 성 바벨론이여 귀신의 처소와 각종 더러운 영이 모이는 곳과 각종 더럽고 가증한 새들이 모이는 곳이 되었도다(계 18:1-2)

권세를 가지고 영광의 빛을 발산하며 한 천사가 하늘에서 내려온다. 이 천사는 아집이 제거되자 즉시로 영혼 가운데로 임하는 하나님의 뜻(will)이다. 하나님 안에 있는 하나님의 뜻이 곧 하나님이다.

하나님의 '뜻'은 아집이 제거된 분량에 비례하여 영혼 속으로 내려온다. 우선 하나님의 뜻은 영혼 가운데서도 보다 높은 부분 쪽으로 흘러들어 간다. 마치 아집이 영혼의 상층부에서 하층부를 향해 추격당하는 것과도 같다. 하나님의 뜻은 영혼의 상층부를 차지한다. 하나님의 뜻은 끊임없이 아집을 추격하면서 계속해서 이를 하층부으로 내려보내신다.

이렇게 해서 마침내 아집이 영혼의 하층부로 떨어졌을 때에 무슨 일이 일어나는가? 그때 그곳은 온갖 더러운 것들이 결집하는 곳으로 변한다. 바울은 로마서 7장에서 이러한 상태에 관해서 언급했다. 그는 자신의 지체들 안에서 영의 법에 대항하여 또 하나의 법이 싸우고 있음을 느꼈다고 고백한다. 그는 옳은 일을 원하고 옳은 일을 행하려는 의지를 가졌다. 이것이 바로 하나님의 뜻이었다. 그러나 동시에 그에게는 악한 일을 원하고 행하려는 의지도 있다. 이것은 악의에 찬 의지다. 가증한 새들이란 상상과 공상들을 가리킨다. 가증한 새들은 상상과 공상 속에 거주하는 듯하다. 작용하는 생각과 우스꽝스러운 상상은 매우 엄청나다.

우리가 반드시 주목해야 할 사실이 있다. 한 영혼 안에서 벌어지는 일은 주님의 몸 된 교회 안에서도 그대로 이루어질 수 있다. 아집의 통치가 종결되는 바로 그 순간에, 교회의 자녀들은 일반적으로 타락한 상태에 처해 있을 것이다.

> **그 음행의 진노의 포도주로 말미암아 만국이 무너졌으며 또 땅의 왕들이 그와 더불어 음행하였으며 땅의 상인들도 그 사치의 세력으로 치부하였도다 하더라**(계 18:3)

모든 인간은 태어날 때부터 육체적인 감각, 곧 거역하려는 의지가 있다. 육체적인 감각은 일종의 독소로서 영혼의 본질 속에 깊이 스며들어 있다. 이것을 치유할 수 있는 유일한 해독제는 오직 자기 부인과 아집을 하나님의 뜻으로 변화시키는 것이다.

인간은 모두 자유로운 존재로 태어났으므로 왕들이다. 그러나 아집의 유혹에 빠져들지 않은 사람은 한 명도 없다. 따라서 모든 인간이 음행을 저질렀다고 할 수 있다. 아집은 모든 사람을 하나님의 뜻에서 멀어지도록 했다. 이 여자는 인간의 탁월한 자유를 끌어당겨 타락의 나락에 빠지게 한다. 자유는 얼마나 아름답고 고상한 것인지 모른다. 인간에게 자유가 부여된 목적은 오로지 하나님의 뜻을 실천하기 위함이었다. 그러나 자유는 아집으로 말미암아 심각하게 부패했다. 그래서 마치 인간은 하나님의 뜻에 거역하기 위해서 이 자유를 사용하는 것과도 같은 형국이 되고 말았다.

"땅의 상인들"은 인간의 마음과 더불어 끊임없이 교섭을 벌이는 자연적인 인간을 말한다. 그들은 약탈품으로 부를 축적한다. 그들은 사욕이 오직 아집을 통해서만 존속되었음을 보여 준다. 그뿐 아니라 영혼은 점점 빈곤해져 가는데도 오히려 그들은 점점 더 부요해진다(그러나 그들은 영혼이 부요해진다고 착각한다). 오직 하나님의 뜻만을 품는 것이야말로 순전한 사랑이 가지는 참된 부요다.

> 또 내가 들으니 하늘로부터 다른 음성이 나서 이르되 내 백성아, 거기서 나와 그의 죄에 참여하지 말고 그가 받을 재앙들을 받지 말라(계 18:4)

만일 '바벨론'을 가리켜 아집에 대한 묘사라고 한다면, 동시에 바벨론은 부패한 본성을 일컫는 것이기도 하다. 우리는 이러한 바벨론에서 빠져나오라는 초청을 받는다. 다시 말해 이는 우리에게 자신에게서 벗어나라는 초청이다. 아집을 잃어버림으로 마침내 영혼은 자신에게서 빠져나오게 된다. 우리 모두가 이 일에 초대받았다. 우리는 '하나님의 백성'과 내면의 삶을 살아가면서 하나님께 굴복된 영혼들의 무리에 속하기를 원하는 사람들이다. 내면의 삶을 살아가면서 영혼을 하나님께 굴복시킨 모습이야말로 하나님의 백성임을 보여 주는 결정적인 표식이다.

> 그의 죄는 하늘에 사무쳤으며 하나님은 그의 불의한 일을 기억하신지라 그가 준 그대로 그에게 주고 그의 행위대로 갑절을 갚아 주고 그가 섞은 잔에도 갑절이나 섞어 그에게 주라(계 18:5-6)

하나님은 이 야비하고 타락한 아집의 사악함에 진절머리가 나셨다. 아집의 죄악과 악의는 원래의 저급한 본질에 머물러 있는 것에 만족하지 못했다. 오히려 악의에 찬 이 의지는 하늘에까지 닿았다. 여기서 하늘은 상층부, 곧 우월한 본질을 의미한다.

하나님이 영혼에서 아집을 완전히 제거하기 위해 아집에 대해 마땅한 보응을 행하시기 시작하는 이유도 여기에 있다. 아집은 어찌나 뻔뻔한지 심지어는 하나님의 뜻이 이루어지지 못하도록 방해하려고 하나님을 공격하기조차 했다. 그래서 하나님은 아집이 저지른 온갖 죄악을 기억하셨다. 주님은 주님의 공의를 행하는 사역자들에게 권세를 주셔서 아집에게 그 행한 대로 보응하게 하신다. 아집은 인간의 본성을 총체적으로 타락시켜 놓았다. 그러나 이제 아집은 반드시 모든 죗값을 치러야만 한다. 그녀는 인간에게 행한 방식과 마찬가지로 자신도 동일한 잔을 마심으로써 보응을 받아야 한다.

아집이 영혼 안에 가지고 들어온 온갖 죄악은 오히려 그녀 자신을 벌하고 멸망시키는 도구로 사용된다.

네가 하늘에까지 오르기를 원하였구나. 이제 너는 깊은 진흙탕 속으로 거꾸러뜨려질 것이다.

징벌이 임하는 까닭은 아집의 오만함과 봉기 때문이고, 영혼이 깊은 진흙구덩이의 심연으로 떨어졌기 때문이다. 만일 영혼이 떨어진 곳이 물웅덩이였다면 그래도 여전히 희망은 남아 있었으리라. 그러나 깊은 진흙구덩이의 심연에 빠지면 헤어 나올 수 있는 희망이 조금도 없다. 오, 예언자이자 왕이여! 나는 네가 곤두박질당한 이 깊은 심연이야말로 네 신음 소리의 원인이라는 것을 전혀 이상하게 여기지 않는다.

> 그가 얼마나 자기를 영화롭게 하였으며 사치하였든지 그만큼 고통과 애통함으로 갚아 주라 그가 마음에 말하기를 나는 여왕으로 앉은 자요 과부가 아니라 결단코 애통함을 당하지 아니하리라 하니 그러므로 하루 동안에 그 재앙들이 이르리니 곧 사망과 애통함과 흉년이라 그가 또한 불에 살라지리니 그를 심판하시는 주 하나님은 강하신 자이심이라
>
> (계 18:7-8)

영적인 삶에서 하나님이 영혼으로 하여금 통과케 하시는 온갖 괴로움의 정도는 단지 그 영혼 안에 있는 교만의 분량에 비례할 뿐이다.

우리가 목격하는 분노와 절망은 전적으로 교만의 결과에 불과하다. 따라서 온갖 비탄은 교만의 혼합물을 내포한다. 하나님은 영혼을

죄에서 구원하시기 위해 영혼의 중심부에 하나님의 사랑을 보내주셨다. 그렇다면 악의에 찬 의지는 과연 무엇을 행하였는가? 그것은 자기 사랑과 동맹을 맺었다. 그들은 이 거룩한 감각들을 주식으로 삼아서 살찌웠을 뿐 아니라, 심지어 왕들을 매춘의 도구로 사용하였다.

이 비열한 바벨론은 무슨 말을 하였는가?

나는 영적인 부요를 먹고 살기 때문에 모두가 나를 여왕으로 대우하고 내게 복종해야 한다. 나는 하나님의 뜻을 이루기 위한 자로 선택될 것이다. 나는 결코 과부가 아니다. (하나님이 그녀를 온갖 재앙과 전염병과 괴로움으로 치신 까닭도 이 때문이다. 본문은 이 모든 재앙이 하루 동안에 임한다고 말씀한다. 그만큼 그녀에게 닥친 재앙은 깜짝 놀랄 정도로 신속하고 갑작스러울 것이다. 그러나 그 재앙들이 결코 하루 만에 끝나지는 않을 것이다.)

그것들이 하루 만에 끝나준다면 얼마나 좋겠는가! 이 불행한 바벨론은 일곱 개의 머리를 가진 짐승을 탄다. 일곱 개의 머리 중 하나가 치명적인 상처를 입을 때, 그것은 이전보다 훨씬 더 강력한 힘을 가지고 되살아난다. 그녀는 불에 타서 소멸된다. 그녀의 존재가 완전히 사라진다. 심지어 그녀의 자취나 증거조차 찾을 수 없다. 전능하신 주 하나님께서는 이 비열한 의지를 이와 같이 심판하신다.

그와 함께 음행하고 사치하던 땅의 왕들이 그가 불타는 연기를 보고 위하여 울고 가슴을 치며(계 18:9)

땅의 왕들은 영혼의 상층부와 자유를 상징한다. 그러나 그들은 연약함 가운데서 아집과 더불어 음모를 꾸몄다. 그들은 사력을 다해 슬퍼하고 탄식한다. 불은 하층부에서 붙었으나, 그 연기는 상층부로 올라가서 이성을 확연하게 질식시킨다. 아울러 이 무시무시한 불은 이성 주위를 에워싼다.

〔오, 하나님! 이 일들은 모든 사람을 이끌어 가는 비열한 의지가 마침내 완전히 소멸되기까지 계속해서 이 땅 위에서 벌어질 것입니다. 그러나 완전한 종말에 이르기 전까지 겪어야 할 고통과 비탄은 얼마나 심각하겠습니까!〕

> 그의 고통을 무서워하여 멀리 서서 이르되 화 있도다 화 있도다 큰 성, 견고한 성 바벨론이여 한 시간에 네 심판이 이르렀다 하리로다(계 18:10)

아집을 줄곧 거절해 왔던 하층부에 대한 불과 죽음과 황폐함의 공격이 심각해질수록, 영혼의 상층부는 더욱 냉담한 태도로 멀찌감치 떨어져 서 있다. 영혼은 추격당하지 않지만 아집은 추격당한다. 그러나 영혼은 두려움 때문에 멀리 달아나면서 다음과 같이 탄식한다. '아, 슬프도다! 이 얼마나 끔찍한 황폐함인가! 파멸이 얼마나 심각한가!'

> 땅의 상인들이 그를 위하여 울고 애통하는 것은 다시 그들의 상품을 사는 자가 없음이라 그 상품은 금과 은과 보석과 진주와 세마포와 자주 옷감과 비단과 붉은 옷감이요 각종 향목과 각종 상아 그릇이요 값진 나무와 구리와 철과 대리석으로 만든 각종 그릇이요 계피와 향료와 향과 향

유와 유향과 포도주와 감람유와 고운 밀가루와 밀이요 소와 양과 말과 수레와 종들과 사람의 영혼들이라(계 18:11-13)

땅의 상인들이란 외면적이고 내면적인 감각들을 말한다. 그들의 사업과 교역은 중단되었고 온갖 쾌락은 사라졌기 때문에 그들 모두가 심히 애통해 한다. 위의 말씀에서는 두 종류의 무역을 언급한다. 외면적인 감각들은 오로지 땅의 것만을 취급한다. 반면에 내면적인 감각들은 보다 섬세한 일들과 관련된다. 자기의 파멸과 죽음이 임할 때, 내면적이고 외면적인 감각들은 마치 자신들이 더 이상은 결코 쾌락을 즐기지 못하게 될 것이라고 여기는 듯하다. 그러나 그들에게는 보다 섬세한 감각이 주어질 것이다. 그들은 이 감각을 사용해서 순전한 영적인 부요를 즐길 것이다. 이런 일은 비열한 바벨론이 철저히 멸망당한 후에 일어난다.

바벨론아 네 영혼이 탐하던 과일이 네게서 떠났으며 맛있는 것들과 빛난 것들이 다 없어졌으니 사람들이 결코 이것들을 다시 보지 못하리로다 바벨론으로 말미암아 치부한 이 상품의 상인들이 그의 고통을 무서워하여 멀리 서서 울고 애통하여(계 18:14-15)

본문을 이해하기 위해서는 먼저 그동안 언급해 왔던 내용들을 상기해야 한다. 자기(self)는 쫓겨가다가 마침내 피난처를 찾아서 영혼의 보다 하층부 속으로 들어간다. 자기는 영혼의 하층부에서 널리 확산된다. 처음에 자기는 감각들을 만족시킴으로 여주인으로 받아들여진다. 그런 후에 상인들이 비탄에 빠져 있는 그녀의 모습을 목격하게 된다. 이제 그들은 그녀로부터 멀찌감치 떨어져 서 있다. 아집은 여전히 죽어 있는 상태이며, 영혼은 하나님의 뜻 안에서 살아 있다.

> 이르되 화 있도다 화 있도다 큰 성이여 세마포 옷과 자주 옷과 붉은 옷을 입고 금과 보석과 진주로 꾸민 것인데 그러한 부가 한 시간에 망하였도다 모든 선장과 각처를 다니는 선객들과 선원들과 바다에서 일하는 자들이 멀리 서서(계 18:16-17)

아집에 대한 이 얼마나 놀라운 묘사인가! 의기양양하던 그녀의 모습을 보라. 또한 멸망당하여 쇠약해진 그녀의 모습도 보라! 인간의 의지만큼 대단한 것이 또 무엇이랴! 인간의 의지는 모든 것을 다스리고 인도한다. 만물이 그녀에게 고개를 숙이고 복종한다. 그녀는 이 세상에서 가장 고운 것들로 치장하고 옷을 입었다. 사랑과 연관성이 있는 "자주 옷과 붉은 옷"이 그녀의 주된 장신구다. 온갖 덕을 갖춘 이 여왕에게 모든 것이 주어진다. 다만 이는 그녀가 하나님의 뜻에 조화를 이룰 동안에 한해서다. 이러는 동안에 그녀는 말할 수 없는 큰 기쁨을 누린다. 그러나 몹시도 아름다운 이 의지가 스스로를 훌륭하다고 여기는 순간, 즉시로 그녀는 자신의 축복과 관련해서 육체적인 감각을 얻게 된다. 그와 동시에 그녀는 오만하고 반역하는 태도를 드러내기 시작한다. 그녀는 자신의 부요를 남용하고 사람들의 자유를 잡아끈다. 그리고 결국에는 그들 모두가 타락의 나락에 빠지게 된다.

아집은 하나님께 속한 모든 것을 강탈하고 싶어 한다. 그녀는 사랑과 더불어 연합되었다. 선한 것들이 그녀를 에워쌌으며 그녀가 부를 축적할 수 있었던 것도 사랑 덕분이었다. 그러나 이제 그녀는 자기 사랑과 연합한 상태다. 자기 사랑, 곧 이기심은 왕위 찬탈을 저지르고 만다. 그런 후에 그녀는 자기 사랑 및 이기심과 더불어 음행을 저지른다. 하나님은 엄청난 인내를 가지시고 얼마 동안은 그녀를 묵인하신다. 그러나 마침내 하나님은 그녀에게 분노를 터뜨리시고, 이제 그녀의 기품은 치욕거리로 바뀐다. 이 같은 변화를 알아차린 모든 자들이 이 비열한 존재를 피해서 멀어져 간다. (이상은 영혼과 감각들이 가지는 기능들이다.)

그가 불타는 연기를 보고 외쳐 이르되 이 큰 성과 같은 성이 어디 있느냐 하며 티끌을 자기 머리에 뿌리고 울며 애통하여 외쳐 이르되 화 있도다 화 있도다 이 큰 성이여 바다에서 배 부리는 모든 자들이 너의 보배로운 상품으로 치부하였더니 한 시간에 망하였도다(계 18:18-19)

아집을 '큰 성'에 비유하는 것은 매우 적절하다. 왜냐하면 영혼이 가지는 온갖 기능들이 의지를 에워싸기 때문이다. 그러나 이 거만하고 사악한 성은 한 시간 만에 황폐해진다. 여기서의 한 시간은 하나님이 이 성을 멸망시키기 위해 계획하신 시간을 의미한다.

그녀가 불타면서 뿜어내는 연기가 하늘 높이 치솟을 것이다. 이들을 알던 모든 사람들 및 그 영혼은 이러한 파멸을 지켜보면서 소스라치게 놀란다. 그들은 어떻게 이처럼 짧은 시간에 이토록 정반대의 상황이 벌어질 수 있는지에 대해 의아해 한다. 어쨌거나 불행의 분량은 축복의 분량에 비례한다.

하늘과 성도들과 사도들과 선지자들아, 그로 말미암아 즐거워하라 하나님이 너희를 위하여 그에게 심판을 행하셨음이라 하더라(계 18:20)

"하늘이여, 그로 말미암아 즐거워하라." 이 세상에서 무엇이 이보다 더 아름다울 수 있을까!

오, 교회여! 그녀로 말미암아 즐거워하라. 너는 네 자녀들의 고통 때문에 한숨을 쉬었으나, 이제 그들의 고통은 사라질 것이다. 고통의 원천이 되었던 존재가 멸망했기 때문이다.

교회 안에 있는 너희 거룩한 사도들과 선지자들아, 기뻐하라! 너희 행위의 열매가 악한 의지의 멸망을 통해 성취되기 때문이다.

아집이 멸망당할 때, 영혼은 영원한 심판을 받고 하나님을 기뻐할 수 있게 된다. 오, 영혼들이여! 지독한 재난과 불행을 통과해야 하는 순간일지라도 즐거워하라! 이 심판으로 아집은 멸망할 것이다. 만일 아집이 유죄 판결을 받고 멸하지 않으면, 너는 이생에서 뿐 아니라 내세에서도 반드시 고난을 겪을 것이다. 그러나 아집이 유죄 판결을 받고 멸망한다면, 너를 위해 예비된 것은 오직 구원과 기쁨과 평강뿐일 것이다.

이에 한 힘 센 천사가 큰 맷돌 같은 돌을 들어 바다에 던져 이르되 큰 성 바벨론이 이같이 비참하게 던져져 결코 다시 보이지 아니하리로다
(계 18:21)

이 힘센 천사는 아집을 가장 중요한 원수로 정죄한 하나님의 뜻을 상징한다. 아집은 마치 돌처럼 들려서 바다 속에 던져질 것이다. 그래서 더 이상 아집을 찾으려 해도 찾을 수가 없을 것이다.

지옥은 육체성이 곤두박질쳐진 채로 결코 헤어나오지 못하는 심연을 의미한다. 그러나 하나님의 품도 매우 경이로운 심연이다. 선한 의지는 하나님의 품이라는 심연에 빠져들고 길을 잃어 더 이상 어디에서도 찾아볼 수 없게 된다. 하나님의 품속에서 선한 의지는 하나님의 뜻으로 변화되기 때문이다.

> 또 거문고 타는 자와 풍류하는 자와 퉁소 부는 자와 나팔 부는 자들의 소리가 결코 다시 네 안에서 들리지 아니하고 어떠한 세공업자든지 결코 다시 네 안에서 보이지 아니하고 또 맷돌 소리가 결코 다시 네 안에서 들리지 아니하고 등불 빛이 결코 다시 네 안에서 비치지 아니하고 신랑과 신부의 음성이 결코 다시 네 안에서 들리지 아니하리로다 너의 상인들은 땅의 왕족들이라 네 복술로 말미암아 만국이 미혹되었도다(계 18:22-23)

위의 말씀에서는 아집에게 자양분을 공급하는 두 가지 사항을 언급한다. 하나는 이성의 의식적인 즐거움이고, 다른 하나는 피상적으로만 자기를 부인하는 비열하고도 이기적인 영혼의 즐거움이다. 외면적으로만 이루어지는 자기 부인은 영혼의 교만과 이성의 즐거움을 가중시킬 뿐이다.

마귀와 타락한 본성, 아집과 이기심은 너무나도 강력한 조합을 이룬다. 따라서 그들은 하나로 일치되어 서로 협력한다. 그러나 아집은 막대한 힘을 가진다. 용은 자신의 모든 능력을 자기 사랑에게 넘겨주고, 자기 사랑은 자신의 능력을 아집에게 넘겨준다. 그런 다음에 마귀는 아집의 힘을 증가시키기 위해 광명의 천사로 가장한다. 마귀는 자신을 매우 엄청난 은혜로 여겨질 수 있는 증거를 드러내 보이기 위해 실례들을 제시한다. 종종 일어나는 일이지만, 하나님은 영혼이 아집과 죄악에 빠질 수 있는 최악의 위험에서 구해 주시기 위해, 영혼을 어루만져 주시고 주님의 감미로운 목소리를 들려주신다. 이 목소리는 영혼의 귀에 신랑이신 하나님의 음성으로 들려온다. 육체성은 영원히 구덩이 속에 던져진다. 이 구덩이는 육체성이 세상에서 탐닉하던 온갖 쾌락과 타락보다도 훨씬 더 극심한 고통이 존재하는 곳이다.

이런 일은 주님의 몸 된 교회를 포함하여 세상 전반에 걸쳐 공통적으로 일어날 것이다. 단지 개인의 영혼, 즉 하나님이 자아의 죽음을 통과시키기 원하는 영혼에게만 이런 일이 발생하는 것은 아니다. 이 일을 겪고 난 후에 사람들은 거룩해질 것이다. 모두가 하나님의 뜻에 따라 행하게 될 것이다. 이런 상태는 비열한 육체성 혹은 자기 탐욕이 구덩이 속에서 사슬에 매여 있을 때까지 지속될 것이다.

〔오, 하나님! 육체성은 쇠사슬이 끊기고 인간을 해칠 새로운 능력을 받으면 복수를 위하여 자신의 능력을 또 얼마나 맹렬하게 사용하겠습니까!〕

선지자들과 성도들과 및 땅 위에서 죽임을 당한 모든 자의 피가 그 성 중에서 발견되었느니라 하더라(계 18:24)

이 비열한 육체성이 영혼 안에 머물러 있는 동안, 우리는 육체성 때문에 초래되는 손상이 과연 무엇인지를 알지 못한다. 반면에 사람들은 온갖 불행과 고난이 찾아오는 것은, 자신들이 세상적인 것에 대해 충성스럽게 살아가지 않기 때문이라고 믿는다! 그럼에도 불구하고 우리가 육체성에 대해 열심을 내면 낼수록 육체성은 점점 더 포악해진다. 그들은 육체성이 고통을 잠재워 줄 것이라고 생각한다. 그들은 고통이 다름 아닌 육체성에서 비롯되었음을 깨닫지 못한다. 그러던 중 마침내 육체성이 정죄당하여 멸망하면, 선지자들과 성도들의 피가 육체성 안에서 발견되었다는 사실이 알려지게 된다. 그제야 비로소 사람들은 외면적인 고난들과 내면적인 고난들이 모두 육체성에서 초래되었음을 깨닫게 된다.

그동안 불거져 나왔던 모든 싸움은 바로 육체성 때문이었다. 또한 영혼에서 거룩함이 소멸된 원인도 육체성에 있었다. 그러나 그녀는 너무나도 악하기 때문에 이 모든 사실은 그녀가 멸망당한 이후에야 비로소 밝혀진다. 반면에 그녀는 영혼으로 하여금 그녀야말로 모든 축복의 원천인 것처럼 믿게 한다. 실제로는 그동안 발생했던 온갖 불행의 원인이 바로 그녀 자신인 것이 너무나도 명백한데도 말이다. 일반적으로 말하자면, 이러한 사실은 개인의 영혼뿐만 아니라 온 세상 전체에도 적용된다.

요한계시록
19장

이 일 후에 내가 들으니 하늘에 허다한 무리의 큰 음성 같은 것이 있어 이르되 할렐루야 구원과 영광과 능력이 우리 하나님께 있도다 그의 심판은 참되고 의로운지라 음행으로 땅을 더럽게 한 큰 음녀를 심판하사 자기 종들의 피를 그 음녀의 손에 갚으셨도다 하고(계 19:1-2)

하늘은 육체성이 이 땅에서 완전히 제거될 때 기뻐할 것이다. 왜냐하면 그 순간이야말로 하나님의 영광과 통치가 이 땅에 펼쳐지는 시간이기 때문이다. 주님의 뜻은 하늘에서 이루어진 것 같이 땅에서도 이루어질 것이다. 하늘에 있는 성도들과 땅에 있는 성도들은 이 사악함이 심판받는 모습을 보면서 기뻐할 것이다.

또 다른 하늘, 곧 영혼의 깊은 곳이자 중심인 내면의 하늘은, 지극히 육욕적인 이 의지가 멸망당한 것에 기뻐한다. 그런 다음 영혼은 아집의 파멸이 자신에게 얼마나 큰 유익이 되었는지를 알게 된다. 또한 그녀가 그동안 행한 모든 일 때문에 고통을 겪어야 한다는 것마저도 너무나 의로운 일임을 깨닫는다. 그녀는 마음껏 기뻐하고 즐거워하면서 하나님을 찬양하지 않을 수가 없다. 하나님이 행하시는 경이로운 일들로 주님께 무한한 감사를 올려 드리지 않을 수가 없기 때문이다.

두 번째로 할렐루야 하니 그 연기가 세세토록 올라가더라 또 이십사 장로와 네 생물이 엎드려 보좌에 앉으신 하나님께 경배하여 이르되 아멘 할렐루야 하니(계 19:3-4)

그들은 다시 한 번 외친다. 할렐루야! 이토록 엄청난 복을 내려주신 하나님께 우리가 어찌 다 감사할 수 있으랴! 이러한 구원이 이루어진 후에, 모든 사람들이 하나님을 찬양하고 주님의 자비를 송축할 것이다. 참으로 하나님은 고통스러운 도구들을 사용해서 아집을 멸망시키신다.

그때 모든 성도, 영혼 안에 존재하는 위대하고 거룩한 모든 것들이 주님을 찬양하고 경배한다. 그들은 어떤 식으로 주님을 찬양하고 경배할까? 그들은 주님 앞에 엎드려 경배함으로 자신들은 전혀 무가치한 존재임을 나타내 보인다.

보좌에서 음성이 나서 이르시되 하나님의 종들 곧 그를 경외하는 너희들아 작은 자나 큰 자나 다 우리 하나님께 찬송하라 하더라(계 19:5)

〔오, 하나님! 주님의 종들은 영원무궁토록 주님을 찬양하느라 여념이 없을 것입니다. 머지않아 그들은 반드시 이 일을 수행하게 될 것

입니다.〕

본문에는 세 종류의 찬양이 언급된다. 이 찬양들은 모두 하나님의 뜻에 일치한다. 예수 그리스도의 계시는 이생에서의 가장 숭고한 상태를 묘사한다.

예수 그리스도의 나타나심을 경험한 영혼은 이생에서 가장 고상한 찬양을 하나님께 올려 드린다. 그들은 하나님께 희생의 찬양을 올려 드린다. 이는 하나님이 피조물로부터 받으실 수 있는 가장 위대한 찬양이다. 이 찬양은 기독교의 신비이며 최고로 완벽한 상태의 것이다. 그러나 사람들은 이처럼 심오한 진리들, 하나님이 받으시기에 너무나도 합당하신 이런 경배들을 소홀히 여긴다. 오, 진리여! 너희가 가시적인 모습을 드러낼 때, 이 모든 사실이 밝혀질 것이다.

> 또 내가 들으니 허다한 무리의 음성과도 같고 많은 물 소리와도 같고 큰 우렛소리와도 같은 소리로 이르되 할렐루야 주 우리 하나님 곧 전능하신 이가 통치하시도다 우리가 즐거워하고 크게 기뻐하며 그에게 영광을 돌리세 어린 양의 혼인 기약이 이르렀고 그의 아내가 자신을 준비하였으므로(계 19:6-7)

하늘에 있는 모든 성도들, 천사들과 사람들은 혐오스러운 바벨론이 멸망해서 이 세상에서 완전히 제거될 때 즐거워할 것이다. 이러한 통치는 하나님의 뜻이 하늘에서와 같이 이 땅에서 이루어질 때 비로소 가능하다.

그러나 성경이 묘사하는 놀라운 표현들에 주목하라. 예수님은 빌라도에게 주님 자신을 일컬어 왕이라고 하셨다. 그러나 성경은 우리에게 주님이 태어나실 때부터 왕이기 때문에 마땅히 기뻐해야 한다고 말씀하지는 않는다. 오히려 성경은 주 우리 하나님 전능하신 이가 통치하시므로 우리가 마땅히 찬양해야 한다고 말한다. 주님은 왕이셨으나 통치권을 온전히 소유하지는 않으셨다.

그러나 우리가 기뻐하지 않을 수 없는 이유는 바로 어린양의 혼인 기약이 이르렀기 때문이다. 오, 거룩하고 흠 없는 교회여! 너는 성령의 신부로구나! 그러나 아직까지 혼인식은 거행하지 않은 상태다. 어린양이 오신 목적은 모든 영혼과 더불어 결혼하기 위해서다. 혼인은 가장 강렬한 주님의 갈망이셨다. 주님은 이러한 갈망을 마지막 숨을 거두시기 직전에 표현하셨다. "아버지여, 우리가 하나이듯 저들도 하나가 되게 하여 주옵소서." 그러나 이 교회는 비록 믿음 안에서 하나이기는 하지만, 반역의 의지를 가진 무리들로 가득 차 있어서 혼인이 방해를 받는다.

(교회는 영 안에서 하나다. 왜냐하면 뒤로 물러난 사람들은 더 이상 하나님의 자녀이기를 포기했기 때문이다. 그러나 교회는 사랑 안에서는 하나가 아니다. 예수 그리스도께서 어디서나 통치권을 행사하기 위해서는 모든 사람이 하나가 되어야만 한다. 예수 그리스도의 통치는 하늘에서 뿐 아니라 이 땅에서도 더할 나위 없는 기쁨과 행복이 될 것이다. 오, 행복한 날, 어린양이 승리하신 날이여!)

신부는 신랑에게 거스르는 온갖 것들을 제거하고 버림으로 준비를 하게 된다. 신부는 하나님께서 통치권을 회복하셨다는 것이 의미하는 바가 무엇인지를 깨달았기 때문에, 자신뿐 아니라 모든 이들을 기쁨의 자리로 초대한다. 더 이상 저항은 없다. 온전한 복종만이 있을 뿐이다.

그에게 빛나고 깨끗한 세마포 옷을 입도록 허락하셨으니 이 세마포 옷은 성도들의 옳은 행실이로다 하더라(계 19:8)

혼인 예식과 더불어 신부에게는 깨끗한 옷이 입혀진다. 예수 그리스도는 모든 사람에게 깨끗하고 순결한 옷을 입혀 주기 원하신다. 수 세기에 걸친 고난의 시간이 지난 후에, 이처럼 깨끗하고 순수한 시기, 자연적인 상태가 찾아올 것이다. 이 모든 것이 예수 그리스도를 계시해 줄 것이다. 예수 그리스도께서는 인간을 위해 하나님 아버지로부터 받으신 구속의 능력을 펼쳐나가실 것이다. 세마포 옷은 성도들의 옳은 행실이다. 그들은 경건한 존재들이 될 것이며, 진리이신 하나님 안에 거할 것이다. 이와 같은 일이 어린양의 혼인 예식에서 이루어질 것이다.

흠 없으신 어린양이 신부에게 깨끗하고 순결한 옷을 입혀 주신다. 이 옷은 과거 어느 때와도 비교할 수 없을 정도로 눈부시게 빛난다. 그리스도 안에 있는 구속은 이처럼 풍성하다.

천사가 내게 말하기를 기록하라 어린 양의 혼인 잔치에 청함을 받은 자들은 복이 있도다 하고 또 내게 말하되 이것은 하나님의 참되신 말씀이라 하기로(계 19:9)

저녁 만찬은 순전한 희생, 혹은 신비스런 죽음이다. 영혼들은 희생 또는 죽음을 통과하도록 부르심을 받았다. 초대받지 않고 부르심도 받지 않은 사람, 희생하지 않고 죽지 않고 자기를 온전히 비워 내지도 않은 사람은, 결코 잔치 자리에 들어오지 못할 것이다.

오, 축복된 저녁 만찬이여! 그 잔치 자리에서 어린양은 하나님이 신부로 삼으려는 영혼들을 위해 몸소 음식을 먹여 주신다.

> 내가 그 발 앞에 엎드려 경배하려 하니 그가 나에게 말하기를 나는 너와 및 예수의 증언을 받은 네 형제들과 같이 된 종이니 삼가 그리하지 말고 오직 하나님께 경배하라 예수의 증언은 예언의 영이라 하더라(계 19:10)

천사는 우리에게 사소한 일들 때문에 주저해서는 안 된다고 가르친다. 외관상 아무리 훌륭해 보이는 일이라 할지라도, 그것은 최소한 우리와 동일한 수준일 뿐 결코 우리를 능가하지 못한다.

오, 인간들이여! 너희는 스스로가 얼마나 고귀하고 위엄 있는 존재인지를 알지 못하는구나! 만일 너희가 자신이 어떤 존재인지를 알았더라면, 너희와는 전혀 어울리지 않는 수많은 것들이 너희의 발목을 붙잡도록 내버려두지는 않았을 것이다.

천사는 예수의 증거를 가진 사람들은 결코 천사들보다 못한 존재가 아니며 천사와 동급이라는 사실을 증언한다! 가장 고차원적인 형식의 경배를 드리는 동안에 우리는 모든 것을 그냥 지나쳐 가야 한다. 우리가 멈추어 서야 할 대상은 오직 하나님 앞 뿐이다!

또 내가 하늘이 열린 것을 보니 보라 백마와 그것을 탄 자가 있으니 그 이름은 충신과 진실이라 그가 공의로 심판하며 싸우더라 그 눈은 불꽃 같고 그 머리에는 많은 관들이 있고 또 이름 쓴 것 하나가 있으니 자기밖에 아는 자가 없고(계 19:11-12)

예수 그리스도의 재림은 최후의 심판이 아니라 주님이 가시적으로 모습을 나타내시는 순간이다. 예수 그리스도께서는 재림하시면서 단지 영혼들에게만이 아니라, 온 세상 모든 사람과 온 교회들에게 주님의 모습을 드러내실 것이다.

주님은 충성스럽고 진실하신 분이다. 주님 이외의 모든 것은 거짓에 불과하다. 주님은 백마를 타고 계신다. 주님은 영혼에게 순수함과 의로움을 나누어주신다.

주님의 눈은 마치 불꽃과도 같다. 주님의 불꽃 같은 눈은 안에서 타오르는 주님의 온전한 사랑을 의미한다. 주님은 머리에 많은 관을 쓰고 계신다. 주님은 마땅히 쓰셔야 할 면류관 이외에도, 그동안의 승리를 통해 수많은 면류관을 획득하셨다. 주님의 이름을 알고 계신 분은 오직 주님뿐이다. 주님의 이름은 하나님으로부터 부여받으신 힘과 능력이다.

또 그가 피 뿌린 옷을 입었는데 그 이름은 하나님의 말씀이라 칭하더라 (계 19:13)

하나님의 말씀은 예수 그리스도로 말미암아 피에 젖은 옷을 입었다. 그리스도의 겸손은 마치 신성이라는 옷과도 같다. 예수 그리스도께서는 죽음을 통하여 승리를 거두셨다. 이제껏 포로로 잡혀 있던 거짓을 무찌르고 진리가 승리하셨다.

이제 예수 그리스도께서 온 세상을 다스리셔야 한다. 주님은 뭇사람들의 이성과 마음을 모두 다스리실 것이다.

> 하늘에 있는 군대들이 희고 깨끗한 세마포 옷을 입고 백마를 타고 그를 따르더라 그의 입에서 예리한 검이 나오니 그것으로 만국을 치겠고 친히 그들을 철장으로 다스리며 또 친히 하나님 곧 전능하신 이의 맹렬한 진노의 포도주 틀을 밟겠고(계 19:14-15)

온 하늘이 거짓을 파괴하고 진리를 세우기 위해 무장을 갖춘다. 모든 이가 대장이신 주님처럼 백마를 탄다. 백마를 탄다는 것은 순수함과 의로움과 정의를 의미한다. 그들은 진리를 지지했으며, 희고 깨끗한 세마포 옷을 입었다. 다시 말해 그들은 의로움과 순수함의 옷으로 지탱된다.

예수 그리스도의 입에서 양날 가진 예리한 검이 나온다. 이는 단순히 진리를 가시적으로 나타내시는 주님의 말씀이다. 그런 후에 주님은 이 무기를 사용해서 진리에 대적하는 모든 것을 물리치기 위해 임하신다. 주님은 공정하게 다스리실 것이다.

〔오, 하나님! 그동안 주님의 통치는 이 세상과 사람들의 마음속에서 분열되어 있었습니다. 그러나 이제 이 세상과 사람들의 마음속에서 오직 주님만이 통치권을 행사하실 때가 임박했습니다. 아무도 주

님의 권세를 가로채지 못할 것입니다.]

그 옷과 그 다리에 이름을 쓴 것이 있으니 만왕의 왕이요 만주의 주라 하였더라(계 19:16)

예수 그리스도의 이름에는 능력이 있다. 주님은 사람이 되셨을 때 하나님으로부터 이 능력을 부여받으셨다. 예수 그리스도의 이름은 하나님으로부터 왕권과 권능을 받으셨음을 잘 보여 준다. 주님의 다리에 기록된 이름은 주님이 인간으로서 받으신 능력을 의미한다. 주님은 만왕의 왕이셔야 한다. 세상의 모든 왕이 주님께 굴복해야 한다. 단지 믿음을 받아들임으로 외적으로만 복종하는 것이 아니라, 주님의 영을 받아들임으로 내적으로도 복종해야 한다. 그런 후에 예수 그리스도께서는 모든 사람을 왕으로 삼으시고 통치하실 것이다. 주님은 만왕의 왕이시고, 만주의 주님이 되실 것이다. 아무도 주님께 대항하지 않을 것이다.

또 내가 보니 한 천사가 태양 안에 서서 공중에 나는 모든 새를 향하여 큰 음성으로 외쳐 이르되 와서 하나님의 큰 잔치에 모여 왕들의 살과 장군들의 살과 장사들의 살과 말들과 그것을 탄 자들의 살과 자유인들이나 종들이나 작은 자나 큰 자나 모든 자의 살을 먹으라 하더라(계 19:17-18)

태양 안에 있는 천사는 진리를 전하는 전령사다. 그는 모든 사람에게 그 진리의 빛을 보며 탄복하도록 초청한다. 그러나 이런 일이 있기 전에 먼저 오, 하나님! 이 땅에서 얼마나 끔찍한 전쟁이 일어나야 하는지요! 오, 하나님! 그 무엇도 이 세상에서 혹은 인간의 마음속에서 주님을 대적할 수는 없습니다.

주님은 주님의 전리품을 소유하기 원하는 정복자이시다. 주님은 주님의 나라에 대해 대적하는 것들은 무엇이든 샅샅이 들추어내신다. 오, 왕들아! 영광의 왕이 들어가시도록 너희의 문들을 열어라!

오, 인간들아! 너희의 마음과 이성을 활짝 열어 영광의 왕을 맞이하라. 주님께서 들어와 머무시게 하라!

또 내가 보매 그 짐승과 땅의 임금들과 그들의 군대들이 모여 그 말 탄 자와 그의 군대와 더불어 전쟁을 일으키다가(계 19:19)

짐승은 자기 사랑으로 거짓의 추종자다. 거짓은 모든 사람을 유혹해서 사랑과 진리에 거스르도록 만드는 장본인이다. 사랑과 진리는 결코 분리될 수 없다. 자기 사랑은 자신의 추종자들을 모두 끌어모은 후에 전력을 다해 순전한 사랑에 대항하여 싸우게 한다. 그들은 자신들이 머지않아 멸망당할 것을 안다. 그래서 그들은 가장 극심한 파괴력을 행사할 뿐 아니라 더욱더 강력한 무장을 갖춘다.

이러한 사실은 비단 개인들뿐 아니라 전반적인 세상에 대해서도 동일하게 적용된다. 자기 사랑이 자신의 파멸이 눈앞에 닥친 순간만큼 열심히 노력했던 적은 이제껏 없었다. 따라서 자기 사랑이 가장 맹위를 떨치는 순간이란, 완전히 제거되어 진리로 대체되기 직전이다. 그러나 그들의 노력은 결국 물거품이 되고 만다. 왕들은 힘을 잃고 강한 자들은 무기력해진다. 감히 주권적인 왕이신 주님을 대적할 자가 없다. 그들은 자신들이 예수 그리스도와 맞서서 전쟁한다는 사실을 전혀 깨닫지 못한다. 주님은 주님의 목적을 수호하시는 법과 복수하시는 법을 잘 알고 계신다.

> 짐승이 잡히고 그 앞에서 표적을 행하던 거짓 선지자도 함께 잡혔으니 이는 짐승의 표를 받고 그의 우상에게 경배하던 자들을 표적으로 미혹하던 자라 이 둘이 산 채로 유황불 붙는 못에 던져지고 그 나머지는 말 탄 자의 입으로부터 나오는 검에 죽으매 모든 새가 그들의 살로 배불리더라
>
> (계 19:20-21)

짐승이 잡힌다. 짐승과 함께 거짓 선지자도 잡힌다. 거짓 선지자는 거짓이다. 거짓 선지자는 눈에 보이는 기적과 속임수로 모든 사람을 기만해 왔다. 그는 사람들이 진리를 멀리하도록 만들었고, 순전한 사랑 대신에 자기 사랑을 선택하도록 부추겼다. 그러나 이제 예수 그리스도께서 임하시고 주님의 통치가 나타나기 시작할 때, 이 괴물은 반드시 잡혀야 한다. 예수 그리스도께서 나타나시면, 짐승과 거짓 선지자는 예수 그리스도에 의해 붙잡힐 것이다. 예수 그리스도는 사랑과 진리이시다.

〔오, 예수님! 주님이 오시면, 이 소름끼치는 괴물, 이 비열한 자기 사랑은 더 이상 주님께 저항할 수 없습니다! 자기 사랑과 거짓은 지옥으로부터 말미암았습니다. 진리가 하나님께로부터 나왔듯이 말입니다. 예수 그리스도께서 오신 목적은 그들을 원래의 자리로 돌려보

내시고 이 땅에 진리를 회복하기 위함입니다. 지금 이후로 예수 그리스도의 통치는 진리와 순전한 사랑의 통치입니다. 마귀의 통치가 자기 사랑과 거짓의 통치였듯이 말입니다. 오, 하나님! 지금은 자기 사랑과 거짓이 다스립니다. 오십시오, 주 예수님! 오셔서 저들을 멸해 주십시오.〕

요한계시록
20장

또 내가 보매 천사가 무저갱의 열쇠와 큰 쇠사슬을 그의 손에 가지고 하늘로부터 내려와서 용을 잡으니 곧 옛 뱀이요 마귀요 사탄이라 잡아서 천 년 동안 결박하여 무저갱에 던져 넣어 잠그고 그 위에 인봉하여 천 년이 차도록 다시는 만국을 미혹하지 못하게 하였는데 그 후에는 반드시 잠깐 놓이리라(계 20:1-3)

하늘에서 내려오는 이 천사는 하나님의 모든 능력을 나타내 보인다. 그는 무저갱의 열쇠를 가지고 있다. 이 능력은 예수 그리스도께서 받으셨던 것이다. 주님은 하늘을 여셨던 것처럼 무저갱을 닫을 수 있는 권리도 가지고 계신다. 지금에 이르기까지 이 구속은 모든 이들을 위한 것이었지만, 그럼에도 불구하고 모든 사람에게 효과적으로 전파된 것은 아니었다. 구속의 은총을 모든 사람이 누리지 못하게 된 것은 구속자의 실수 때문이 아니다. 사람들의 사악한 의지가 구속의 효율성에 저항했기 때문이었다. 예수 그리스도는 탐욕스런 인간은 결단코 천국에 들어갈 수 없음을 아셨다. 아집이 이 땅에 머물러 있는 한 끊임없이 누군가를 타락시킬 것이 분명했다. 그래서 주님은 가장 먼저 모든 사람 안에 있는 탐욕을 발견하시는 대로 소멸시키셨다. 비록 아집이 무수히 많은 괴물로 구성되어 있기는 하지만 유일한 괴물인 것은 틀림없는 사실이다. 주 예수 그리스도께서는 아집을 무찌르시고 원래의 출처였던 무저갱으로 돌려보내면서 어떤 일을 행하시는가? 마귀는 아집을 다시 가져오려고 할 것이다. 따라서 하나님은 그를 무저갱에 던져 넣으시고 인봉하신다. 이렇게 함으로써 마귀는 천 년 동안 사람을 해치지 못하게 될 것이다.

이제 마귀는 탐욕에서 자유로워진 영혼들에 대해서는 아무런 능력을 행사하지 못한다. 그러나 하나님은 그들로 하여금 삶이 끝나갈 무렵에 외적인 유혹을 당하도록 허락하신다. 이제 그들에게는 최고로 혹독한 재난이 닥치게 된다. 그러나 유혹은 그들에게 전혀 영향력을 행사하지 못한다. 하나님이 그들을 보호하시고 유혹의 기간을 아주 짧게 줄여 주시기 때문이다. 하나님께서 사용하시는 방법은 참으로 경이롭다. 하나님은 영혼으로 하여금 탐욕에서 벗어나게 하려고 악에 넘겨주시기도 하지만, 영혼을 수많은 악으로부터 보호해 주시기도 하신다. 그러나 한 가지 확실한 것은, 영혼이 자유로워질 때 마귀는 결박당한다는 사실이다.

또 내가 보좌들을 보니 거기에 앉은 자들이 있어 심판하는 권세를 받았더라 또 내가 보니 예수를 증언함과 하나님의 말씀 때문에 목 베임을 당한 자들의 영혼들과 또 짐승과 그의 우상에게 경배하지 아니하고 그들의 이마와 손에 그의 표를 받지 아니한 자들이 살아서 그리스도와 더불어 천 년 동안 왕 노릇 하니(계 20:4)

예수 그리스도를 따르기 위해 모든 것을 버린 사람들에게는 심판하는 권세가 주어진다. 만물을 심판하는 은총은 모든 것을 포기한 사람에게 주어진다. 이제 그들은 하나님께서 주실 분별력을 가지고 다른 사람들을 심판하게 될 것이다. 목 베임을 당한 영혼들에 대하여 말하면, 그들은 마땅히 자신들의 능력을 사용할 수 있는 권리를 빼앗긴 채로 살아왔다. 그들은 예수 그리스도를 증거하기 위해, 또한 주님께 통치권을 내어 드리고 그분께 복종하기 위해, 기꺼이 자신들의 권한을 철저히 포기하고 지내왔다. 영혼이 생명을 누리고 통치권을 행사하는 것은 예수 그리스도의 생명과 더불어 살아가기 때문이다. 예수 그리스도의 생명이 영혼 안에 들어오기까지, 다른 모든 생명들은 죽음에 처해진다. 생명이라는 이름으로 부르기에 합당한 유일한 생명은 신비로운 부활에 의해 분여된다.

(그 나머지 죽은 자들은 그 천 년이 차기까지 살지 못하더라) 이는 첫째 부활이라 이 첫째 부활에 참여하는 자들은 복이 있고 거룩하도다 둘째 사망이 그들을 다스리는 권세가 없고 도리어 그들이 하나님과 그리스도의 제사장이 되어 천 년 동안 그리스도와 더불어 왕 노릇 하리라 (계 20:5-6)

그 나머지 죽은 자들이란 이 세상을 살아가는 동안 신비로운 죽음을 맞이한 이들을 말한다. 그들은 새 생명 속으로 들어갈 것이다. 얼마나 행복한 자들인가! "이는 첫째 부활이라." 이 신비로운 부활에 관해서는 그동안 수없이 많이 언급되었다.

몇 가지 이유에서 그들은 진정으로 행복한 자들이다. 우선, 죄가 더 이상 그들에게 힘을 행사하지 못한다. 그리고 자연적인 죽음도 그들을 고통스럽게 하지 못한다. 그들에게 있어 자연적인 죽음은 조용히 잠드는 것에 불과할 뿐, 결코 죽음이 아니다. 참된 부활에 들어간 사람은 참으로 얼마나 복되고 거룩한가! 그들은 하나님과 예수 그리스도의 제사장들이다. 그들은 가장 위대한 희생을 위해서, 또한 자신들을 끊임없이 희생하기 위해서 보호받는다. 그들은 주님과 함께 천 년 동안 다스릴 것이다. 천 년 동안은 성경의 표현 그대로 문자적인 의미로 이해될 수 있는 것이 아니다. 오히려 천 년은 오직 하나님만이 아시는 시간이다. 천 년 동안에 개인의 영혼뿐 아니라 온 세상이 시종일관 예수 그리스도와 더불어 통치하기 위한 상태에 놓여진다.

피조물이 누리는 은총과 통치는 예수 그리스도의 은총과 통치에 달려 있다. 오, 경이로운 통치가 온 세상에 펼쳐지는구나! 너는 영원무궁토록 지속될 예수 그리스도의 통치를 보여 주는 본보기에 불과하다.

천 년이 차매 사탄이 그 옥에서 놓여 나와서 땅의 사방 백성 곧 곡과 마곡을 미혹하고 모아 싸움을 붙이리니 그 수가 바다의 모래 같으리라 그들이 지면에 널리 퍼져 성도들의 진과 사랑하시는 성을 두르매(계 20:7-9)

마지막 날 주님의 몸 된 교회에 이루어질 모든 일은 동일하게 영혼 안에서도 일어난다.

영혼이 오랫동안 믿음이 변치 않고 살아간 후에, 예수 그리스도께서 내면을 통치하시고 영혼은 능력을 상실한 마귀를 통치하게 될 때, 마귀는 하나님의 영광을 위해서, 영혼 안에서 행하던 작업을 마무리하기 위해 잠시 동안 풀려난다. 이때 마귀는 곧바로 모든 육체를 휘저어 놓는 듯하며, 심지어 영혼으로 하여금 스스로에 대해 저항하도록 부추기기까지 한다.

〔오, 하나님! 마귀는 온갖 수단과 방법을 가리지 않습니다.〕

그는 영혼으로 하여금 도시들과 나라들에 대항하도록 들쑤셔 놓는다. 그러나 마귀의 모든 노력은 허사로 돌아간다. 비록 하나님이 그 영혼을 완전히 적들에게 넘겨주신 것 같아 보여도, 하나님은 더할 나위 없이 철저하게 보호해 주셨다. 따라서 이번 공격은 첫 번째 공격과는 사뭇 다르다. 우선, 영혼은 적들에 대해 스스로를 방어한다. 그런 후에 영혼이 지니는 약점이 너무나 심각하기 때문에 마침내 에워싸임을 당한다. 여기서 영혼은 지옥 전체로부터 공격을 당하지만 스스로를 방어하지는 않는다. 뿐만 아니라 영혼은 연약해진 상태다. 그러나 하나님은 그의 힘과 보호막이 되어 주신다.

> 하늘에서 불이 내려와 그들을 태워버리고 또 그들을 미혹하는 마귀가 불과 유황 못에 던져지니 거기는 그 짐승과 거짓 선지자도 있어 세세토록 밤낮 괴로움을 받으리라(계 20:9b-10)

하나님은 이 치명적인 인류의 적을 순식간에 멸절시키신다. 그는 자유로워지는 듯 보이지만 마침내 영원한 심판을 받는다. 그가 성도들에게 주는 괴로움은 단기간에 끝날 것이고, 오히려 이로 인해 성도들은 영원한 안식을 누릴 것이다.

또 내가 크고 흰 보좌와 그 위에 앉으신 이를 보니 땅과 하늘이 그 앞에서 피하여 간 데 없더라(계 20:11)

이 말씀은 자기를 비워 낸 상태를 아주 경이롭게 묘사한다. 하나님께서 모든 위엄을 지니고 임하시기 전에, 우선은 하늘과 땅이 모습을 드러낸다. 주님은 영혼에게 깨끗한 옷을 입혀 주신 후에 즉시로 '흰 보좌' 에 앉으신다. 흰 보좌에 앉으신 주님은 그곳에서 영원한 안식을 누리실 준비를 하신다. 모든 영혼, 그리고 땅과 하늘은 하나님 안에서 철저히 자신을 버려야 한다. 그런 후에는 오직 하나님만이 존재하게 된다. 영혼은 더 이상 분열되지 않는다. 그녀가 아는 것은 오직 하나님뿐이다. 하나님은 모든 영광과 위엄 가운데 살아 계신다.

또 내가 보니 죽은 자들이 큰 자나 작은 자나 그 보좌 앞에 서 있는데 책들이 펴 있고 또 다른 책이 펴졌으니 곧 생명책이라 죽은 자들이 자기 행위를 따라 책들에 기록된 대로 심판을 받으니 바다가 그 가운데에서 죽은 자들을 내주고 또 사망과 음부도 그 가운데에서 죽은 자들을 내주매 각 사람이 자기의 행위대로 심판을 받고(계 20:12-13)

본문은 최후의 심판에 관한 내용이다. 신비한 죽음을 맞이한 사람들은 더 이상 지옥이나 죄를 두려워하지 않을 것이다. 진정한 죽음을 통과한 사람들은 하나님 안에서 받아들여질 것이다. 모든 사람이 각각의 행위에 따라 심판받을 것이다. 오직 하나님의 뜻에 따라 행한 것만이 선한 행위라 할 수 있다.

> 사망과 음부도 불못에 던져지니 이것은 둘째 사망 곧 불못이라 누구든지 생명책에 기록되지 못한 자는 불못에 던져지더라(계 20:14-15)

죽음과 지옥이 끝나고, 더 이상 영혼이 죽는 일도 없을 것이다. 모든 것이 생명이고 자유다. 그러나 첫째 죽음을 통과하지 않은 사람은 반드시 둘째 사망의 고통을 당해야 한다. 이는 죄 가운데서 죽은 사람들을 가리킨다. 이들은 예수 그리스도 안에서 새 생명을 얻지 못했다. 바로 주님 자신이 '책'이다. 이 책 안에는 예정된 모든 사람의 이름이 기록되어 있다.

만일 우리가 요한계시록을 주도면밀하게 읽는다면, 우리는 이 책에서 거룩하고 영적인 삶에서 일어날 수 있는 온갖 상태를 찾을 수 있을 것이다.

요한계시록
21장

또 내가 새 하늘과 새 땅을 보니 처음 하늘과 처음 땅이 없어졌고 바다도 다시 있지 않더라(계 21:1)

영혼은 그동안 서술해 왔던 모든 상태를 통과해 왔다. 이제 하늘과 땅은 사라지고 없다. 물리적이고 영적인 원리들은 지금 여기서 하나로 연결되어 있다. 피조물과 신자 안에 존재하는 세속적이고 물질적인 것은 소멸되었다. 주님이 위엄을 갖추시고 임하시면, 모든 것은 자취를 감추고 주님을 위해 자리를 내어 드려야 한다. 이것이 바로 주님의 위대함과 능력을 보여 주는 표지다. 태양 앞에서는 눈 덮인 산도 녹고 무너져 내린다. 이와 마찬가지로, 하나님의 위엄이 나타나실 때, 모든 영혼은 사라지고 소멸되어야 한다. 얼마간의 은총으로 말미암아 완전히 멸절되지 않고 남아 있는 것이 있을 수도 있다. 그러나 그것이 무엇이든지 간에 결코 하나님 자신은 아니다!

〔오, 하나님! 주님이 나타나시면, 피조 세계와 신자와 제 안에 존

재하던 모든 생명과 실재들은 사라지고 맙니다! 주님을 전부로 삼기 위해 철저히 자기를 비워낸 상태만이 남겨지는 유일한 것입니다!]

오, 이 얼마나 놀라운 결과인가! 신랑과 신부에게 경이롭고 거룩한 연합이 이루어진다. 이 연합은 비단 친밀한 연합일 뿐 아니라, 모든 것이 그들의 연합 가운데로 녹아 들어간다. 그 연합의 자리에서 신랑은 신부와 더불어 하나가 된다. 그들 사이에 더 이상 구별은 없다. 그곳에 자기는 존재하지 않는다. 자기는 하나님 안에 있다. 이는 온갖 행복의 극치다. 그곳에서는 완벽한 자기 비움이 성취되고 완성된다. 그곳에서 그녀는 하나님과 더불어 하나가 된다. 실제로 하나님 안에서 완전히 자신을 잃어버렸기 때문에 더 이상 주님과 분리되는 것조차 불가능하다.

요한계시록에는 두 가지 서로 다른 상태에 관하여 경이롭게 묘사되어 있다. 첫 번째 상태에 관한 설명은 다음과 같다. "하늘은 두루마리가 말리는 것 같이…"(계 6:14). 이는 하나님이 주시는 것을 취하기 위해 자신의 특성을 기꺼이 버린 영혼을 말한다. 그러나 두루마리처럼 말린 하늘은 여전히 제자리에 남아 있다. 두 번째 상태를 묘사하는 표현은 다음과 같다. "하늘은 … 떠나가고." 하늘은 두루마리처럼 말릴뿐 아니라 이제는 떠나가기까지 한다. 하나님의 위엄 앞에 자취를 감추는 것이다.

영혼이 하나님 안에서 자기를 잃고 하나님 안에 깊이 침잠하여 하나님과 더불어 연합한 후에, 그녀는 모든 것을 상실한다. 주님은 영혼에게 예수 그리스도를 주신다. 예수 그리스도는 그녀에게 새 하늘과 새 땅이 되어 주신다. 모든 것이 전혀 생각지도 못했던 유익으로 변하여 다시금 그녀에게 되돌아온다. 이제부터 그녀는 주님과의 연합을 깨뜨리지 않고 무슨 일이든 할 수 있다. 그녀는 예수 그리스도 안에서 '새로운 피조물' 이 된다. 그녀는 예수 그리스도 안에서 모든 것을 돌려받는다. 또한 예수 그리스도는 그녀 안에서 모든 것이 되신다. 더 이상 이 옛 피조물은 언급되지 않는다. 그녀는 완전히 새로워졌다. 옛 것은 조금도 남아 있지 않다.

'바다' 도 더 이상 존재하지 않는다. 이는 더 이상 격동과 소란이 찾아오지 않게 되었음을 의미한다.

> 또 내가 보매 거룩한 성 새 예루살렘이 하나님께로부터 하늘에서 내려오니 그 준비한 것이 신부가 남편을 위하여 단장한 것 같더라(계 21:2)

본문에서 요한은 주님의 몸 된 교회 안에서 이루어져야 할 갱신에 관하여 매우 분명하게 언급한다. 교회의 영은 온 세상 전반에 걸쳐 새로워질 것이다. 교회의 영이란 교회를 사로잡는 말씀의 영을 의미한다. 하지만 지금 교인들은 말씀의 영과는 너무나 동떨어진 삶을 살아간다. 그런 다음에 이 영은 온 천하로 확산될 것이며, 주어진 약속에 따라 온 세상을 새롭게 할 것이다. 그리고 새 예루살렘이 하늘로부터 내려올 것이다.

개인의 영혼에 대해 말하자면, 이는 내면적인 영혼 혹은 외면적인 영혼이 맺은 결실들이 '하늘로부터 내려옴' 을 의미한다. 이는 영혼에게 주어지는 영광과 승리의 상태를 일컫는다. 이러한 영광과 승리의 상태가 그녀에게 주어지는 것은, 하늘에서 이루어진 것을 땅에서도 이루기 위해서다. 새롭게 된 후에, 그녀 안에 있는 것들은 더 이상 밖으로 나오지 않는다. 왜냐하면 '그녀는 더 이상 존재하지 않기' 때문이다. 이제 모든 것은 하나님으로부터 말미암는다. 이것이야말로 그녀가 맺은 결실이 가져다주는 힘이자 효과다. 그녀는 준비와 단장을 갖춘 모습으로 임한다. 하나님은 주님의 몸 된 교회에게 외면적으로 하나님의 위엄(교회가 함께 누리는 은혜)에 합당한 온갖 웅장함과 탁월함을 허락해 주신다.

> 내가 들으니 보좌에서 큰 음성이 나서 이르되 보라 하나님의 장막이 사람들과 함께 있으매 하나님이 그들과 함께 계시리니 그들은 하나님의 백성이 되고 하나님은 친히 그들과 함께 계셔서(계 21:3)

영혼과 주님의 몸 된 교회는 숱한 역경과 낯선 길을 통과하여 마침내 완벽하게 변화된 상태에 이르렀다. 이 상태에 도달함으로 영혼과 교회는 이제 하나님이 거주하시는 장막이 되었다. 이 장막에서 주님은 형언할 수 없는 기쁨 속에 안식을 누리신다.

이는 새롭게 된 교회와 영혼 모두를 일컫는다. 새로워진 교회와 영혼은 하나님이 머무시는 처소가 될 것이다. 그때 하나님은 사람과 함께 거하시기를 기뻐할 것이며, 주님은 진정으로 그들의 하나님이 되시고, 그들은 진정한 하나님의 백성이 될 것이다. 영혼은 철저한 자기 비움을 통해 하나님 안에서 빚어지고 하나님과 더불어 하나가 된다. 이제 자기 비움으로 말미암아 그들도 하나님 안에서 빚어지고 온전한 연합을 이루게 될 것이다.

> 모든 눈물을 그 눈에서 닦아 주시니 다시는 사망이 없고 애통하는 것이나 곡하는 것이나 아픈 것이 다시 있지 아니하리니 처음 것들이 다 지나갔음이러라(계 21:4)

더 이상 눈물이나 슬픔, 괴로움은 존재하지 않는다. 죽음이 완전히 사라졌기 때문이다. 더 이상 온전해지기 위해 자기를 비워 내야 하는 일도 없다. 자기 비움이 철저히 이루어지지 않았다면, 여전히 이 세상에는 고난이 존재했을 것이다. 그러나 말씀은 모든 것이 사라지고 오로지 평강과 기쁨, 만족만이 남아 있는 모습을 보여 준다.

이때는 교회에 있어서나 예수 그리스도께 있어서 승리의 시간이 될 것이다. 오랜 시간 동안 줄곧 고난받는 그리스도를 보여 주었던 교회는 이제 영광스럽고 승리하신 주님의 모습을 드러낼 것이다.

> 보좌에 앉으신 이가 이르시되 보라 내가 만물을 새롭게 하노라 하시고 또 이르시되 이 말은 신실하고 참되니 기록하라 하시고(계 21:5)

〔오, 하나님! 주님이 '만물을 새롭게' 하신다는 말씀은 얼마나 진실한지요! 영혼들, 주님의 신부들, 주님의 교회여! 오, 새로운 상태, 새 생명, 새로워진 만물들, 모든 것이 새로워질 것입니다! 하나님께 철저히 순복하기만 하면 이러한 새로워짐을 경험하지 못할 영혼은 단 한 사람도 없을 것입니다.〕

또 내게 말씀하시되 이루었도다 나는 알파와 오메가요 처음과 마지막이라 내가 생명수 샘물을 목마른 자에게 값없이 주리니(계 21:6)

이 모든 상황이 지나간 후에, 모든 것이 끝나고 영혼은 완전한 극치에 이르게 된다. 왜냐하면 예수 그리스도께서 시작이고 끝이기 때문이다. 주님으로 말미암아 모든 상황이 시작되고 종결된다. 영혼은 예수 그리스도에 의해 시작되며, 주님에 의해 모든 것이 끝나고 종말을 맞이한다.

모든 것이 예수 그리스도의 사랑에 의해 시작된다. 우리는 주님께 굴복한다. 길이신 주님이 인도해 주신다. 주님이 인도해 주시는 길로 행하기만 하면 점점 더 주님께 가까이 나아갈 수 있다. 주님이 신자로 하여금 끔찍하고 무서운 사막 길로 가게 하실 때, 주님은 그를 처음부터 끝까지 인도해 주신다. '길' 이 계속되는 동안, 영혼은 예수 그리스도께서 자신을 인도해 주신다는 사실을 깨닫지 못한다.

주님이 모습을 숨기시는 까닭은 영혼으로 하여금 자신이 가진 모든 특징을 잃어버리게 하고 주님과의 연합으로 이끄시기 위함이다. 그가 이 자리에 도달할 때, 주님은 그에게 진리로 나타나 주시고, 그를 하나님의 진리 가운데로 인도해 주신다. 영혼은 하나님만이 자신의 전부이며 피조물은 아무것도 아님을 깨닫게 된다. 이 진리 가운데서 그는 이제까지의 모든 것이 거짓이고 속임수고 무지였던 것을 생각하게 된다.

그러나 신자는 하나님과의 온전한 연합이라는 진리 안에 머물러 있는 동안 갑자기 예수 그리스도를 생명으로 받게 된다. 그가 영혼 안에서 이 모든 상황을 견뎌내고 자신을 희생한 후에, 주님은 그를 통해 영광을 받으신다. 그뿐 아니라 주님은 그를 영화롭게 해주시고, 그로 하여금 주님의 영광과 기쁨에 참여하게 해주신다. 주님은 영원무궁토록 이 영혼 안에서 영광을 받으실 것이다. 그러므로 우리는 십자가에 못 박혀 죽은 후에 주님처럼 영광을 받게 될 것이다!

예수 그리스도께서 제자들에게 다음과 같이 말씀하셨다. "아버지께서 내 안에, 내가 아버지 안에 있는 것 같이, 그들도 다 하나가 되어 우리 안에 있게 하사." 또한 주님은 이렇게 말씀하셨다. "아버지여 창세전에 내가 아버지와 함께 가졌던 영화로써 지금도 아버지와 함께 나를 영화롭게 하옵소서." "내 것은 다 아버지의 것이요 아버지의 것은 내 것이 온데 내가 그들로 말미암아 영광을 받았나이다."

이것이 바로 예수 그리스도께서 영혼 안에서 영광을 받고 계신 것이다. 이는 모든 사람이 예수 그리스도 안에서 누리게 되는 온전함이다. 그들 모두가 연합함으로 하나가 될 때, 이 연합의 자리에서 하나님은 말씀 안에서 전부가 되신다. 또한 모든 피조물을 창조하신 하나님은 모든 일을 스스로 성취하신다.

"아버지께서 내 안에, 내가 아버지 안에 있는 것 같이 그들도 다 하나가 되어 우리 안에 있게 하사." 하나님 아버지는 말씀을 통해 영혼 안으로 흘러가신다. 또한 영혼은 하나님 안에서 온전히 자기를 버림으로써 하나님께로 돌아간다.

예수 그리스도께서 말씀하시기를 하나님은 "처음과 마지막이라"고 하셨다. 그런 후에 계속해서 주님은 하나님은 목마른 자와 원하는 자에게 값없이 생명수를 주시는 분이라고 말씀하신다. 이 생명수를 대가를 지불하고 사기 위해 기다리는 사람들은 얼마나 심각하게 속는 것인가! 예수 그리스도는 생명수를 거저 주신다. 우리는 그저 주님께로 가서 생명수를 달라고 요청만 하면 된다. 영혼의 완전이 주님 안에서 시작되고 주님 안에서 끝나는 모습을 보여 주신 후에, 주님은 이러한 완전에 이르기가 얼마나 쉬운지를 알려주신다. 어떤 이들은 이런 상태에 이르기가 너무도 어렵기에 모든 사람이 누릴 수 있는 것은 아니라고 생각할 수도 있다. 예수 그리스도께서는 목마른 사람은 누구든지 생명수 샘물을 받아 마실 수 있다고 분명히 말씀하신다. 우리는 이 생수를 얻기 위해 어떤 특별한 장점이 있어야 할 필요는 없다. 당신은 생수의 값을 지불할 수 있는 방법이 자신에게는 없음을 인정하고 그저 담대히 주님께로 나오면 된다.

> 이기는 자는 이것들을 상속으로 받으리라 나는 그의 하나님이 되고 그는 내 아들이 되리라(계 21:7)

예수 그리스도께서 우리에게 요구하시는 승리는 우리 자신의 힘으로 얻을 수 있는 것이 아니다. 우리는 너무도 연약하기 때문에 패배하고 승리자가 되지 못할 것이다. 하나님이 말씀으로 그들을 위해 싸워주시고 승리를 획득하신다. 그러나 이 승리는 어디에 있는가? 이 같은 승리를 획득하신 주님 안에 거하는 자들이야말로 진정한 주님의 아들들이다.

> 그러나 두려워하는 자들과 믿지 아니하는 자들과 흉악한 자들과 살인자

들과 음행하는 자들과 점술가들과 우상 숭배자들과 거짓말하는 모든 자들은 불과 유황으로 타는 못에 던져지리니 이것이 둘째 사망이라 (계 21:8)

본문의 말씀에 언급된 바와 같은 타락을 일삼는 자들은 누구든지 이러한 악에서 떠나지 않으면 결코 내면의 천국에 들어갈 수 없다. 두려워서 벌벌 떠는 사람들은 언제나 두려움 때문에 주저한다. 그들은 하나님께 자신을 굴복시킨 적이 결코 없다. 믿지 않는 자들에게는 큰 믿음이 없다. 그들은 믿기 위해 필요한 동기조차 결여되어 있다!

일곱 대접을 가지고 마지막 일곱 재앙을 담은 일곱 천사 중 하나가 나아와서 내게 말하여 이르되 이리 오라 내가 신부 곧 어린 양의 아내를 네게 보이리라 하고 성령으로 나를 데리고 크고 높은 산으로 올라가 하나님께로부터 하늘에서 내려오는 거룩한 성 예루살렘을 보이니(계 21:9-10)

신부는 어린양의 아내다. 신부는 영화롭게 된 교회, 즉 내면의 성령이다. 신부는 하늘에서 내려오며 하나님으로부터 나온다. 이 영혼은 자기를 잃어버리고 예수 그리스도 안에서 새로운 피조물이 되었다. 그는 영적인 혼인을 하기 위해 필요한 준비를 모두 갖추었다. 여기서 아내란 연합을 통해 하나가 된 영혼을 가리킨다.

이는 주님의 몸 된 교회를 일컫는 것이기도 하다. 교회는 생명으로 충만해져 있으며, 구성원들은 활기를 띤다. 교회는 어린양의 아내다.

하나님의 영광이 있어 그 성의 빛이 지극히 귀한 보석 같고 벽옥과 수정 같이 맑더라(계 21:11)

말씀에 언급된 밝음은 영혼의 새로워짐, 빛, 순전함을 일컫는다. 지금까지 영혼은 빛을 발산하지 않았다. 그러나 이제 그들은 너무나도 환한 빛을 발산하면서 모습을 드러낸다. 모든 사람이 그녀의 빛을 도무지 간과할 수 없게 되었다. 주님의 신부인 새 예루살렘이 하늘로부터 내려온다. 구름 한 점 없이 말끔하다. 마치 새벽이 아름답게 동터오듯이, 그동안 그림자 밑에 은폐되어 있던 진리가 떠오르려 한다. 진리는 온갖 어둠을 흩날려 버리고, 어둠 속에서 형체를 분간할 수 없었던 모든 것들의 모습을 드러낼 것이다.

크고 높은 성곽이 있고 열두 문이 있는데 문에 열두 천사가 있고 그 문들 위에 이름을 썼으니 이스라엘 자손 열두 지파의 이름들이라 동쪽에 세 문, 북쪽에 세 문, 남쪽에 세 문, 서쪽에 세 문이니 그 성의 성곽에는 열두 기초석이 있고 그 위에는 어린 양의 열두 사도의 열두 이름이 있더라(계 21:12-14)

유대인은 하나님께서 몹시도 아끼시고 사랑하셨던 민족이다. 하나님은 그들을 위해 수많은 기적, 크나큰 은총을 베풀어 주셨다. 유대 민족을 통해 수많은 족장, 거룩한 선지자, 순교자들이 배출되었다. 유대인의 혈통에서 예수 그리스도께서도 태어나셨고, 그들을 통해 교회가 태동되었다. 열두 사도도 유대인이었다. 우리는 이들이 영원토록 거절당한 상태에 머물러 있을 것이라고 생각해서는 결코 안 된다. 이제 얼마 남지 않은 하나님의 자비의 때가 이르면, 유대인들은 다시금 하나님의 성도들이 될 것이다.

주님은 마치 유대인들의 경우처럼 요람에서부터 선택받은 듯한 영혼들에게도 이와 유사한 의를 베풀어 주신다. 주님은 이들에게도 환상과 계시, 예언을 통해 고대의 족장들에게 허락하셨던 은총을 부어 주실 것이다. 그러나 후일에는 비범한 존재처럼 여겨졌던 이 영혼들은 결국 거절을 당했다. 그 이유가 무엇일까? 이는 그들이 교만해져서 하나님께 돌려 드려야 할 것을 자신들이 취했기 때문이다. 공의의 하나님이 그들을 거절하셨다. 반면에 주님은 이방인들처럼 타락과 죄 가운데서 태어난 다른 죄악 된 영혼들을 받아들이신다. 주님은 방황하는 자들을 선택해서 자비의 보좌들이 되게 하신다. 그러나 하나님의 자비는 너무나도 크다. 비록 그들의 타락을 허락하셨지만 주님께서 그들을 완전히 버리신 것은 아니다. 주님은 그들을 인생의 후반부에 다시금 회복시키실 것이다.

이 아름다운 도시는 교회를 가리킨다. 새롭게 된 교회에는 열두 문이 있고, 이 문들을 통해 이스라엘의 열두 종족이 드나들 것이다. 그러나 단지 그들뿐만 아니라 세상의 모든 열방이 이 문들을 통해 드나들 것이다.

성곽은 예수 그리스도 자신을 의미한다. 주님은 어디서나 교회 주위를 에워싸고 보호해 주신다. 열두 문은 세상으로 향하는 출입구가 사방에 존재했음을 뜻한다. 온 세상 곳곳에서 자녀들이 교회를 향해 몰려올 것이다. 문들은 결코 닫히지 않을 것이다. 이는 교회의 품으로 나아오는 모든 나라와 도시들이 받아들여짐을 뜻한다. 특히 세계 곳곳에 흩어져 사는 유대인들이 매우 놀라운 방법으로 소집될 것이다.

성곽은 예수 그리스도를 상징한다. 성곽은 하나로 이루어졌다. 이는 마치 수많은 돌이 하나의 성곽을 구성하듯이 교회가 온전히 하나로 연합되어 있는 모습을 의미한다. 돌들은 살아 있다. 성경에 의하면, 이는 외형에 불과한 연합이 아니라 마음과 생각이 하나 된 연합임을 보여 준다. 이러한 연합은 하나님께서 원하시는 것이다. 참된 영은 경배와 희생의 영이며 내면의 영이다.

사도들의 영은 내면의 영인 평강과 연합과 일치의 영이다. 이 영을 나누어주시는 분은 예수 그리스도이다. 예수 그리스도께서는 이 영을 다시금 주님의 몸 된 교회에 새롭게 부어 주기를 원하신다.

교회의 열두 문은 교회가 지니는 자유와 너비와 공간을 말한다. 이전까지만 해도 교회는 협소했고 방해를 받았다. 성곽의 기초석은 성령의 열두 가지 열매를 의미한다. 교회는 성령의 열매들로 가득 차 있다. 유일한 버팀목은 온전한 사랑이자 모퉁잇돌이신 예수 그리스도이시다.

> 내게 말하는 자가 그 성과 그 문들과 성곽을 측량하려고 금 갈대 자를 가졌더라 그 성은 네모가 반듯하여 길이와 너비가 같은지라 그 갈대 자로 그 성을 측량하니 만 이천 스다디온이요 길이와 너비와 높이가 같더라
>
> (계 21:15-16)

네모반듯하다는 것은 모든 것이 완벽하게 동등하다는 것을 암시한다. 모든 영혼, 모든 교회가 하나다. 따라서 외면적으로 이루어지는

일은 동일하게 내면에서도 일어난다. 각각의 측면은 길이가 '만 이천 스다디온'(1스다디온은 약 191.27미터, 12,000스다디온은 약 2,295킬로미터 -역자 주)이다. 이 얼마나 엄청난 길이요 높이요 너비인가! 영혼—참된 교회—은 이처럼 하나님의 광대하심 가운데에 존재한다. 나의 하나님, 주님의 신비는 너무 놀랍습니다! 주님의 신비는 도저히 말로 표현할 수 없습니다!

네모반듯하다는 것은 교회의 일치와 평등을 의미한다. 하나님의 광대하심으로 말미암아 교회는 모든 사람들과 존재들을 에워싼다.

오, 성전이여! 오, 교회여! 너는 자체만으로도 너무나 멋진 존재이지만, 자녀들의 방종으로 너는 한없이 수치를 당하였구나. 이는 너의 인도자들과 목자들이 타락했기 때문이다(그들은 믿음을 잃은 것이 아니라, 거룩한 사역에 필요한 순전함과 거룩함을 잃어버렸다). 이제 너의 목자들이 거룩해질 때가 반드시 도래할 것이다!

〔오, 하나님! 지금은 제사장들과 목자들이 얼마나 심하게 타락했는지요! 하지만 어린양이 몸소 제사장들을 세우실 것이며, 주님께서 친히 성도들을 세우실 것입니다.〕

그 성곽을 측량하매 백사십사 규빗이니 사람의 측량 곧 천사의 측량이라 (계 21:17)

성곽을 측량한다는 것은, 교회가 성령의 운행하심에 복종하는 모습을 온 열방에 알린다는 의미다.

그 성곽은 벽옥으로 쌓였고 그 성은 정금인데 맑은 유리 같더라(계 21:18)

이는 모든 교회와 영혼이 내면의 모습과 외면의 모습이 유사하다는 의미다. 주님의 몸 된 교회의 경우에, 교회의 방식들은 마치 '벽옥으로 된 성곽' 처럼 아름답고 견고하며 강하고 순전하다. 교회의 영은 어찌나 순수하고 깨끗한지, 성령님은 교회를 통해 투영된 자신의 모습을 바라보신다. 성령님의 빛이 교회를 비추신다. 교회의 영은 성령님이다. 성령님이 교회를 충만케 하시고 이끄시고 움직여 가신다. 교회는 조금도 저항하지 않은 채로 성령님의 인도하심과 다스리심과 조명하심을 받아들인다. 교회의 영이 교회의 모든 자녀들 위에 부어질 것이다. 이 성은 정금으로 되어 있다. 이는 숭고한 사랑을 뜻한다. 정금은 순수하고 흠이 없는 성령님의 밝은 빛을 받아들일 수 있을 만큼 맑고 투명하다.

그러나 이 장면에서 우리는 영혼에 대해 무엇을 말할 수 있는가? 영혼은 아름답고 강력한 모습으로 나타난다. 하나님은 마침내 그녀를 내면적으로나 외면적으로 완벽한 안식 가운데 있게 해주셨다. 한때 주님은 영혼이 지니던 온갖 좋은 것과 능력을 빼앗아 가시는 것만 같았다. 그러나 수많은 자기 비움의 단계를 모두 통과한 후에, 주님은 영혼에게 놀랄 만한 일관성을 허락해 주셨다. 영혼 안에 금이 뒤섞여 있다. 이는 순전한 사랑 때문이다. 영혼 안에 이기심은 혼재되어 있지 않다. 영혼은 순전함과 아무것도 숨기지 않는 솔직함 때문에 매우 맑은 유리와 같다.

그 성의 성곽의 기초석은 각색 보석으로 꾸몄는데 첫째 기초석은 벽옥이요 둘째는 남보석이요 셋째는 옥수요 넷째는 녹보석이요 다섯째는 홍마노요 여섯째는 홍보석이요 일곱째는 황옥이요 여덟째는 녹옥이요 아홉째는 담황옥이요 열째는 비취옥이요 열한째는 청옥이요 열두째는 자수정이라 그 열두 문은 열두 진주니 각 문마다 한 개의 진주로 되어 있고 성의 길은 맑은 유리 같은 정금이더라(계 21:19-21)

"성곽의 기초석"은 믿음에 있어서 반드시 필요한 주된 요소들이다. 영혼의 활동은 이러한 요소들을 근간으로 이루어진다. 이는 교회의 경우에 대해서도 동일하게 적용된다. 모든 것이 값비싼 보석들과 가장 순수한 덕목들로 인해 풍요로워진다.

진주로 된 열두 개의 문은 순수한 내면의 삶, 즉 모든 영혼 안에 존재하는 일치성을 말한다. 믿음과 감정들은 언제나 일치되고 한결같다. 단지 점점 더 순수해져 간다는 점에서만 변화가 이루어질 뿐이다. 성곽들 안에 열두 문이 있다는 것은, 모양새와 구성 요소들 안에도 일치성이 존재했음을 보여 준다. 이 문들을 통해 유대인들과 악한 그리스도인들 등 온갖 종류의 사람들이 받아들여질 것이다. 그러나 그들은 성 안으로 들어가서 영을 함께 공유하고, 내면으로 인도함을 받고 살아가면서 진리 안에 거하게 될 것이다.

성 안에서 내가 성전을 보지 못하였으니 이는 주 하나님 곧 전능하신 이와 및 어린 양이 그 성전이심이라(계 21:22)

이 말씀은 교회에 대해서는 적용할 수 없다. 그러나 우리는 주 하나님 자신이 '성전' 이며 희생 제물이라고는 말할 수 있다.

과거에 영혼은 내면에 성전을 소유했다. 영혼은 성전 안으로 들어가서 기도와 경배를 올려 드렸다. 이 성전은 일종의 피난처로서, 영혼을 원수들의 압제로부터 안전하게 보호해 주는 곳이다. 지금은 더 이상 영혼 안에 성전이 존재하지 않는다. 이제는 하나님 자신이 영혼의 성전이다. 영혼은 도저히 형언할 수 없을 정도의 탁월한 방식으로 하나님을 체험할 수 있다.

그 성은 해나 달의 비침이 쓸 데 없으니 이는 하나님의 영광이 비치고 어린 양이 그 등불이 되심이라(계 21:23)

창조된 빛은 더 이상 교회에 아무 소용이 없다. 하나님만이 그녀의 빛이기 때문이다. 어린양이 교회의 등불이 되어 주신다. 영혼은 더 이상 본보기를 필요로 하지 않는다.

이 경우에 있어서, 더 이상 눈에 띄는 특별한 싸움은 일어나지 않는다. 하나님이 총체적으로 빛을 비추어 주시기 때문이다. 보편적인 빛이 되어 주시는 주님의 은총으로 말미암아, 영혼은 하나님 안에서 매우 경이로운 방식으로 만물을 바라보게 된다. 축복을 받은 자들은 늘 이런 방식으로 바라본다.

만국이 그 빛 가운데로 다니고 땅의 왕들이 자기 영광을 가지고 그리로 들어가리라 낮에 성문들을 도무지 닫지 아니하리니 거기에는 밤이 없음이라 사람들이 만국의 영광과 존귀를 가지고 그리로 들어가겠고 무엇이든지 속된 것이나 가증한 일 또는 거짓말하는 자는 결코 그리로 들어가지 못하되 오직 어린 양의 생명책에 기록된 자들만 들어가리라

(계 21:24-27)

만국이 교회와 진리의 빛 가운데로 지나다닐 것이다. 그들은 와서 진리와 교회에 동참할 것이다. 사람의 생각과 의지가 온전히 하나님과 연합될 것이며, 더 이상 거짓된 빛 때문에 방황하는 일도 없을 것이다. 하나님의 빛이 그들 모두를 밝게 비춰 주실 것이다.

세상의 모든 왕과 주권자들은 오직 하나님의 유익을 위해 섬기는 것을 영광으로 여길 것이다. 교회의 문들은 어느 누구에 대해서도 결코 닫히는 일이 없을 것이다. 더 이상 어둠이나 밤이 없을 것이다. 하나님께서 모든 원수를 진멸시키기 위해 맹습을 가하시는 것도 이 때문이다. 이 순수하고 깨끗한 교회 안으로 불순한 것은 결코 들어오지 못할 것이다.

이와 마찬가지로, 하나님 안에 있는 영혼도 철저한 망가짐을 통해 온갖 불순물이 제거될 것이다. 불순한 것은 결코 하나님 안으로 들어갈 수 없기 때문이다.

요한계시록
22장

또 그가 수정 같이 맑은 생명수의 강을 내게 보이니 하나님과 및 어린 양의 보좌로부터 나와서(계 22:1)

말씀에 언급된 강은 하나님의 은혜를 말한다. 은혜의 강물이 하나님으로부터 나와서 영혼들 안으로 흘러간다. 모든 영혼이 강물의 심연에 빠져 온전히 자신을 버리고 주님과의 연합 가운데로 깊이 젖어든다. 강물은 하나님과 어린양의 보좌로부터 흘러나온다. 하나님과 예수 그리스도께서 친히 이 강물을 허락해 주신다.

길 가운데로 흐르더라 강 좌우에 생명나무가 있어 열두 가지 열매를 맺되 달마다 그 열매를 맺고 그 나무 잎사귀들은 만국을 치료하기 위하여 있더라(계 22:2)

생명나무는 교회와 영혼 안에 존재하는 온전한 사랑을 말한다. 불타오르는 순수한 이 사랑은 항상 영혼 안에 머물러 있다. 생명나무에 맺히는 열두 가지 열매는 성령의 열매들이다. 성령의 열매들이 시절마다 영혼의 필요에 따라 열린다. 나무의 잎사귀들은 병의 치유를 위해 모든 사람에게 가장 일반적으로 배분되는 은총을 상징한다.

오, 교회여! 네가 이 생명나무를 받았구나. 그럼에도 불구하고 만국은 이 나무의 열매를 먹지 않는다. 그들이 치유를 받지 못하는 것도 이 때문이다. 그러나 사람들은 네게로 오자마자 양분을 공급받아 활력을 회복하고 치유를 받게 될 것이다. 생명나무와 그 열매들은 언제까지라도 교회 안에 존재할 것이다.

> 다시 저주가 없으며 하나님과 그 어린 양의 보좌가 그 가운데에 있으리니 그의 종들이 그를 섬기며 그의 얼굴을 볼 터이요 그의 이름도 그들의 이마에 있으리라(계 22:3-4)

하나님의 얼굴을 본다는 것은 친밀한 연합을 의미한다. 영혼이 이 정도의 친밀한 사귐의 자리에 이르렀을 때, 그는 어린양의 얼굴을 보게 된다. 이는 그 영혼이 예수 그리스도에 관한 심오한 지식을 받았기 때문이다.

어린양의 이름이 그들의 이마에 기록되어 있다는 것은, 그들의 내면에서 느껴지는 바가 겉모습을 통해 그대로 드러났음을 의미한다. 그들의 외형조차도 하나님을 선포하고 전파한다.

> 다시 밤이 없겠고 등불과 햇빛이 쓸 데 없으니 이는 주 하나님이 그들에

게 비치심이라 그들이 세세토록 왕 노릇 하리로다(계 22:5)

이곳에서는 밤이 있을 수 없다. 진리의 빛은 어둠이 머물러 있을 수 있는 여지를 조금도 허락하지 않는다.

이와 같은 일이 하나님의 교회를 위해 이루어질 것이다. 오류와 거짓의 어둠이 사라져 버린 만큼, 진리의 빛이 모습을 드러내고 어둠을 쫓아 버릴 것이다.

또 그가 내게 말하기를 이 말은 신실하고 참된지라 주 곧 선지자들의 영의 하나님이 그의 종들에게 반드시 속히 되어질 일을 보이시려고 그의 천사를 보내셨도다 보라 내가 속히 오리니 이 두루마리의 예언의 말씀을 지키는 자는 복이 있으리라 하더라(계 22:6-7)

〔오, 하나님! 이것은 전적으로 주님의 소유가 된 마음들이 누리는 기쁨입니다. 주님의 내면적인 통치와 외면적인 통치가 모두 실현될 것입니다. 이 말씀은 신실하고 참됩니다.

오, 하나님! 주님은 모든 사람의 마음속에서 통치하실 것입니다. 주님은 이미 수천 명의 사람들의 마음속에서 다스리고 계십니다. 이것을 느끼지 못하는 사람들은 주님의 통치를 소홀히 여길지도 모릅니다. 그러나 하나님과 주님의 가시적인 현현을 체험하는 영혼은 알게 될 것입니다.

오, 영들의 하나님이시여! 주님은 주님의 내면의 영을 요한에게 주셨습니다. 그로 하여금 내적인 일들, 곧 주님이 주님과의 영원한 연합

을 위하여 영혼들 안에서 행하시는 일반적인 활동들을 명백하게 이야기할 수 있게 하셨습니다.〕

그러나 오, 거룩한 선지자여! 너는 이 모든 일이 반드시 속히 이루어져야 한다고 말하는구나! 아, 슬프다! 그때 이후로 벌써 17세기가 경과되었구나!* 아직 예수 그리스도의 통치는 온 세상에 실현된 상태가 아니다. 금세기에는 과거 그 어느 때보다도 훨씬 더 많은 내면의 사람들이 존재한다.**

〔주님은 이제 속히 오시겠다고 말씀하십니다. 오, 주님! 그러나 주님을 기다리는 시간이 이토록 길게만 느껴진단 말입니까! 하지만 주님께는 수세기도 단지 한순간에 불과합니다. 오, 만국의 보배시여! 주님은 만국으로 하여금 오랫동안, 사천 년 동안이나 주님을 기다리게 하셨습니다. 선지자들이 선포한 바와 같이, 주님은 금방이라도 오실 것만 같았습니다. 그러나 주님이 오실 날은 얼마나 지체되었는지요! 주님은 수많은 영혼들로 하여금 오매불망 주님을 기다리며 그리워하도록 하셨습니다. 그래도 주님은 오시지 않았습니다! 오, 왕이시여, 나를 용서해 주십시오. 주님은 이제 곧 오실 것입니다. 주님은 수많은 영혼의 마음에서 그동안 전혀 알지 못했던 낯선 방식의 통치를 시작하기 위해 이 세상에 오셨습니다. 영원 속에서 우리는 이 내면의 영이 온 시대로 확산되고 날마다 더욱더 증가되는 모습을 지켜보게 될 것입니다. 그러나 아직은 주님이 오시지 않았습니다. 오, 예수님, 아직 주님의 통치가 온 세상에 실현된 것은 아닙니다. 아직은 온 세상이 주님을 이런 식으로 알지 못합니다. 오, 하나님! 주님이 일하시는 방식은 늘 이러합니다. 주님은 주님의 종들의 인내를 시험하시고 우리의

갈망을 심화시켜 주십니다.

하나님이 영혼 안에 들어오시는 순간, 그 즉시로 주님은 그가 주님의 신부가 될 것이라고 약속해 주십니다. 주님은 그 영혼에게 주님의 신부가 되는 것을 몹시 갈망하도록 만들어 놓으십니다. 우리는 이런 모습을 솔로몬의 아가서에서 찾아볼 수 있습니다. 처음에는 혼인 예식이 거행될 것 같았습니다. 그러나 슬픕니다! 그 일이 가까워지는 것처럼 보이면 보일수록 실제로는 그렇지 않습니다. 영혼은 신랑이 은총과 자비를 베풀어 주는 모습을 봅니다. 영혼은 한 발자국만 더 나아가면 신랑과 함께 있을 수 있다고 믿습니다. 영혼은 자신이 완전의 정점에 도달했다고 여기지만, 여전히 그녀는 거의 출발조차 하지 않았습니다! 그녀는 오랜 시간 동안 끔찍한 경험을 한 후에야 비로소 이토록 위대한 성취는 금방 실현되는 것이 아님을 깨닫습니다. 그제야 그녀는 하나님께 다음과 같이 아룁니다.

주님은 곧 오시겠다고 약속하셨습니다. 그러나 주님은 이렇게 약속하시자마자 그 어느 때보다도 훨씬 더 멀리 달아나셨습니다! 아, 오랫동안 얼마나 힘든 세월을 하나님 앞에서 보냈던가! 오, 사랑이시여! 주님은 결코 거짓말을 하시는 분이 아닙니다. 피조물은 포로의 옷을 벗지도 않았음에도 여전히 자신은 혼인 잔치에 들어갈 수 있다는 속임수에 빠져 있습니다.

오, 이 얼마나 엄청난 실수입니까! 그녀는 어찌 그렇게도 어리석은지요. 그녀는 자기를 제거하시는 주님의 손길에 자신을 맡겨 드리는 일을 너무나 힘들게만 생각합니다. 그럴수록 그녀의 괴로움은 연장될 뿐입니다. 신랑이신 하나님께 저항하면 할수록, 그녀의 슬픔은 더욱

더 깊어질 뿐입니다. 그러나 오, 거룩하신 신랑이시여! 만일 우리가 주님이 어떤 분인지를 생각한다면, 또한 주님이 그토록 연합하기 원하시는 이 피조물이 얼마나 타락한 상태인지를 고려한다면, "주님은 속히 오시는 것입니다!" 주님은 이 좋은 선물을 주시는 것을 결코 지체하지 않으십니다.

"이 두루마리의 예언의 말씀을 지키는 자는 복이 있으리라." 숱한 역경들에 당면해 있는 동안에도 여전히 이 말씀들을 지키는 자들은 얼마나 복된 자들인지요!]

> 이것들을 보고 들은 자는 나 요한이니 내가 듣고 볼 때에 이 일을 내게 보이던 천사의 발 앞에 경배하려고 엎드렸더니 그가 내게 말하기를 나는 너와 네 형제 선지자들과 또 이 두루마리의 말을 지키는 자들과 함께 된 종이니 그리하지 말고 하나님께 경배하라 하더라(계 22:8-9)

하나님은 주님의 보배를 질그릇에 숨겨 두시기를 기뻐하셨다. 이는 능력이 하나님께 있고 사람들에게 있지 않음을 알게 하시기 위함이었다. 주님은 비록 진흙으로 덮여 있는 영혼일지라도, 그 영혼 안에 있는 아름다움과 고결함을 잘 알고 계신다. 하나님께서 이 일을 허용하시는 것은, 그들이 순수함을 유지할 수 있도록 해주실 뿐 아니라, 나아가 그들의 정체가 알려졌을 때 과도한 평가를 받는 일이 없도록 하기 위함이다. 우리의 시선은 오직 하나님에게만 고정되어 있어야 한다.

또 내게 말하되 이 두루마리의 예언의 말씀을 인봉하지 말라 때가 가까우니라 불의를 행하는 자는 그대로 불의를 행하고 더러운 자는 그대로 더럽고 의로운 자는 그대로 의를 행하고 거룩한 자는 그대로 거룩하게 하라(계 22:10-11)

본문에는 두 종류의 사람이 나온다. 불의한 사람들과 자신을 비참한 존재로 느끼는 사람들이다. 첫 번째 사람들에 대해서는, 가중되는 범죄로 인한 징벌과 죄가 언급된다. 두 번째 사람들에 대해서는 번민과 연약함의 상태가 제시된다. 하나님은 이러한 번민과 연약함의 상태를 통과하는 인간을 하나님에게도 숨기시고, 다른 사람들에게도 숨기신다.

〔오, 하나님! 이 사람은 자신의 비참함을 슬퍼합니다. 그는 도저히 자신의 노력으로는 어찌할 수가 없고 오직 주님만이 자신을 치유하실 수 있음을 알고 있습니다. 그가 몹시 슬퍼하는 이유는 당장 겪는 수모 때문이 아니라, 혹시 주님의 기분을 상하게 하지는 않았는지를 두려워하기 때문입니다.〕

"거룩한 자는 그대로 거룩하게 하라." 다시 말해, 이는 그가 하나님의 거룩함을 닮은 형상으로 변화될 수 있도록 하라는 말이다. 그는 자기 자신을 철저히 잃어버려야 한다.

보라 내가 속히 오리니 내가 줄 상이 내게 있어 각 사람에게 그가 행한 대로 갚아 주리라 나는 알파와 오메가요 처음과 마지막이요 시작과 마침이라(계 22:12-13)

〔오, 하나님! 주님은 속히 오십니다. 왜냐하면 주님은 의로우시고 자비로우신 분이기 때문입니다.

오직 주님의 뜻 안에서 행한 일들만 인정을 받습니다. 지극히 평범한 사람이 일터에서 행한 일이 하나님의 뜻과 연합되어 있다면, 주님은 그 일을 영광에 대한 사랑과 자기 사랑과 사람의 뜻을 추구하면서 다른 사람들에게 보이려고 행한 수많은 행위보다 훨씬 더 귀중한 것으로 여겨 주실 것입니다. 주님은 행위가 얼마나 위대한지의 여부를 보지 않으시고, 다만 그 일을 어떤 동기로 행했는지, 그 사람의 사랑이 얼마나 순수한지를 보실 뿐입니다.

"알파와 오메가"란 내면의 길이 작동하는 원리이며, 내적인 삶의 완성이자 마무리를 의미합니다. 만물이 주님으로부터 시작되며, 만사가 주님으로 끝이 납니다. 주님은 우리의 시작과 끝입니다.〕

어떤 이들은 우리가 언제나 예수 그리스도만을 묵상해야 한다고 생각한다. 그들의 생각은 잘못되었다. 예수 그리스도를 생각하고 예수 그리스도에 관해 토론하는 것이 중요한 게 아니다. 모든 면에서 주님의 인도하심을 받으며 살아가는 것, 주님의 참된 소유가 되는 것이 가장 중요하다. 우리가 이성적 추론을 통해 친구를 알게 되는 것이 아니다. 누군가를 친구로 알아가기 위해서는 그와 더불어 사귐을 갖는 일을 결코 소홀히 하지 말아야 한다.

예수 그리스도는 안팎으로 기록된 위대한 책이다. 책의 안쪽에는 겉으로 드러난 것보다 훨씬 더 많은 엄청난 분량의 내용이 있다. 영혼에게 주님의 진정한 모습을 가시적으로 드러낼 수 있는 분은 오직 주님 밖에 없다. 주님은 이성적인 추론을 통해서가 아니라 감동을 통해 주님 자신과 주님의 상태를 영혼에게 드러내신다.

이 점에 관해서는 바울도 언급한 바 있다. 바울은 "내가 내 몸에 예수의 흔적을 지니노라"고 말했다. 계속해서 바울은 "이제는 내가 사는 것이 아니요 오직 내 안에 그리스도께서 사시는 것이라"고 고백했다. 그는 자기를 부인함으로 자신의 존재는 하나님의 손 안에서 아무것도 아님을 인정했다. 바울은 자기의 생명을 죽여 주시도록 주님께 내어 드림으로 예수 그리스도의 생명을 위한 자리를 마련해 드린 것이다.

> 자기 두루마기를 빠는 자들은 복이 있으니 이는 그들이 생명나무에 나아가며 문들을 통하여 성에 들어갈 권세를 받으려 함이로다 개들과 점술가들과 음행하는 자들과 살인자들과 우상 숭배자들과 및 거짓말을 좋아하며 지어내는 자는 다 성 밖에 있으리라(계 22:14-15)

"자기 두루마기를 빠는 자들은 복이 있나니." 이는 철저한 자기 포기와 신뢰를 통해 하나님 품에 뛰어든 영혼들, 정결케 하시는 주님의 손길에 자신을 온전히 내어 맡긴 소중한 영혼들을 가리킨다. 이 영혼들은 자신들이 극도로 빈곤하고 무기력한 상태임을 확신한다. 따라서 조금도 망설이지 않고 광대한 예수 그리스도의 보혈의 바다 한복판으로 풍덩 뛰어든다. 오, 그들이 얼마나 정결해지겠는가!

> 나 예수는 교회들을 위하여 내 사자를 보내어 이것들을 너희에게 증언하게 하였노라 나는 다윗의 뿌리요 자손이니 곧 광명한 새벽 별이라 하시

더라(계 22:16)

〔오, 예수님! 마음을 사로잡고 흥분시키는 이름, 기쁨과 구원의 이름이시여! 주님은 언제나 주님의 사자를 보내시어 주님을 '증거하게' 하십니다. 이미 주님의 사자는 나타났습니다. 그러나 그것만으로는 충분하지 않습니다. 이제는 예수 그리스도께서 몸소 나타나셔야 합니다.

교회는 이 사자의 모습을 보았습니다. 또한 머지않아 교회는 신랑의 모습도 보게 될 것입니다. 마치 동틀 무렵에 새벽별이 모습을 드러내듯이, 예수님도 영혼에게 밝은 새벽별로 가장 먼저 찾아오실 것입니다. 영혼이 하나님의 온전한 영광의 빛 가운데로 들어가기 이전에 말입니다.

영혼이 하나님의 광대하심에 깊이 침잠하여 주님의 모습을 시야에서 놓쳐 버린 듯한 순간에, 예수 그리스도께서는 너무나도 놀라운 방식으로 갑자기 모습을 드러내시어 영혼과 더불어 교제하십니다. 결과적으로 영혼은 성장하고 깜짝 놀랄 만큼 풍성한 열매를 맺게 됩니다.〕

성령과 신부가 말씀하시기를 오라 하시는도다 듣는 자도 오라 할 것이요 목마른 자도 올 것이요 또 원하는 자는 값없이 생명수를 받으라 하시더라(계 22:17)

"성령과 신부가 말씀하시기를 오라 하시는도다." 성령과 신부인 교회가 함께 예수님께 말씀드린다. 성령과 연합되어 있고 성령으로 말미암아 활기를 띠는 교회가 예수 그리스도께 속히 오셔서 다스려

주시도록 요청한다.

성령과 함께 있는 진리도 신랑이신 주님께 속히 오시라고 요청한다. 진리는 주님이 나타나신 이후에는 더 이상 아무 일도 할 수 없지만 여전히 주님의 재림을 고대한다.

"성령과 신부가 말씀하시기를 오라 하시는도다." 우리가 반드시 알아야 할 사실이 있다. 하나님 안에 거하는 영혼은 더 이상 스스로의 힘으로 기도하지 않는다. 오히려 성령이 영혼 안에서 말할 수 없는 탄식으로 기도하신다. 성령과 신부가 일제히 한 목소리로 하나의 기도를 드린다. 그들은 주님께 어서 오시라고 초청한다.

그들은 주님이 교회에 임하시고 온 세상에 주님을 알려주기를 간절히 소망한다. 그들은 주님이 통치권을 가지고 주님의 진리를 가시적으로 나타내 주시기를 요청한다. 성령과 교회가 다음과 같이 말하다.

"오십시오. 만국이 주님을 열망합니다. 사람들의 기쁨과 구원이시여, 오십시오. 오셔서 그들의 불행을 끝내 주시고, 행복한 삶을 시작할 수 있게 해주십시오. 주권적인 통치자로 임하여 주십시오. 오셔서 주님의 혼인을 완성시켜 주십시오. 오십시오, 예수님! 오셔서 왕으로 다스려 주십시오!"

성령과 신부가 주님을 향한 열망을 표현한 후에, 영혼들의 신랑이신 예수님은 모든 목마른 자에게 오라고 초청하신다. 주님은 누구든지 와서 이 평온하고 고요한 샘물로 목마름을 해갈하라고 권유하신다. 이 물을 마시는 자마다 새 힘과 능력을 공급받게 될 것이라고 말씀하신다.

"오, 그리스도인들, 나의 형제자매들이여! 생명을 얻기란 여러분이 생각하는 것보다 훨씬 더 수월합니다. 여러분은 그저 단순한 마음과 믿는 마음으로 예수님께 나아오기만 하면 됩니다. 그러면 주님은 풍성한 생명을 여러분에게 베풀어 주실 것입니다. 주님은 말씀하십니다. '목마른 영혼들아 내게 오라. 영원한 생명이 생명수의 강물에서 흘러날 것이다.'"

예수 그리스도께 자신을 온전히 내어 맡기고 나아온 신자들은(거룩한 샘물에서 목을 축인 후에), 이제는 자신도 다른 목마른 영혼들의 갈증을 해결해 줄 수 있는 하나의 샘물이 되었음을 느끼게 된다.

> 내가 이 두루마리의 예언의 말씀을 듣는 모든 사람에게 증언하노니 만일 누구든지 이것들 외에 더하면 하나님이 이 두루마리에 기록된 재앙들을 그에게 더하실 것이요 만일 누구든지 이 두루마리의 예언의 말씀에서 제하여 버리면 하나님이 이 두루마리에 기록된 생명나무와 및 거룩한 성에 참여함을 제하여 버리시리라(계 22:18-19)

요한계시록에서 요한은 하나님께서 영혼을 이끄시고 통과케 하시는 모든 상태에 관해 묘사한다. 그는 하나도 빠뜨리지 않고 모조리 다룬다. 누구든지 이 책에 언급된 것과는 다른 상태들을 제시하는 사람이 있다면 그는 필경 길을 잃고 헤매게 될 것이다. 또한 이 상태들은 결코 실제가 아니라고 증명하려 드는 자들은 뻔뻔스러워져서 결코 이처럼 거룩하고 실제적인 것들을 느낄 수 없게 될 것이다.

어떤 사람들은 자신들이 이해할 수 없는 것들에 대해서는 비난한다. 이런 자들은 결코 하나님을 올바르게 판단하지 못한다. 자신의 이

성적 추론을 사용해서 하나님의 선하심을 측량하기 때문이다. 의심하는 자들로 하여금 주님을 시험해 보라고 권유하라. 마침내 그들은 영혼을 향한 하나님의 형언할 수 없는 선하심을 알게 될 것이다.

> 이것들을 증언하신 이가 이르시되 내가 진실로 속히 오리라 하시거늘 아멘 주 예수여 오시옵소서 주 예수의 은혜가 모든 자들에게 있을지어다 아멘(계 22:20-21)

〔오, 예수님! 이것은 주님의 약속입니다. 주님은 이것을 반드시 행하겠다고 확실히 말씀하십니다. 주님의 말씀은 진실하지만, 주님이 임하시는 날이 지체되었습니다. 오, 주님을 사랑하는 마음에게 이러한 지체하심은 왜 이리 길게만 느껴지는지요? 오직 주님의 영광만을 바라면서, 주님이 모든 이들의 마음과 온 세상을 통치하시는 모습을 볼 수 있는 날을 학수고대합니다! 오 나의 왕이시여, 오십시오. 오셔서 주님의 다스리심을 시작하십시오. 더 이상 지체하지 마십시오! 오십시오, 주 예수님! 주님의 재림을 대망하는 우리 모두를 주님의 은혜로 준비시켜 주시기를 기도합니다. 아멘!〕

주

* 지금은 이십 세기가 경과한 시점이 되었다.

** 우리 세대보다는 훨씬 적은 숫자이지만 말이다.

결론

이 부분은 잔느 귀용이 집필한 모든 성경 주석에 대한 결론이다

이 책을 읽게 될 독자들 중에서 아직 내면의 길을 체험하지 못한 이들에게 간곡히 부탁한다. 제발 판단하지 마라. 다만 이 내용들을 경험한 사람들에게 가서 조언을 구해라. 그래서 몸소 이것들을 체험해 보라. 이 책에 언급된 영적인 상태들을 너무 이상한 것으로 여기지 않았으면 좋겠다. 이는 하나님께서 원하신 방식으로서, 모두 거룩한 성경 속에 담겨 있는 내용들이다. 나는 단연코 성경 이외에 다른 책들은 참고하지 않았다. 교부들의 책도 읽은 바 없다. 내가 사용한 책은 오직 성경뿐이다.

이 책에 기록된 내용들은 그때그때 머릿속에 떠오른 생각들을 받아 적은 것이다. 내가 쓰는 것이 과연 적절한 내용인지를 확인하기 위해 곰곰이 생각하거나 묵상한 적도 없다. 나는 이 책을 나의 인도자가 되어주신 주님의 손에 있는 그대로 맡겨 드린다. 주님께서 기쁘신 뜻대로 이 책을 사용하셔서, 이 책을 읽는 사람들에게 영감을 불어 넣어

주시기를 바란다.

〔오, 사랑하는 하나님! 주님의 은혜를 간구합니다. 이 책을 읽게 될 모든 이들이 주님을 알고 주님을 기뻐하고 주님을 사랑할 수 있게 해주십시오. 혹시라도 저의 연약함 때문에 적절치 못한 내용들이 첨가되었을지라도, 이로 인해 근간이 되는 진리가 방해받는 일이 없도록 해주십시오.

오, 하나님! 이 책을 통해 주님을 알려주시고, 사랑을 받으십시오! 주님은 사랑을 받으시기에 합당하신 분입니다. 자신을 전적으로 주님께 내어 드린 자, 주님의 사랑을 받은 자만이, 주님을 사랑할 수 있습니다.

성경 어느 곳을 펼치더라도 내면의 삶이 지니는 즐겁고 경이로운 아름다움을 발견할 수 있습니다. 성경을 읽는 모든 이가 이러한 아름다움을 찾아내지 못한다는 사실은 정말 놀랍기 그지없는 일입니다. 성경 전체가 내면의 삶에 관해 묘사하기 때문입니다. 모든 부류의 사람들이 성경 이곳저곳에서 필요한 것을 얻을 것입니다. 잠언이 초심자들에게 필요한 내용을 담는다면, '전도서'는 훨씬 더 그러합니다. 성경의 모든 곳에서 영혼을 향한 하나님의 인도하심을 찾아볼 수 있습니다. 주님이 모든 사람을 인도해 주시는 방법은 매우 복잡다단합니다.

오, 하나님! 이 책이 담는 선한 것은 모두 주님으로부터 말미암았습니다. 저는 다만 제 손을 빌려 드렸을 뿐입니다. 비록 이따금씩은 제가 불성실한 때도 있었을 것입니다. 저의 연약함을 통해 악이 틈타는 모습을 알아차리기 쉬울 것입니다.

오, 하나님, 나머지는 주님의 몫입니다! 이 책은 주님으로부터 왔습니다. 이 책을 주님께 돌려 드립니다. 저는 더 이상 이 책과는 무관합니다.

오, 하나님! 원하시는 대로 사용해 주십시오. 주님의 교회의 유익을 위해 사용하기 원하신다면, 이 책을 드러내 주십시오.]

1683년 9월 23일

잔느 귀용의 요한계시록

초판 발행 2012년 3월 10일
4쇄 발행 2020년 12월 24일

지은이 | 잔느 귀용
옮긴이 | 임정아

펴낸이 | 허철
총 괄 | 허현숙
편 집 | 김은옥
디자인 | 이보다나, 꽃밥
인쇄소 | 예원프린팅

펴 낸 곳 | 도서출판 순전한나드
등록번호 | 제2010-000128
주 소 | 서울특별시 강남구 언주로69길 16, (역삼동) 2층
도서문의 | 02)574-6702
편 집 실 | 02)574-9702
팩 스 | 02)574-9704
홈페이지 | www.purenard.co.kr

Printed in Korea

ISBN 978-89-6237-113-0 03230

PURE 순전한 나드 NARD